# The바른 폴란드어

**STEP 1**

저자 | 김아름, 피오트르 로바친스키

ECK Books

# 폴란드어 STEP 1

**초판인쇄** 2016년 11월 21일
**2판 2쇄** 2024년 09월 01일

**지은이** 김아름, 피오트르 로바친스키
**펴낸이** 임승빈
**펴낸곳** ECK북스
**출판사 등록번호** 제 2020-000303호
**출판사 등록일자** 2000. 2. 15
**주소** 서울시 마포구 창전로2길 27 [04098]
**대표전화** 02-733-9950 | **이메일** eck@eckedu.com

**제작총괄** 염경용
**편집책임** 정유항, 김하진 | **편집진행** 이승연
**디자인** 다원기획 | **마케팅** 이서빈 | **영업** 이동민, 김미선
**녹음** Małgorzata Kuryło, Wojciech Lubiński Bożena Maciejewska, Piotr Robaczyński
**인쇄** 신우인쇄

**ISBN** 979-11-6877-020-1
**정가** 18,000원

**ECK교육** | 세상의 모든 언어를 담다

기업출강 · 전화외국어 · 비대면교육 · 온라인강좌 · 교재출판 · 통번역센터 · 평가센터

**ECK교육** www.eckedu.com
**ECK온라인강좌** www.eckonline.kr
**ECK북스** www.eckbook.com

유튜브 www.youtube.com/@eck7687
네이버 블로그 blog.naver.com/eckedu
페이스북 www.facebook.com/ECKedu.main
인스타그램 @eck__official

# The바른
# 폴란드어

저자 | 김아름, 피오트르 로바친스키

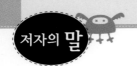

저자의 말

"왜 하필 폴란드어를 전공 하였나요?" 한국외국어대학교 졸업 후, 프리랜서 통·번역사와 강사 일을 진행하면서 가장 많이 들은 질문입니다. 10년 전, 폴란드어과를 입학할 때에도 지금처럼 폴란드는 우리에게 생소한 나라였습니다. 저는 한국외국어대학교에만 있는 아주 특별한 언어를 배우고 싶었습니다. '특별하면서도 한국과 닮은 점이 있는 언어가 무엇일까…' 많은 고민 끝에 한국과 유사한 아픈 역사를 가진 폴란드를 선택하게 되었습니다. 그리고 10년 동안 폴란드어를 배우고 겪으면서, 단 한 번도 제 선택을 후회하지 않았습니다.

260여 개의 한국 기업이 진출해 있는 기회의 땅! 폴란드에 LG 거리가 있을 만큼 입지가 높은 대기업, 중견, 중소 기업의 진출! 지리적인 우세함으로 과거에는 독일과 러시아의 압정을 받기도 하였지만, 현재는 기회의 땅으로 자리 매김하여 외국 자본 유치가 많은 나라가 바로 폴란드입니다. 현재는 폴란드산 특산품이 한국에서 인기를 얻어 종종 TV에도 방영되고, 다양한 폴란드산 제품들이 인기리에 유통되고 있습니다. 이렇듯 한국과 폴란드 문화, 상업 교역 활동이 활발히 진행되면서, 앞으로도 더 많은 폴란드산 제품을 한국에서 만나게 되고, 한국의 다양한 제품들을 폴란드에서 만나게 될 것이라는 확신을 합니다.

이 책은 폴란드가 기회의 땅이라고 생각하는 분들에게 좋은 교재가 될 것입니다. 폴란드어는 한마디로 어렵습니다. 그동안 폴란드어를 가르치면서 '이 어려운 언어를 가장 쉽게 배울 방법이 없을까…'라는 고민을 많이 했습니다. 본 교 재는 그동안의 고민에 대한 해결책입니다. 실생활에서 자주 쓰는 동사와 어휘만을 골라 자연스럽게 문법으로 연결해 실생활 회화까지 쉽게 접근할 수 있도록 구성하였습니다. 이 책은 폴란드 생활에서 꼭 있을 법한 친숙한 상황들을 모 아 회화로 구성하였고, 각 테마에 맞는 맞춤 어휘와 추가 어휘를 소개하였습니다. 폴란드어를 학습하고자 하는 분들 에게 많은 도움이 되길 바랍니다.

이 책을 쓰는 데 도움을 주신 분들께 감사드립니다.
특히 주말까지 일해야 하는 바쁜 일정 속에도 든든한 조력자 역할을 해준 가족들에게 이 책은 좋은 선물이 될 것 같 습니다. 또한, 독자적으로 번역의 길을 갈 수 있도록 도움을 주신 정주필 대표님께도 감사 인사를 전합니다. 교재의 내용을 이해하기 위해 폴란드어를 직접 배운 임선아 매니저님, 이승연 실장님 너무 감사합니다. 그리고 저를 믿고 기회를 주신 임승빈 대표님 감사합니다.

앞으로도 저는 폴란드어 통·번역, 강사의 길을 걷겠습니다. 폴란드어가 필요한 모든 분을 위해 초심을 잃지 않고 바른 번역, 바른 통역, 바른 강의로 보답하겠습니다.

저자 김 아 름

2011년, 교환학생으로 처음 한국에 왔을 때 저의 한국어 실력은 많이 부족했습니다. 한국에 와서 꾸준히 공부했고, 일상 대화를 영어가 아닌 한국어로 편하게 대화를 할 수 있을 정도가 되었을 때 가장 큰 보람과 성취감을 느꼈습니다. 마찬가지로 저처럼 폴란드에서 공부하는 한국인 교환학생이나 폴란드에 있는 한국회사에서 통·번역사로 일하면서 마주친 많은 한국인에게도 폴란드어 학습이 얼마나 중요한 것인지 새삼 깨닫게 되었습니다. 기초 폴란드어를 배우면 일상생활에 필요한 말을 할 수 있을 뿐만 아니라, 폴란드 친구를 사귀거나 사업 파트너에게 좋은 인상을 줄 수 있을 것이라 확신이 들어 도움이 되고 싶은 마음에 교재를 내기로 했습니다.

본 교재는 폴란드 원어민인 저와 폴란드어를 유창하게 할 줄 아는 한국인 통·번역사인 김아름님과 함께 고민하며 기초 폴란드어를 가장 쉽게 배울 수 있는 비결을 소개하고 있습니다. 저자들은 다양한 경험을 바탕으로 공동으로 교육 교재를 작업하면서 동시에 한국인 학습자에게 이 교재로 폴란드어를 가르치면서 부족한 부분을 보완하고, 본 교재의 실용성을 확인하였습니다. '동사로 배우는 폴란드어'라는 테마로 평소에 자주 쓰는 동사를 중심으로 이해하기 쉽도록 문법을 설명하였고, 어휘의 중요성을 강조하였습니다. 또한, 연습문제는 학습한 어휘와 문법을 이용하여 각 과의 내용을 복습할 수 있도록 구성하였습니다.

외국어를 공부하는 궁극적인 목표는 외국어로 의사소통을 가능케 하는 것입니다. 단연, 의사소통의 기초는 어휘라고 생각합니다. 사람들은 외국 여행을 할 때 문법책 대신에 사전을 가지고 갑니다. 충분한 어휘 지식이 없으면 서로 이해하고 자기 생각을 표현하기 어렵습니다. 따라서 『The 바른 폴란드어』는 가장 실용적인 어휘들만 선별하여 각 과마다 본문 어휘 및 추가 어휘를 구성했습니다. 본 교재에서 소개하는 상용 표현과 어휘를 숙지한다면 폴란드인과 대면할 때 발생할 수 있는 다양한 상황에서 폴란드어로 더욱 쉽게 소통할 수 있다고 생각합니다.

추가로, 『The 바른 폴란드어』의 각 과 마지막 페이지를 통해 폴란드 문화, 역사, 관광명소와 관련된 내용을 소개하였습니다. 폴란드에 여행을 가거나, 살게 되면 유용한 정보가 될 것입니다. 문화 부분을 하나하나 읽다 보면 폴란드의 전통적인 문화를 경험하고 싶고 폴란드로 여행을 가고 싶은 생각이 들 뿐만 아니라, 나아가 폴란드인과 이야기할 때 유익한 대화 주제가 될 수도 있을 것입니다.

폴란드와 한국은 현재 다양한 분야에서 협력관계를 확대하며 함께 발전하고 있습니다. 시대 흐름에 맞춰 『The 바른 폴란드어』가 기초 폴란드어를 배우고 싶은 학습자와 폴란드에 대해 좀 더 알고 싶은 분들에게 많은 도움이 되길 바랍니다.

저자 피오트르 로바친스키

# 이 책의 구성과 특징

## ■ 예비과

폴란드어 알파벳과 발음, 강세 등 본 학습을 시작하기 전 알아두어야 할 내용을 담았습니다.
이미 알고 있는 내용이라도, 완벽히 숙지한다는 생각으로 다시 한 번 공부해 주세요.

## ■ 본학습 1~15과

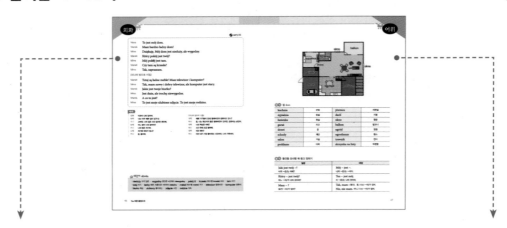

### 1. 회화

각 과에서 학습할 문법을 활용한 대화문을 소개합니다.
한국어 해석과 함께 보며 이번 과에서는 어떤 내용을
배울지 예상해 볼 수 있습니다. 대화문에 사용된 단어
는 새단어에 별도로 나타냈습니다.

### 2. 어휘

대화문에 사용된 단어 및 표현을 따로 설명해 두어,
문법과는 별개로 실생활에서 자주 쓰이는 구문을 학습
할 수 있도록 하였습니다.

어순: S + V + O (목적어)

(ja) Mam samochód. 나는 자동차를 가지고 있습니다.
① ② ③

① 일반적으로 주어는 생략합니다.
② mieć(가지다)의 1인칭 동사를 찾습니다.
③ 목적어에 해당하는 "자동차를" 삽입합니다.

### 3. 문법

주요 문법 사항을 소개·설명하는 부분입니다.
해당 문법을 이해하고 실제로 활용하는 데에 도움이
될 예문을 풍부하게 실었습니다. 유의해야 하는 사항
이나 조금 더 어려운 부분은 'Tip!'으로 따로 표시하였
습니다.

## 4. 연습문제

앞에서 배운 내용을 문제를 풀며 복습해 봅니다.
해당 문법과 표현을 잘 이해했는지, 실제로 활용할 수 있는지 확인해볼 수 있도록 빈칸 채우기, 틀린 부분 찾기, 적절한 응답 찾기(쓰기), 질문 만들기, 그림에 어울리는 문장 쓰기, 대화문 만들기 등 여러 유형의 문제들이 준비되어 있습니다.

※추가어휘까지 학습 후 연습문제를 풀어주세요.

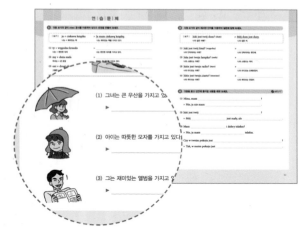

## 5. 추가어휘

각 과의 내용과 연관되는 주제의 어휘를 실었습니다. 이 부분만 별도로 봐도 '폴란드어 단어 모음집'의 역할을 할 수 있도록, 다양한 분야의 단어들을 소개합니다.

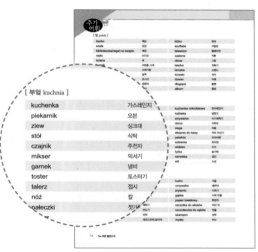

## 6. 문화

폴란드의 역사와 다양한 문화 및 전통 음식, 유명인사, 기념품, 명절 등을 소개합니다. 한국과 흡사한 민족적 아픔도 함께 알려드립니다.

# 목차

# 등장 인물 소개

**Marek** 마렉        **Mina** 미나        **Tomasz** 토마스

① **Mina** 미나

폴란드에서 재택근무를 하는 미나는, 어학당에 다니며 폴란드어를 공부합니다. 마렉이라는 친구를 사귀게 되면서 그의 도움을 많이 받게 됩니다. 조금은 의존적인 성격의 소유자입니다.

② **Marek** 마렉

폴란드어를 공부하는 미나에게 호감을 느끼게 됩니다. 회사에 다니며, 미나에게 도움을 많이 주고 도와주는 것을 좋아하는 다정한 성격의 소유자입니다.

③ **Tomasz** 토마스

마렉의 친구로 키가 크고 조금은 뚱뚱한 체형입니다. 미나와 친해지고 싶지만, 미나와 개인적으로 만날 기회가 많지는 않습니다. 하지만 만날 때마다 호감을 보이며 미나에게 친절하게 대해줍니다.

# 예비과

## Alfabet, wymowa
### 알파벳, 발음

- 알파벳 · 발음 · 강세 · 자음변화표
- 명사의 성·수·격

폴란드어는 기본적으로 슬라브어군에 속합니다. 기본적으로 폴란드어 문자는 총 32개로 9개의 모음, 비모음과 23개의 자음으로 구성되어 있습니다. 이외에도 2개의 철자가 모여 하나의 문자를 이루는 7개의 특수문자도 있습니다. 특히, 폴란드어만의 특성이 보이는 문자 9개 Ą, Ć, Ę, Ł, Ń, Ó, Ś, Ź, Ż도 있습니다.

| **A a** (아) | **Ą ą** (옹) | **B b** (브) | **C c** (츠) |
|---|---|---|---|
| **apteka** [아프테카]<br>약국 | **książka** [크시옹슈카]<br>책 | **banan** [바난]<br>바나나 | **ciasto** [치아스토]<br>케이크 |
| **Ć ć** (치) | **D d** (드) | **E e** (에) | **Ę ę** (엥) |
| **ćma** [치마]<br>나방 | **dom** [돔]<br>집 | **ekran** [에크란]<br>화면 | **ręka** [렝카]<br>손 |
| **F f** (프) | **G g** (그) | **H h** (흐) | **I i** (이) |
| **film** [필름]<br>영화 | **góra** [구라]<br>산 | **herbata** [헤르바타]<br>마시는 차 | **igła** [이구아]<br>바늘 |
| **J j** (이:) | **K k** (크) | **L l** (르) | **Ł ł** (우) |
| **jabłko** [야부코]<br>사과 | **kobieta** [코비에타]<br>여자 | **las** [라스]<br>숲 | **ławka** [와프카]<br>벤치 |

| **M m** (므) | **N n** (느) | **Ń ń** (니/인) | **O o** (오) |
|---|---|---|---|
| miasto [미아스토] 도시 | noc [노츠] 밤 | koń [코이ㄴ] 말(동물) | owoc [오보츠] 과일 |

| **Ó ó** (우) | **P p** (프) | **R r** (르) | **S s** (스) |
|---|---|---|---|
| sól [술] 소금 | pies [피에스] 개 | rodzina [로지나] 가족 | sklep [스클렙] 가게 |

| **Ś ś** (시) | **T t** (트) | **U u** (우) | **W w** (브) *v 발음과 동일 |
|---|---|---|---|
| świat [시비아트] 세계 | torba [토르뱌] 가방 | uczeń [우체ㄴ] 학생 | wakacje [바카치에] 방학 |

| **Y y** (의) | **Z z** (즈) | **Ź ź** (지) | **Ż ż** (주) |
|---|---|---|---|
| język [엥직] 언어 | zupa [주파] 수프 | źródło [지루두오] 샘, 기원, 원천 | żaba [자바] 개구리 |

폴란드어에는 다음과 같이 두 개의 철자가 모여 하나의 문자를 이루는 단일 문자가 있습니다.

| | | | | | | |
|---|---|---|---|---|---|---|
| **CH** | ch (흐) | chleb [흘렙] 빵 | **CZ** | cz (츄) | czapka [챠프카] 모자 |
| **DZ** | dz (즈) | dziadek [지아덱] 할아버지 | **SZ** | sz (슈) | szafa [샤파] 옷장 |
| **DŹ** | dź (지) | dźwięk [지비엥크] 소리 | **RZ** | rz (쥬) | rzeka [제카] 강 |
| **DŻ** | dż (쥬) | dżem [잼] 잼 | | | |

• 영문 알파벳에 없는 **폴란드 문자**

| | | | | | |
|---|---|---|---|---|---|
| Ą ą (옹) | książka 책 | Ć ć (치) | ćma 나방 | Ę ę (엥) | ręka 손 |
| Ł ł (우) | ławka 벤치 | Ń ń (니/인) | koń 말(동물) | Ó ó (우) | sól 소금 |
| Ś ś (시) | świat 세계 | Ź ź (지) | źródło 기원 | Ż ż (쥬) | żaba 개구리 |
| CH ch (흐) | chleb 빵 | DZ dz (즈) | dziadek 할아버지 | DŹ dź (지) | dźwięk 소리 |
| DŻ dż (쥬) | dżem 잼 | CZ cz (츄) | czapka 모자 | SZ sz (슈) | szafa 옷장 |
| RZ rz (쥬) | rzeka 강 | | | | |

• 폴란드 문자에는 없는 **영문 알파벳** (외래어를 표기할 때 간혹 사용하기도 합니다.)

   Q, V, X

• 폴란드에서만 찾아볼 수 있는 문자인 Ć, Ń, Ó, Ś, Ź와 같이 문자 위에 " ′ "를 "크레스카"라고 부르는데 발음은 Ć [Ci], Ń [Ni], Ś [Si]처럼 본 문자에 "i (이)"를 넣어 발음합니다.

• Ż, DŻ와 같이 문자 위에 점이 있는 것을 "크로프카"라고 부르고, [쥬]에 가깝게 발음됩니다.

• 돼지꼬리 모양을 닮은 Ą, Ę은 우리나라 [옹], [엥]으로 각각 발음이 됩니다. ę이 마지막에 나올 경우 혹은 중간에 나올 경우에는 [엥]발음보다 [엔]에 가깝게 발음되는 경우도 있습니다.

• W w (브)는 알파벳 V 발음과 동일하여 폴란드 문자에는 V가 없는 대신에 W를 V로 발음합니다.

• 단어에 따라 다르지만, 단어 가운데에 w가 올 경우 [브] 발음보다는 [프] 발음과 가깝게 발음되는 경우도 있습니다.
  예 ławka 와프카

## • 모음

u와 ó의 발음은 "우"로 동일하므로 단어 안에서 철자를 구분하는 연습이 필요합니다.

| 모음 | 발음 | 발음연습 |
|---|---|---|
| A a | "아" 발음 | apteka [아프테카] 약국　　autobus [아우토부스] 버스　　album [알붐] 앨범 |
| E e | "에" 발음 | ekran [에크란] 화면　　egzamin [에그자민] 시험<br>encyklopedia [엔치클로페디아] 백과사전 |
| I i | "이" 발음 | igła [이구아] 바늘　　imię [이미에] 이름　　internet [인테르넷] 인터넷 |
| O o | "오" 발음 | owoc [오보츠] 과일　　oko [오코] 눈(신체)　　obiad [오비아드] 점심 |
| Ó ó | "우" 발음 | sól [술] 소금　　pokój [포쿠이] 방　　ołówek [오우벡] 연필 |
| U u | "우" 발음 | uczeń [우체니] 학생　　ulica [울리차] 거리　　usta [우스타] 입 |
| Y y | "의" 발음 | język [엥직] 언어　　muzyka [무지카] 음악　　sypialnia [스피알니아] 침실 |
| 비모음 Ą ą | "옹" 발음 | książka [크시옹슈카] 책　　mąka [몽카] 밀가루　　ząb [종브] 치아 |
| 비모음 Ę ę | "엥" 발음 | ręka [렝카] 손　　pętla [펜틀라] 밧줄　　mężczyzna [멩즈치즈나] 남자 |

## • 자음

| 모음 | 발음 | 발음연습 |
|---|---|---|
| B b | "브" 발음 | banan [바난] 바나나　　bajka [바이카] 동화　　bilard [빌라르드] 당구 |
| C c | "츠" 발음 | ciasto [치아스토] 케이크　　córka [추르카] 딸　　ciało [치아워] 몸 |
| Ć ć | "치" 발음 | ćma [치마] 나방　　ćwiczenie [치비체니에] 연습　　liść [리시치] 잎 |
| D d | "드" 발음 | dom [돔] 집　　dziecko [지에츠코] 아이　　dach [다흐] 지붕 |
| F f | "프" 발음 | film [필름] 영화　　flaga [플라가] 국기　　fabryka [파브리카] 공장 |
| G g | "그" 발음 | góra [구라] 산　　gitara [기타라] 기타　　gazeta [가제타] 신문 |
| H h | "흐" 발음 | herbata [헤르바타] 마시는 차　　hotel [호텔] 호텔　　hamak [하막] 해먹(그물침대) |
| J j | "이" 발음 | jabłko [야부코] 사과　　jajko [야이코] 계란　　już [유슈] 이미, 벌써 |
| K k | "크" 발음 | kobieta [코비에타] 여자　　kwiat [크비아트] 꽃　　krzesło [크쉐수오] 의자 |

| | | |
|---|---|---|
| **L l** | "르" 발음 | las [라스] 숲 　 lato [라토] 여름 　 lalka [랄카] 인형 |
| **Ł ł** | "우" 발음 | ławka [와프카] 벤치 　 łódka [우:드카] 보트 　 łopata [워파타] 삽 |
| **M m** | "므" 발음 | miasto [미아스토] 도시 　 miska [미스카] 그릇 　 miłość [미우오시치] 사랑 |
| **N n** | "느" 발음 | noc [노츠] 밤 　 notes [노테스] 노트(수첩) 　 nazwisko [나즈비스코] 성(姓) |
| **Ń ń** | "니/인" 발음 | koń [코니] 말(동물) 　 kamień [카미에니] 벽돌 　 dłoń [드워니] 손바닥 |
| **P p** | "프" 발음 | pies [피에스] 개 　 plac [플라츠] 광장 　 parasol [파라솔] 우산 |
| **R r** | "르" 발음 | rodzina [로지나] 가족 　 rower [로베르] 자전거 　 radio [라디오] 라디오 |
| **S s** | "스" 발음 | sklep [스클렙] 가게 　 samochód [사모후드] 자동차 　 słownik [스워브닉] 사전 |
| **Ś ś** | "시" 발음 | świat [시비아트] 세계 　 ślub [실룹] 결혼 　 śliwka [실리브카] 자두 |
| **T t** | "트" 발음 | torba [토르바] 가방 　 teatr [테아트르] 공연장 　 taniec [타니에츠] 춤 |
| **W w** | "브" 발음 | wakacje [바카치에] 방학 　 wieś [비에시] 시골 　 wino [비노] 와인 |
| **Z z** | "즈" 발음 | zupa [주파] 수프 　 zima [지마] 겨울 　 zegar [제가르] 시계 |
| **Ź ź** | "지" 발음 | źródło [지루드워] 샘, 기원, 원천 　 źle [질레] 나쁘게 |
| **Ż ż** | "주" 발음 | żaba [자바] 개구리 　 żarówka [자루브카] 전구 　 wieża [비에자] 탑 |
| **CH ch** | "흐" 발음 | chleb [흐렙] 빵 　 schody [스호드] 계단 　 choinka [호인카] 크리스마스트리 |
| **DZ dz** | "즈" 발음 | dziadek [지아덱] 할아버지 　 dziewczyna [지에프치나] 소녀, 여자친구 dzwon [즈본] 종 |
| **DŹ dź** | "지" 발음 | dźwig [지비그] 크레인 　 dźwięk [지비엥크] 소리 　 niedźwiedź [니에지비에지] 곰 |
| **DŻ dż** | "쥬" 발음 | dżem [잼] 잼 　 dżungla [준글라] 정글 　 dżentelmen [젠텔맨] 신사 |
| **CZ cz** | "츄" 발음 | czapka [챠프카] 모자 　 czekolada [췌콜라다] 초콜릿 　 czajnik [챠이닉] 주전자 |
| **RZ rz** | "쥬" 발음 | rzeka [제카] 강 　 morze [모제] 바다 　 dobrze [도브제] 좋게 |
| **SZ sz** | "슈" 발음 | szafa [샤파] 옷장 　 szkoła [슈코와] 학교 　 szuflada [슈플라다] 서랍장 |

**Tip!**

- Koń에서 ń의 발음은 "코인"과 "코니"등으로 "코ㄴ"발음과 가장 유사합니다.
- dz, z, dż, rz, ż 폴란드 발음은 한국어로 표기된 "즈"발음과 유사한 발음입니다. 이중 한국어 "즈"발음과 가장 유사한 발음은 dz이며, z는 영어와 발음이 같습니다. 나머지 dż, rz, ż은 입술을 오므리고 하는 발음으로 dż [쥬]발음은 혀 끝을 안쪽 입천장에 닿는 발음입니다. rz와 ż 발음은 입천장에 닿지 않고 안쪽에서 나는 [쥬]의 발음입니다.

(1) 폴란드어의 강세는 일반적으로 단어 뒤에서 두 번째 음절에 있습니다.

matka [마트카]        kolacja [콜라치아]

(2) 라틴어나 그리스어에서 유래된 단어들은 본래의 단어와 동일하게 세 번째 음절에 강세가 있습니다.

gramatyka [그라마티카]

(3) 백 단위 수에서는 맨 앞 단어에 강세가 있습니다.

osiemset [오시엠셋]        czterysta [츄테르스타]

폴란드어 자음은 <u>경음, 연음, 기능적 연음</u>으로 구성됩니다.

(1) **경음** (딱딱한 음) = 기본적인 자음

P, B, K, G, D, T

(2) **연음** (부드러운 음) = 크레스카 " ´ "가 있는 문자

Ć [ci], Ń [ni], Ś [si], Ź [zi]

(3) **기능적 연음** (폴란드에만 있는 음)

SZ, RZ, CZ, DZ, DŻ     예외) C, L

〈자음변화표〉

| 경음 | p | b | f | w | t | d | s | z | k | g | ch | m | n | r | ł |
|---|---|---|---|---|---|---|---|---|---|---|---|---|---|---|---|
| ⬇<br>연음 | pi | bi | fi | wi | ć<br>ci | dź<br>dzi | ś<br>si | ź<br>zi | ki | gi | chi<br>ś<br>si | mi | ń<br>ni | | li |
| 기능적<br>연음 | | | | | c<br>cz | dz<br>dż | sz | ż | c<br>cz | ż<br>dż | sz | | | rz | l |

이 자음변화표는 명사의 격을 배울 때 중요한 것으로, "경음-연음-기능적 연음"이 만나 짝을 이루는 구조이므로 짝을 맞춰 외우는 것이 중요합니다.

### 5. 명사의 성·수·격

## (1) 명사의 성

폴란드어 명사는 남성명사, 중성명사, 여성명사로 나누어집니다.

| 명사의성 | 발음 | 예시 |
|---|---|---|
| 남성명사 | 자음으로 끝나는 명사 | pies 개    lis 여우    lekarz 의사(남)    student 대학생(남)<br>samochód 자동차    kot 고양이    szpital 병원 |
| 중성명사 | 모음 o, e, ę, um으로 끝나는 명사 | okno 창문    mięso 고기    muzeum 박물관<br>stypendium 장학금    śniadanie 아침 식사 |
| 여성명사 | 모음 a, i로 끝나는 명사 | studentka 대학생(여)    kolacja 저녁 식사<br>matka 어머니    córka 딸 |

**Tip!**
- 폴란드어 명사의 경우, 의미 자체에서 남성의 성이 결정되는 것이 아니라, 마지막 음의 형태에 따라 성이 결정됩니다. Kolacja(저녁 식사)의 경우, 의미에 따라 성이 변하는 것이 아니라 a로 음이 끝났기 때문에 여성명사로 분류됩니다.

### 꼭 알아두어야 할 예외명사

| 명사의성 | 발음 | 예시 |
|---|---|---|
| 남성명사 | a로 끝났지만 남성명사 | kolega 친구(남자)    mężczyzna 남자    poeta 시인 |
| 여성명사 | 자음으로 끝났지만 여성명사 | mysz 쥐    twarz 얼굴    noc 밤 |

## (2) 명사의 수

단수와 복수로 나누어집니다.


## (3) 명사의 격

폴란드에는 격이 존재합니다. 격은 각 문장에서 동사와 전치사에 따라 담당하는 역할과 기능이 있습니다. 총 7격(주격, 소유격, 여격, 목적격, 기구격, 장소격, 호격)으로 구분되며, 이 격에 따라 형용사 및 명사의 어미 형태가 변화됩니다.

| 격 이름 | 의미 | 주의 사항 |
|---|---|---|
| 1격 주격 | 주어에 해당됨 | 뒤에 변화가 이루어지지 않습니다. |
| 2격 소유격 | 1. 소유의 의미<br>2. 부정문 뒤<br>3. 수량 표현 뒤 | 소유의 의미를 나타낼 때<br>소유격에 해당하는 동사<br>소유격 전치사 뒤<br>** 뒤에는 소유격 형태의 어미로 변화가 이루어집니다. |
| 3격 여격 | "∼에게"의 의미인 간접목적어 | "∼에게"의 의미를 나타낼 때<br>여격에 해당하는 동사<br>여격 전치사 뒤<br>** 뒤에는 여격 형태의 어미로 변화가 이루어집니다. |
| 4격 목적격 | "∼를"의 의미인 직접 목적어 | "∼를"의 의미를 나타낼 때<br>목적격에 해당하는 동사<br>목적격 전치사 뒤<br>** 뒤에는 목적격 형태의 어미로 변화가 이루어집니다. |
| 5격 기구격 | 1. 신분, 자격을 나타낼 때<br>2. 기구, 도구를 이용할 때<br>3. 교통 수단을 말할 때 | 기구 및 도구를 이용할 때<br>기구격에 해당하는 동사<br>기구격 전치사 뒤<br>** 뒤에는 기구격 형태의 어미로 변화가 이루어집니다. |
| 6격 장소격 | 장소를 나타낼 때 | 장소의 의미를 표현할 때<br>장소격 전치사 뒤<br>** 뒤에는 장소격 형태의 어미로 변화가 이루어집니다. |
| 7격 호격 | 이름, 신분을 부를 때 | 규칙에 따라 사람이름에 변형이 이루어집니다. |

# 01

## Mam na imię Mina.

내 이름은 미나입니다.

학습 요점

- 회화
- 어휘: 표현) 인사할 때 묻고 답하기
- 문법: 1. 인칭 대명사와 być(be) 동사 2. 국적 표현 3. 폴란드 기본 문형
- 추가어휘: 국가, 국적
- 문화: 폴란드 기본 개황

한국 여자인 미나(Mina)와 폴란드 남자인 마렉(Marek)이 처음 만나 인사를 나누고,
마렉의 친구인 토마스(Tomasz)를 미나에게 소개합니다.
서로 간단한 자기소개를 하고 다음 만남을 기약합니다.

 MP3 **02**

| Mina | Cześć, mam na imię Mina. |
|---|---|
| Marek | Cześć, ja nazywam się Marek. |
| Mina | Miło mi. |
| Marek | Bardzo mi miło. |
| Mina | Kto to jest? |
| Marek | To jest mój kolega. On ma na imię Tomasz. |
| Tomasz | Dzień dobry, bardzo mi miło. Mina, jesteś Japonką? |
| Mina | Nie, nie jestem Japonką. Jestem Koreanką. |
| | A ty jesteś Polakiem? |
| Tomasz | Tak, jestem Polakiem. |

**해석**

| | |
|---|---|
| 미나 | 안녕, 내 이름은 미나야. |
| 마렉 | 안녕, 나는 마렉이야. |
| 미나 | 반가워. |
| 마렉 | 만나서 매우 반가워. |
| 미나 | 이분은 누구야? |
| 마렉 | (이 사람은) 내 친구야. 이 친구 이름은 토마스야. |

| | |
|---|---|
| 토마스 | 안녕하세요, 만나서 반가워. 미나는 일본 사람이니? |
| 미나 | 아니, 나는 일본 사람이 아니야. 한국 사람이야. |
| | 토마스, 너는 폴란드 사람이니? |
| 토마스 | 응, 나는 폴란드 사람이야. |

☆ **새단어 słówka**

- mieć ~를 가지다 · imię 이름 · bardzo 매우 · kto 누구 · mój 나의(남성) *연결된 단어: moje(중성), moja(여성)
- kolega 친구(남자) *연결된 단어: koleżanka 친구(여자) · Japonka 일본 여자 · nie 아니요 ↔ tak 네 · Koreanka 한국 여자
- Polak 폴란드 남자

### 표현 인사할 때 묻고 답하기

| 낮춤말 | 높임말 |
|---|---|
| Cześć. [체시치] – 안녕. | Dzień dobry. [진도브리] – 안녕하세요.<br>(정중한 표현의 아침, 점심 인사)<br>Dobry wieczór. [도브리 비에추르] – 안녕하세요.<br>(정중한 표현의 저녁 인사)<br>Dobranoc. [도브라 노츠] – 안녕히 주무세요. |
| Na razie. [나라지에] – 다음에 또 봐.<br>Do jutra. [도유트라] – 내일 보자. | Do widzenia. [도비제니아] – 안녕히 가세요.<br>Do zobaczenia. [도조바췌니아] – 나중에 뵙겠습니다. |
| Miło mi. [미워미] – (만나서) 반가워.<br>Bardzo mi miło. [바르조 미 미워]<br>만나서 매우 반가워. | Miło mi pana/panią poznać.<br>[미우오 미 파나/파니옹 포즈나치]<br>당신을 만나게 되어 반갑습니다. |
| Dzięki. [지엥키] – 고마워. | Dziękuję. [지엥쿠에] – 감사합니다. |
| Mam na imię ~. 내 이름은 ~입니다. / Nazywam się ~. 나는 ~(이름)입니다. | |
| Przepraszam. [프쉐프라샴] – 죄송합니다, 실례합니다. | |
| Halo/Słucham? [할로/수우함] – 여보세요? | |

23

## 1. 인칭 대명사와 być(be) 동사

### (1) 인칭대명사

인칭대명사는 인칭과 단·복수에 따라 다르게 쓰입니다. Być 동사만으로 충분히 주어를 구분할 수 있기 때문에 폴란드어 문장에서는 주어를 생략하는 것이 일반적입니다.

| | 단수 | | 복수 | |
|---|---|---|---|---|
| 1인칭 | ja | 나는 | my | 우리는 |
| 2인칭 | ty | 너는 | wy | 너희는 |
| 3인칭 | on/ono/ona | 그는/그것은/그녀는 | oni/one | 그들은/<br>그녀들은(그것들은) |

### (2) być 동사

영어의 be 동사와 비슷한 być 동사는 인칭대명사의 단수·복수에 따라 변화합니다.

| | 단수 | | 복수 | |
|---|---|---|---|---|
| 1인칭 | ja | jestem | my | jesteśmy |
| 2인칭 | ty | jesteś | wy | jesteście |
| 3인칭 | on/ono/ona | jest | oni/one | są |

## 2. 국적 표현

국적의 경우, 화자의 성별에 따라 남성은 남성형 명사로, 여성은 여성형 명사로 각각 표기합니다.

> 국적을 말할 때: być 동사 + 국적 (여성/남성일 때 구분하여 쓰임)

▶ 여성일 때 : 국가명 + ą
  남성일 때 : 국가명 + em(국가명 끝이 k, g로 끝날 때 : + iem)

| | |
|---|---|
| Jestem Koreańczykiem/Koreanką. | 나는 한국 남자/여자입니다. |
| Jesteś Polką. | 너는 폴란드 여자입니다. |
| On jest Polakiem. | 그는 폴란드 남자입니다. |
| Ona jest Niemką. | 그녀는 독일 여자입니다. |
| On(Ona) jest Francuzem/Francuzką. | 그는(그녀는) 프랑스 남자/여자입니다. |
| On(Ona) jest Japończykiem/Japonką. | 그는(그녀는) 일본 남자/여자입니다. |

On(Ona) jest Chińczykiem/Chinką.　　　　그는(그녀는) 중국 남자/여자입니다.

On(Ona) jest Amerykaninem/Amerykanką.　　그는(그녀는) 미국 남자/여자입니다.

## 3. 폴란드 기본 문형

| "To jest ~." <br> 이것은 ~입니다. |  | "To nie jest ~." <br> 이것은 ~가 아닙니다. |
| --- | --- | --- |

### 1. 평서문

> 긍정문: (주어) + 동사 + 보어(명사 또는 형용사)

(Ja) + jestem + Koreanką.　　　　나는 한국 여자입니다.

To + jest + lalka.　　　　　　　이것은 인형입니다.

To + jest + kobieta.　　　　　　(이 사람은) 여자입니다.

To + jest + chłopak.　　　　　　(이 사람은) 소년입니다.

To + jest + dziecko.　　　　　　(이 사람은) 아이입니다.

> 부정문: (주어) + nie + 동사 + 보어(명사 또는 형용사)

Nie + jestem + Koreanką.　　　　나는 한국 여자가 아닙니다.

To + nie + jest + pralka.　　　　이것은 세탁기가 아닙니다.

To + nie + jest + uczeń.　　　　(이 사람은) 학생이 아닙니다.

To + nie + jest + Japonka.　　　(이 사람은) 일본 여자가 아닙니다.

To + nie + jest + pies.　　　　　이것은 개가 아닙니다.

To + nie + jest + okno.　　　　　이것은 창문이 아닙니다.

---

**Tip!**
- 국적의 경우, 주어를 남성 또는 여성 구분이 필요하지 않은 구문인 to jest(~입니다)를 만날 경우에는 뒤의 보어 형태는 -ą(여성), -em(남성)으로 변화를 하지 않고 원형을 씁니다.

## 2. 의문문

평서문 앞에 의문사를 넣어 의문문을 완성합니다. 폴란드어는 일반적으로 어순이 자유롭습니다.
"주어 + 동사" 또는 "동사 + 주어"로 어순을 바꾸어도 의미상의 차이는 없습니다.

① 의문사가 있는 의문문: 의문사 + 주어 + 동사 = 의문사 + 동사 + 주어

[być 동사와 어울리는 육하원칙 의문사]

| 누가 | kto | Kto to jest?<br>Kto tam jest? | 누구입니까?<br>거기 누구입니까? |
|---|---|---|---|
| 언제 | kiedy | Kiedy jest koncert?<br>Kiedy jest obiad? | 언제 콘서트가 있습니까?<br>점심이 언제 나오나요? |
| 어디서 | gdzie | Gdzie jest bank?<br>Gdzie jesteś? | 은행은 어디에 있습니까?<br>너는 어디에 있니? |
| 무엇을 | co | Co to jest?<br>Co masz? | 이것은 무엇입니까?<br>너는 무엇을 가지고 있니? |
| 어떻게 | jak | Jak to jest po polsku?<br>Jak masz na imię? | 이것은 폴란드어로 어떻게 되나요?<br>너의 이름이 어떻게 되니? |
| 왜 | dlaczego | Dlaczego on jest smutny?<br>Dlaczego tutaj jesteś? | 왜 그는 슬퍼하나요?<br>너는 왜 여기에 있니? |

Kto to jest? (이 사람은) 누구입니까?

➡ To jest Minsu. (이 사람은) 민수입니다.　　　To jest kobieta. (이 사람은) 여자입니다.

　　To jest dziadek. (이 사람은) 할아버지입니다.　　To jest ojciec. (이 사람은) 아버지입니다.

　　To jest matka. (이 사람은) 어머니입니다.　　To jest dziecko. (이 사람은) 아이입니다.

Co to jest? 무엇입니까?

➡ To jest woda. 이것은 물입니다.　　　　To jest parasol. 이것은 우산입니다.

　　To jest chleb. 이것은 빵입니다.　　　　To jest czajnik. 이것은 주전자입니다.

　　To jest dżem. 이것은 잼입니다.

② 의문사가 없는 의문문: (Czy) 동사 + 보어(명사 또는 형용사) + ? (물음표)

Tak 네 / Nie 아니요

Czy to jest kawa? 이것은 커피입니까?

➡ Tak, to jest kawa. 네, 이것은 커피입니다.

Nie, to nie jest kawa. 아니요, 이것은 커피가 아닙니다.

Czy to jest zegar? 이것은 시계입니까?

➡ Tak, to jest zegar. 네, 이것은 시계입니다.

Nie, to nie jest zegar. To jest czajnik. 아니요, 이것은 시계가 아닙니다. 이것은 주전자입니다.

Czy to jest czekolada? 이것은 초콜릿입니까?

➡ Tak, to jest czekolada. 네, 이것은 초콜릿입니다.

Nie, to nie jest czekolada. To jest ciasto. 아니요, 이것은 초콜릿이 아닙니다. 이것은 케이크입니다.

Czy to jest szkoła? 이것은 학교입니까?

➡ Tak, to jest szkoła. 네, 이것은 학교입니다.

Nie, to nie jest szkoła. To jest kino. 아니요, 이것은 학교가 아닙니다. 이것은 극장입니다.

(Czy) jesteś Polakiem? 너는 폴란드 남자입니까?

➡ Tak, jestem Polakiem. 네, 저는 폴란드 남자입니다.

(Czy) jesteś Japonką? 너는 일본 여자입니까?

➡ Nie jestem Japonką. Jestem Koreanką. 저는 일본 여자가 아닙니다. 저는 한국 여자입니다.

(Czy) pan jest Chińczykiem? 당신은 중국 남자입니까?

➡ Tak, jestem Chińczykiem. 네, 저는 중국 남자입니다.

(Czy) pani jest Koreanką? 당신은 한국 여자입니까?

➡ Nie jestem Koreanką. Jestem Japonką. 저는 한국 여자가 아닙니다. 저는 일본 여자입니다.

---

**Tip!**

• "~입니까?"에 해당하는 의문사인 "czy"는 생략이 가능합니다.

• 폴란드어로 국가, 국적을 쓸 경우 첫 문자는 항상 대문자로 씁니다.

# 연 | 습 | 문 | 제

**1** 주어진 이름과 국적으로 소개해 보세요.

> | 보기 |  **Mam na imię Janek. Jestem Polakiem.** (Janek, Polska)
> 내 이름은 야넥이에요. 나는 폴란드 사람이에요.

(1) _____ (Minsu, Korea) (한국 남자)

(2) _____ (Akane, Japonia) (일본 여자)

(3) _____ (Sven, Niemcy) (독일 남자)

(4) _____ (Nadia, Rosja) (러시아 여자)

**2** 아래의 그림을 보고 보기와 같이 "예/아니요"로 답하세요.

> | 보기 |    **Czy to jest kobieta?**
> (이 사람은) 여자입니까?
>
> ▶ **Nie, to nie jest kobieta. To jest mężczyzna.**
> 아니요, (이 사람은) 여자가 아닙니다. 남자입니다.

(1) **Czy to jest koń?** 이것은 말입니까?

▶ _____

아니요, 이것은 말이 아닙니다. 강아지입니다.

(2) **Czy to jest zupa?** 이것은 수프입니까?

▶ _____

네, 이것은 수프입니다.

(3) **Czy to jest ołówek?** 이것은 연필입니까?

▶ _____

아니요, 이것은 연필이 아닙니다. 전구입니다.

(4) **Czy to jest parasol?** 이것은 우산입니까?

▶ _____

네, 이것은 우산입니다.

**3** 다음 보기와 같이 질문에 답해 보세요.

| 보기 |　　　Co to jest? (의자)　　　　▶ To jest krzesło.
　　　　　　　이것은 무엇입니까?　　　　　　이것은 의자입니다.

(1) Co to jest? (사과)　　　　　　　　　▶ _____
　　이것은 무엇입니까?　　　　　　　　　이것은 사과입니다.

(2) Kto to jest? (딸)　　　　　　　　　　▶ _____
　　(이 사람은) 누구입니까?　　　　　　　(이 사람은) 딸입니다.

(3) Co to jest? (침실)　　　　　　　　　▶ _____
　　이것은 무엇입니까?　　　　　　　　　이것은 침실입니다.

(4) Co to jest? (자동차)　　　　　　　　▶ _____
　　이것은 무엇입니까?　　　　　　　　　이것은 자동차입니다.

**4** 다음을 듣고 빈칸에 들어갈 내용을 채워 보세요.　　　　　🔘 MP3 03

| 보기 |　Dzień dobry, mam na imię Anna. Jak się pan nazywa?
　　　　안녕하세요, 제 이름은 안나(Anna)입니다. 성함이 어떻게 되세요?

　　　　▶ Nazywam się Minsu, miło mi.
　　　　　저는 민수입니다. 반갑습니다.

(1) Jest pan Koreańczykiem?

　▶ Tak, _____

　▶ _____ pana poznać.

(2) _____

　▶ To jest Logan. On jest _____

29

[ 국가, 국적 państwo, narodowość ]

| 국가 명 | 형용사 (남성, 중성, 여성) | 국적 (남, 여) |
|---|---|---|
| Polska<br>폴란드 | polski, polskie, polska<br>폴란드의 | Polak, Polka<br>폴란드 사람 |
| Korea Południowa<br>대한민국 | koreański, koreańskie, koreańska<br>한국의 | Koreańczyk, Koreanka<br>한국 사람 |
| Stany Zjednoczone<br>미국 | amerykański, amerykańskie,<br>amerykańska<br>미국의 | Amerykanin, Amerykanka<br>미국 사람 |
| Kanada<br>캐나다 | kanadyjski, kanadyjskie, kanadyjska<br>캐나다의 | Kanadyjczyk, Kanadyjka<br>캐나다 사람 |
| Rosja<br>러시아 | rosyjski, rosyjskie, rosyjska<br>러시아의 | Rosjanin, Rosjanka<br>러시아 사람 |
| Niemcy<br>독일 | niemiecki, niemieckie, niemiecka<br>독일의 | Niemiec, Niemka<br>독일 사람 |
| Francja<br>프랑스 | francuski, francuskie, francuska<br>프랑스의 | Francuz, Francuzka<br>프랑스 사람 |
| Hiszpania<br>스페인 | hiszpański, hiszpańskie, hiszpańska<br>스페인의 | Hiszpan, Hiszpanka<br>스페인 사람 |
| Włochy<br>이탈리아 | włoski, włoskie, włoska<br>이탈리아의 | Włoch, Włoszka<br>이탈리아 사람 |
| Japonia<br>일본 | japoński, japońskie, japońska<br>일본의 | Japończyk, Japonka<br>일본 사람 |
| Chiny<br>중국 | chiński, chińskie, chińska<br>중국의 | Chińczyk, Chinka<br>중국 사람 |
| Wietnam<br>베트남 | wietnamski, wietnamskie, wietnamska<br>베트남의 | Wietnamczyk, Wietnamka<br>베트남 사람 |

**폴란드**
기본 개황

"폴란드"하면 무엇이 먼저 떠오르세요? 폴란드에 대해 잘 모르는 사람들은 "자일리톨"이라는 대답을 많이 합니다. 이는 핀란드산 자일리톨이 한국에서 유명해지면서 "폴란드"와 "핀란드"를 헷갈려 하는 말입니다. 이렇듯, 아직은 일반 사람에게 생소한 나라, 하지만 알면 알수록 한국과 닮은 점이 많은 나라, 지금부터 동유럽의 심장, 폴란드에 대해서 알아보겠습니다.

• 폴란드 국기와 문장

문장 : 빨간 방패 바탕에 노란 왕관을 쓴 흰 독수리가 기본을 이루고 있습니다. 이 문장은 폴란드 국가 창시자인 레흐(Lech)가 흰 독수리 둥지를 발견한 후 좋은 징조로 여겨 폴란드 수도 "그니에즈노(둥지)"를 건설하였다는 전설과 함께 쓰기 시작하였습니다.

국기 : 흰색과 빨간색으로 조화를 이루고 있는데, 하얀색은 순수성과 흰색 독수리를, 빨간색은 용기를 상징합니다.

• 기본 정보

폴란드어를 배우는 입문자에게는 가장 중요한 사항입니다.

폴란드의 수도: 바르샤바 (Warszawa)
폴란드 시간: 우리나라 기준 – 8시간 (*썸머타임 – 7시간)
폴란드 종족 구성: 폴란드인 97.8%, 게르만족 (0.4%)
모국어: 폴란드어
독립기념일: 1918년 11월 11일 (공화국독립)
국제 전화: +48 (국가 번호)
종교: 로마가톨릭교 (89.8%)
*폴란드 사람들 대부분이 가톨릭교를 절실하게 믿기로 유명합니다.
대통령: 안제이 두다 (Andrzej Duda, 2015년 8월 취임)
통화: 즈워티 (PLN)

(폴란드 바르샤바 잠코비 광장)

대한민국 *vs* 폴란드 인구, 1인당 GDP, 국가 면적 비교

| 대한민국 인구: 약 51,395,238명 / 세계 26위 | *vs* | 폴란드 인구: 약 38,434,000명 / 세계 36위 |
|---|---|---|
| 대한민국 1인당 GDP: 28,738달러 / 세계 28위 | *vs* | 폴란드 1인당 GDP: 14,330달러 / 세계 55위 |
| 대한민국 면적: 99,720km² / 세계 109위 | *vs* | 폴란드 면적: 312,679km² / 세계 70위 (대한민국 면적의 약 3배) |

폴란드 1인당 GDP는 아직 세계 55위에 그치고, 외국 자본도 많이 유입한 상태이지만, 2004년 유럽 연합에 가입한 이후부터 도약적인 발전을 거듭하고 있습니다.

# 02

## Mój telefon jest nowy.
내 전화기는 새것입니다.

두 번째로 만난 미나와 마렉은 서로의 안부를 묻습니다. 마렉은 새롭게 산 전화기를 미나에게 보여주며 미나와 함께 전화기에 대한 이야기를 나눕니다. 그리고 마렉은 미나에게 전화번호를 알려줍니다.

# 회화

 MP3 **04**

| | |
|---|---|
| Marek | Mina, cześć! Jak się masz? |
| Mina | Marek, cześć! W porządku, ale jestem trochę zmęczona. A ty jak się czujesz? |
| Marek | Dobrze, dziękuję. |
| Mina | O, ładny telefon! Czyj on jest? |
| Marek | To jest mój telefon. |
| Mina | Jaki on jest? |
| Marek | On jest dobry, ale bardzo drogi. |
| Mina | Czy on jest nowy? |
| Marek | Tak, mój telefon jest nowy. |
| Mina | Marek, jaki jest twój numer telefonu? |
| Marek | Mój numer to 507-914-543. |
| (시간 경과) | |
| Marek | Mina, który dom jest twój? |

**해석**

| | |
|---|---|
| 마렉 | 안녕, 미나! 기분이 어때? |
| 미나 | 마렉, 안녕! 보통이야, 그런데 조금 피곤해. 너는 기분이 어때? |
| 마렉 | 응 좋아, 고마워. |
| 미나 | 와, 예쁜 전화기네! 누구의 전화기야? |
| 마렉 | 이것은 나의 전화기야. |
| 미나 | 너의 전화기는 어때? |
| 마렉 | 좋긴 하지만 정말 비싸. |
| 미나 | 이 전화기는 새것이니? |
| 마렉 | 응, 나의 전화기는 새것이야. |
| 미나 | 마렉, 너의 전화번호는 뭐야? |
| 마렉 | 나의 전화번호는 507-914-5430이야. |
| (시간 경과) | |
| 마렉 | 미나, 어느 집이 너의 집이니? |

☆ **새단어 słówka**

· Jak się masz? = Jak się czujesz? 기분이 어때? · w porządku 보통이야 · ale 하지만 · trochę 조금
· zmęczona 피곤한 · dobrze 좋게 · ładny 예쁜 · drogi 비싼 · nowy 새로운 · czyj 누구의 · jaki 어떤(성격)
· telefon 전화기 · numer telefonu 전화번호 · mój / twój 나의/너의 · który 어떤(선택) · dom 집

Dobrze!

Jak się masz?

## 단 어 숫자 cyfry

| 0 | zero | 6 | sześć |
|---|------|---|-------|
| 1 | jeden | 7 | siedem |
| 2 | dwa | 8 | osiem |
| 3 | trzy | 9 | dziewięć |
| 4 | cztery | 10 | dziesięć |
| 5 | pięć | | |

## 표 현

### 1. 전화번호 묻고 답하기

| 낮춤말 | 높임말 |
|--------|--------|
| Jaki jest twój numer telefonu?<br>너의 전화번호는 무엇이니? | Jaki jest pana/pani numer telefonu?<br>당신의 전화번호는 무엇입니까? |

Mój numer (telefonu) to ~.
나의 전화번호는 ~ 입니다.

### 2. 기분 및 상태 묻고 답하기

| 질문 | 대답 |
|------|------|
| Co słychać? 잘 지내니?<br>Jak się masz? 어떻게 지내?/기분이 어때?<br>Jak się czujesz? 기분이 어때? | Świetnie. 아주 좋아. / Dobrze. 좋아.<br>W porządku. 보통이야. / Tak sobie. 그저 그래.<br>Kiepsko. 좋지 않아. / Źle. 나빠. |

35

문법

## 1. 형용사의 역할

폴란드어 형용사는 성·수·격에 따라 어미가 변화합니다. 형용사의 역할은 영어와 마찬가지로 명사를 꾸며주는 역할과 보어로의 서술적인 역할을 합니다.

### (1) 명사를 꾸며주는 역할의 형용사

| 형용사 + 명사 |
| --- |
| 남성명사 (자음) + 남성형용사 (대표어미 y : 형용사가 k 또는 g로 끝난 경우 i) |
| 중성명사 (o, e, ę, um) + 중성형용사 (대표어미 e : 형용사가 k 또는 g로 끝난 경우 ie) |
| 여성명사 (a, i) + 여성형용사 (대표어미 a) |

[자주 등장하는 형용사]

|  | 남성 | 중성 | 여성 |
| --- | --- | --- | --- |
| 좋은 | dobry | dobre | dobra |
| 나쁜 | zły | złe | zła |
| 큰 | duży | duże | duża |
| 작은 | mały | małe | mała |

miły chłopak 친절한 남자친구
miłe dziecko 친절한 아이
miła dziewczyna 친절한 여자친구

⬌

zły chłopak 나쁜 남자친구
złe dziecko 나쁜 아이
zła dziewczyna 나쁜 여자친구

duży pies 큰 개
duże muzeum 큰 박물관
duża czapka 큰 모자

⬌

mały pies 작은 개
małe muzeum 작은 박물관
mała czapka 작은 모자

### (2) 형용사의 서술적인 역할

| 주어 + być 동사 + 보어(형용사) |
| --- |
| 남성명사 (자음) + być 동사 + 남성형용사 (대표어미 y : 형용사가 k 또는 g로 끝난 경우 i) |
| 중성명사 (o, e, ę, um) + być 동사 + 중성형용사 (대표어미 e : 형용사가, k 또는 g로 끝난 경우 ie) |
| 여성명사 (a, i) + być 동사 + 여성형용사 (대표어미 a) |
| 가리키는 대상이 남성일 때 + być 동사 + 남성형용사 |
| 가리키는 대상이 여성일 때 + być 동사 + 여성형용사 |

On　　　jest　　　wysok**i**　　　（그는 키가 크다）

주어　　3인칭 동사　　（남성 형용사）↓

　　　　　　　　　　　　　　k로 끝났기 때문에 i가 붙는다.

Dziecko　　jest　　wysok**ie**　　（아이는 키가 크다）

주어　　　3인칭 동사　　（중성 형용사）↓

　　　　　　　　　　　　　Dziecko가 k로 끝났고, o는 중성명사이므로 형용사에 ie가 붙는다.

Ona　　　jest　　　wysok**a**　　　（그녀는 키가 크다）

주어　　3인칭 동사　　（여성 형용사）↓

　　　　　　　　　　　　　Ona는 여성이므로 형용사에 a가 붙는다.

Jestem wysok**i**.　　　　나는 키가 크다. (내가 남자일 때)

Jestem wysok**a**.　　　　나는 키가 크다. (내가 여자일 때)

## (3) 형용사적 지시대명사 ten / to / ta

명사 앞에서 형용사처럼 지시대명사가 수식할 때에도 명사의 성에 따라 지시대명사가 변화한다.

| | 남성 | 중성 | 여성 |
|---|---|---|---|
| 이것 | ten | to | ta |

Ten chłopak jest wysok**i**.　　　　이 소년은 키가 크다.

To dziecko jest wysok**ie**.　　　　이 아이는 키가 크다.

Ta kobieta jest wysok**a**.　　　　이 여자는 키가 크다.

Ten chleb jest smaczny.　　　　이 빵은 맛있다.

To jabłko jest smaczne.　　　　이 사과는 맛있다.

Ta zupa jest smaczna.　　　　이 수프는 맛있다.

Ten las jest duży.　　　　이 숲은 크다.

To radio jest duże.　　　　이 라디오는 크다.

Ta szkoła jest duża.　　　　이 학교는 크다.

## 2. 소유대명사: 형용사 취급

"나의, 너의, 그의"에 해당하는 소유대명사는 형용사 취급을 합니다. "형용사 취급"이라 함은 명사를 꾸며주는 역할을 하면서, 명사의 성을 따라간다는 의미입니다.

| 인칭대명사 | 소유대명사 | | | |
|---|---|---|---|---|
| | 의미 | 남성 | 중성 | 여성 |
| 단수 | | | | |
| ja | 나의 | mój | moje | moja |
| ty | 너의 | twój | twoje | twoja |
| on/ono/ona | 그의<br>그것의<br>그녀의 | jego | jego | jej |
| 복수 | | | | |
| my | 우리의 | nasz | nasze | nasza |
| wy | 너희들의 | wasz | wasze | wasza |
| oni / one | 그들의 | ich | | |

| 소유대명사 + 남성명사 |
|---|
| mój 나의<br>twój 너의<br>jego 그의　➡　ojciec<br>nasz 우리의　　아버지<br>wasz 너희들의<br>ich 그들의 |

| 소유대명사 + 중성명사 |
|---|
| moje 나의<br>twoje 너의<br>jego 그의　➡　dziecko<br>nasze 우리의　　아이<br>wasze 너희들의<br>ich 그들의 |

| 소유대명사 + 여성명사 |
|---|
| moja 나의<br>twoja 너의<br>jej 그녀의　➡　córka<br>nasza 우리의　　딸<br>wasza 너희들의<br>ich 그들의 |

## 3. 형용사적 의문대명사: 형용사 취급

형용사적 의문대명사는 형용사 취급을 합니다. Jaki와 który는 한국말로 모두 "어떤"이라는 의미가 있지만, jaki의 경우 외형 묘사나 종류, 성격을 나타내는 것이고, który는 선택이 가능한 선별의 의미인 "어떤"에 해당된다는 차이점이 있습니다.

| | 남성 | 중성 | 여성 |
|---|---|---|---|
| 어떤? (성격) | jaki | jakie | jaka |
| 어떤? (선택 가능) | który | które | która |
| 누구의? | czyj | czyje | czyja |

**Jaki on jest?** 그는 어떻습니까? (외형 묘사) = **On jest przystojny.** 그는 잘생겼습니다.
"On"은 "그는"이라는 뜻의 남성명사이므로 형용사적 의문대명사의 남성형인 jaki를 씁니다.

**Jakie ono jest?** 그것은 어떻습니까? (외형 묘사) = **Ono jest słodkie.** 그것은 귀엽습니다.
"Ono"는 "그것"이라는 뜻의 중성명사이므로 형용사적 의문대명사의 중성형인 jakie를 씁니다.

**Jaka ona jest?** 그녀는 어떻습니까? (외형 묘사) = **Ona jest ładna.** 그녀는 예쁩니다.
"Ona"는 "그녀"라는 뜻의 여성명사이므로 형용사적 의문대명사의 여성형인 jaka를 씁니다.

**Który kot jest twój?** 어떤 고양이가 너의 고양이야? (선택 가능) = **Ten kot jest mój.** 이 고양이는 나의 고양이야.
"Kot"는 "고양이"라는 뜻으로 자음 t로 끝난 남성명사이므로 형용사적 의문대명사의 남성형인 który를 씁니다.

**Które krzesło jest twoje?** 어떤 의자가 너의 의자야? (선택 가능) = **To krzesło jest moje.** 이 의자는 나의 의자야.
"Krzesło"는 "의자"라는 뜻으로 o로 끝난 중성명사이므로 형용사적 의문대명사의 중성 형용사인 które를 씁니다.

**Która książka jest twoja?** 어떤 책이 너의 책이야? (선택 가능) = **Ta książka jest moja.** 이 책은 나의 책이야.
"Książka"는 "책"이라는 뜻으로 모음 a로 끝난 여성명사이므로 형용사적 의문대명사의 여성형인 która를 씁니다.

**Czyj jest ten pies?** 이 개는 누구의 개야? = **To jest jego pies.** 이 개는 그의 개야.
"Pies"는 "개"라는 뜻으로 자음 s로 끝난 남성명사이므로 형용사적 의문대명사의 남성 형용사인 czyj를 씁니다.

**Czyje jest to dziecko?** 이 아이는 누구의 아이야? = **To jest ich dziecko.** 이 아이는 그들의 아이야.
"Dziecko"는 "아이"라는 뜻으로 o로 끝난 중성명사이므로 형용사적 의문대명사의 중성 형용사인 czyje를 씁니다.

**Czyja jest ta torba?** 이 가방은 누구의 가방이야? = **To jest jej torba.** 이 가방은 그녀의 가방이야.
"Torba"는 "가방"이라는 뜻으로 모음 a로 끝난 여성명사이므로 형용사적 의문대명사의 여성 형용사인 czyja를 씁니다.

# 연|습|문|제

**1** 보기와 같이 주어진 형용사의 반의어를 명사(남성/중성/여성)에 맞게 쓰세요.

> | 보기 |　młody mężczyzna – stary mężczyzna
> (젊은 남자 – 나이가 많은 남자)

(1) tani hotel - ＿＿＿＿＿＿＿＿＿ hotel (저렴한 호텔 – 비싼 호텔)

(2) chuda kobieta - ＿＿＿＿＿＿＿＿＿ kobieta (마른 여자 – 뚱뚱한 여자)

(3) niesmaczny obiad - ＿＿＿＿＿＿＿＿＿ obiad (맛없는 점심 식사 – 맛있는 점심 식사)

(4) dobry pies - ＿＿＿＿＿＿＿＿＿ pies (좋은 개 – 사나운 개)

**2** 다음 그림을 보고 보기와 같이 질문에 답해 보세요.

> | 보기 |
>
> **mały**
>
> Jaki jest ten dom?
> 이 집은 어떻습니까?
>
> ▶ <u>Ten dom jest mały.</u>
> 이 집은 작습니다.

**smutne**

(1) **Jakie jest to dziecko?** 이 아이는 어떻습니까?

▶ ＿＿＿＿＿＿＿＿＿＿＿＿＿＿＿
이 아이는 슬픕니다.

**drogi**

(2) **Jaki jest ten rower?** 이 자전거는 어떻습니까?

▶ ＿＿＿＿＿＿＿＿＿＿＿＿＿＿＿
이 자전거는 비쌉니다.

**niska**

(3) **Jaka jest ta dziewczyna?** 이 여자는 어떻습니까?

▶ ＿＿＿＿＿＿＿＿＿＿＿＿＿＿＿
이 여자는 키가 작습니다.

**przystojny**

(4) **Jaki jest ten nauczyciel?** 이 선생님은 어떻습니까?

▶ ＿＿＿＿＿＿＿＿＿＿＿＿＿＿＿
이 선생님은 잘 생겼습니다.

**3** 알맞은 소유대명사를 찾고 보기와 같이 문장을 만들어 보세요.

| 보기 |　　　Czyj jest ten długopis? (on)　▶ To jest jego długopis.
　　　　　이 볼펜은 누구의 것입니까?　　　　이것은 그의 볼펜입니다.

(1) Czyj jest ten pokój? (ja)　　　　　▶ _____
　　이 방은 누구의 방입니까?　　　　　　　이것은 나의 방입니다.

(2) Czyja jest ta gitara? (ona)　　　　　▶ _____
　　이 기타는 누구의 기타입니까?　　　　　이 기타는 그녀의 기타입니다.

(3) Czyj jest ten sklep? (my)　　　　　▶ _____
　　이 가게는 누구의 가게입니까?　　　　　이 가게는 우리의 가게입니다.

(4) Czyje jest to dziecko? (oni)　　　　▶ _____
　　이 아이는 누구의 아이입니까?　　　　　이 아이는 그들의 아이입니다.


**4** 다음을 듣고 빈칸에 들어갈 내용을 채워 보세요.　　　　　　　🔊 MP3 05

(1) _____ to jest?

　　▶ To jest mój _____ .

(2) _____ twój chłopak?

　　▶ Mój chłopak jest _____ i przystojny.

(3) Jakie jest _____ dziecko?

　　▶ Moje dziecko jest _____ .

(4) Ta książka jest _____ .

　　▶ A ten film jest _____ .

(5) Mój pies jest _____ . Jaki jest twój pies?

　　▶ Mój pies jest _____ .

**[ 형용사 przymiotniki ]**

| 의미 | 형용사 | | | ⇔ | 반의어 | | |
|---|---|---|---|---|---|---|---|
| | 남성 | 중성 | 여성 | 의미 | 남성 | 중성 | 여성 |
| 예쁜 (잘생긴) | piękny (przystojny) | piękne | piękna | 못생긴 | brzydki | brzydkie | brzydka |
| 키가 큰 | wysoki | wysokie | wysoka | 키가 작은 | niski | niskie | niska |
| 마른 | chudy | chude | chuda | 뚱뚱한 | gruby | grube | gruba |
| 친절한 | miły | miłe | miła | 불친절한 | niemiły | niemiłe | niemiła |
| 행복한 | szczęśliwy | szczęśliwe | szczęśliwa | 슬픈 (불행한) | smutny (nieszczęśliwy) | smutne (nieszczęśliwe) | smutna (nieszczęśliwa) |
| 젊은 | młody | młode | młoda | 늙은 | stary | stare | stara |
| 큰 | duży | duże | duża | 작은 | mały | małe | mała |
| 좋은 | dobry | dobre | dobra | 나쁜 | zły | złe | zła |
| 쉬운 | łatwy | łatwe | łatwa | 어려운 | trudny | trudne | trudna |
| 따뜻한 | ciepły | ciepłe | ciepła | 추운 | zimny | zimne | zimna |
| 맛있는 | smaczny | smaczne | smaczna | 맛없는 | niesmaczny | niesmaczne | niesmaczna |
| 가격이 싼 | tani | tanie | tania | 가격이 비싼 | drogi | drogie | droga |
| 흥미로운 | ciekawy | ciekawe | ciekawa | 지루한 | nudny | nudne | nudna |
| 인기 있는 | popularny | popularne | popularna | 인기 없는 | niepopularny | niepopularne | niepopularna |
| 긴 | długi | długie | długa | 짧은 | krótki | krótkie | krótka |
| 건강한 | zdrowy | zdrowe | zdrowa | 건강하지 않은 | niezdrowy | niezdrowe | niezdrowa |

**Tip!**
• **Przystojny**는 "잘생긴"이란 의미로, 여성에게는 쓰이지 않고 남성에게만 사용합니다.

# 문화로 배우는 폴란드어

## 폴란드
### 지리

유럽은 북유럽(영국, 노르웨이, 핀란드, 스웨덴)·남유럽(이탈리아, 그리스, 크로아티아)·동유럽(폴란드, 체코, 러시아)·서유럽(스페인, 프랑스, 독일)으로 나누어져 있습니다. 그중 폴란드를 중심으로 서쪽으로는 독일, 동쪽으로는 벨라루스와 우크라이나, 북쪽에는 발트 해 연안과 러시아(칼리닌그라드주), 남쪽으로는 체코와 슬로바키아와 국경을 나란히 하고 있습니다. 이러한 지리적 우세함으로, 서유럽으로 가는 요충지인 폴란드에는 현재 260여 개의 한국 기업이 진출해 있습니다.

(폴란드의 16개 주)

### • 행정구역

폴란드의 행정구역은 주(województwo), 군(powiat), 그미나(gmina)로 나뉩니다. 현재 폴란드에는 16개 주와 65개의 시, 380개의 군, 2,478개의 그미나가 있습니다.

### • 주요 도시

폴란드의 현 수도는 Warszawa(바르샤바), 옛 수도는 Kraków(크라쿠프)입니다. 바르샤바는 1,753,977명으로 폴란드에서 가장 많은 인구가 밀집되어 있으며, 크라쿠프, Łódź(우치), Wrocław(브로츠와프), 그리고 Poznań(포즈난) 순으로 인구 수가 많습니다.

### • 강과 호수

폴란드는 끝없이 펼쳐진 평야를 자랑합니다. 국토 대부분이 평야를 이루고 있어, 풍부한 농산물과 낙농업으로 유명합니다. 평야 사이를 유유히 흐르고 있는 Wisła(비수아)와 Odra(오드라) 강은 폴란드의 대표적인 강입니다. 이외에도 폴란드의 동북쪽에 위치한 호수가 많은 곳으로 Mazury(마주리)라는 지역이 있습니다. 이곳은 중서부와 비교해 다소 낙후된 지역이지만, 숲과 호수가 많아 휴양을 즐기기 위해 관광객이 많이 찾는 곳입니다. 게다가 마주리라는 지역에 있는 Krutynia(크루트니아) 강에는 아름다운 카누 루트가 있어 카누를 즐기기에 적합한 관광명소입니다.

### • 산

폴란드 사람들은 여름이면 강과 바다로 카누를 즐기러 여행을 떠나고, 겨울이면 산으로 스키를 즐기러 여행을 갑니다. 폴란드의 대부분은 주로 평야를 이루고 있지만, 남부지방에는 고도가 높은 산들이 많이 밀집되어 있습니다. 그중 Zakopane(자코파네)라는 도시는 폴란드인들에게 스키를 즐길 수 있는 보물 같은 곳이기도 합니다. 고도 2,499m로 폴란드에서 가장 높은 리시산의 대표적인 산맥인 Tatry(타트리)가 있으며, Bieszczady(비에수차드), Sudety(수데티) 산맥은 등산과 스키를 즐기는 사람들로 항상 북적거립니다.

### • 날씨

한국 날씨와 비슷하게 봄·여름·가을·겨울 4계절을 이루며 대륙성 기후를 나타냅니다. 겨울에는 영하권 날씨가 이어질 정도로 춥고 눈이 많이 오며, 여름에는 최고 약 34°까지 오르는 무더운 날씨로 종종 소나기가 내리지만, 습하지는 않습니다.

_____**Lekcja**

# 03

## Mam wygodny dom.
나는 편안한 집이 있습니다.

학습 요점

- 회화
- 어휘: 단어) 집   표현) 물건을 묘사할 때 묻고 답하기
- 문법: 1. 목적격이란? 2. 목적격 어순 3. 목적격을 가장 쉽게 공부하는 요령
       4. mieć (〜를 가지고 있다)
- 추가어휘: 방, 부엌, 욕실
- 문화: 폴란드 전통 음식

미나는 마렉을 자신의 집에 초대하고 자신의 집을 소개합니다.
마렉은 미나의 방에 들어가 우연히 미나의 책상 위에 놓인 가족사진을 보고 흥미를 갖기 시작합니다.

| | |
|---|---|
| Mina | To jest mój dom. |
| Marek | Masz bardzo ładny dom! |
| Mina | Dziękuję. Mój dom jest nieduży, ale wygodny. |
| Marek | Który pokój jest twój? |
| Mina | Mój pokój jest tam. |
| Marek | Czy tam są krzesła? |
| Mina | Tak, zapraszam. |

(미나의 방으로 이동)

| | |
|---|---|
| Marek | Tutaj są ładne meble! Masz telewizor i komputer? |
| Mina | Tak, mam nowy i dobry telewizor, ale komputer jest stary. |
| Marek | Jakie jest twoje biurko? |
| Mina | Jest duże, ale trochę niewygodne. |
| Marek | A co to jest? |
| Mina | To jest moje ulubione zdjęcie. To jest moja rodzina. |

### 해석

| | |
|---|---|
| 마렉 | 이곳이 나의 집이야. |
| 마렉 | 너는 아주 예쁜 집이 있구나! |
| 미나 | 고마워. 나의 집은 크진 않지만 편안해. |
| 마렉 | 어느 방이 너의 방이야? |
| 미나 | 나의 방은 저기야. |
| 미렉 | 저기에 의자가 있니? |
| 미나 | 응, 들어와. |

(미나의 방으로 이동)

| | |
|---|---|
| 마렉 | 예쁜 가구들이 있네! 텔레비전과 컴퓨터도 있니? |
| 미나 | 응, 나는 최신식의 좋은 텔레비전이 있지만, 컴퓨터는 낡았어. |
| 마렉 | 너의 책상은 어때? |
| 미나 | 크긴 한데 조금 불편해. |
| 마렉 | 이건 뭐야? |
| 미나 | 이건 내가 가장 좋아하는 사진이야. 나의 가족이야. |

### ☆ 새단어 słówka

· **nieduży** 크지 않은 · **wygodny** 편안한 *반의어 niewygodny · **pokój** 방 · **krzesło** (복수형 krzesła) 의자 · **tam** 저기
· **tutaj** 여기 · **ładny** 예쁜, 아름다운 *반의어 nieładny · **mebel** (복수형 meble) 가구 · **telewizor** 텔레비전 · **komputer** 컴퓨터
· **biurko** 책상 · **ulubiony** 좋아하는 · **zdjęcie** 사진 · **rodzina** 가족

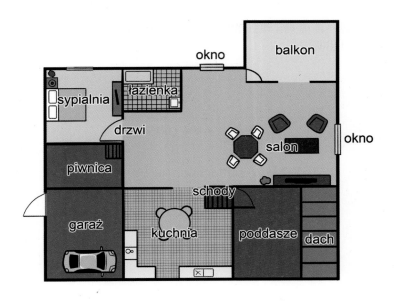

**단어** 집 dom

| kuchnia | 부엌 | piwnica | 지하실 |
|---------|------|---------|--------|
| sypialnia | 침실 | dach | 지붕 |
| łazienka | 욕실 | okno | 창문 |
| garaż | 차고 | balkon | 발코니 |
| drzwi | 문 | ogród | 정원 |
| schody | 계단 | ogrodzenie | 펜스 |
| salon | 거실 | trawnik | 잔디 |
| poddasze | 다락 | skrzynka na listy | 우편함 |

**표현** 물건을 묘사할 때 묻고 답하기

| 질문 | 대답 |
|------|------|
| **Jaki jest twój ~?**<br>너의 ~은/는 어때? | **Mój ~ jest ~.**<br>나의 ~은/는 ~이다. |
| **Który ~ jest twój?**<br>어느 ~이/가 너의 것이야? | **Ten ~ jest mój.**<br>이 ~은/는 나의 것이야. |
| **Masz ~ ?**<br>(물건) ~이/가 있어? | **Tak, mam ~**(물건). 응, (나는) ~이/가 있어.<br>**Nie, nie mam.** 아니, (나는) ~이/가 없어. |

## 1. 목적격이란?

목적격은 우리나라의 "~을/~를"에 해당되는 격입니다. 폴란드어는 목적격 동사에 따라 뒤에 나오는 형용사와 명사의 어미 변형이 이루어집니다.

## 2. 목적격 어순

> 어순: S + V + O (목적어)

(ja)　Mam　samochód. 나는 자동차를 가지고 있습니다.
　①　②　③

① 일반적으로 주어는 생략합니다.
② mieć(가지다)의 1인칭 동사를 찾습니다.
③ 목적어에 해당하는 "자동차를"을 삽입합니다.

## 3. 목적격을 가장 쉽게 공부하는 요령

① 가장 자주 사용하는 명사의 성을 남성(생물/무생물) / 중성 / 여성으로 각각 구분합니다.

> **Tip!**
> • 폴란드어 격을 공부하기 위해서는 남성명사, 중성명사, 여성명사를 구분하는 것이 중요하며, 특히 남성명사는 살아 움직이는 것(생물)과 살아있지 않은 물체(무생물)와 구분하는 연습이 필요합니다.

| 남성 생물 | chłopak 남자친구, ojciec 아버지, pies 개, kot 고양이 |
|---|---|
| 남성 무생물 | stół 탁자, dom 집, komputer 컴퓨터, telefon 전화기, długopis 볼펜, samochód 자동차, czas 시간 |
| 중성 | krzesło 의자, okno 창문, słońce 해, kino 극장, radio 라디오, dziecko 아이 |
| 여성 | lampa 전등, gazeta 신문, książka 책, kawa 커피, kobieta 여자, dziewczyna 여자친구/소녀, woda 물, matka 어머니, herbata 마시는 차 |

② 자주 쓰는 폴란드어 동사 "mieć"를 넣어 남성(생물/무생물), 중성, 여성의 변화 규칙을 이해합니다.

## 4. mieć (~를 가지고 있다)

폴란드어 동사는 인칭에 따라 원형이 변합니다. 또한, 각 동사가 지배하는 격에 따라 뒤에 나오는 형용사 및 명사의 어미 변화가 이루어집니다. "~을, ~를"로 해석이 되며 대부분의 동사가 목적격 동사입니다. 목적격 동사 뒤에 나오는 명사, 형용사는 목적격으로 어미 활용이 이루어집니다.

| 단수/복수 | 주격 | mieć (가지다) | | 구분 | 형용사 단수 | 명사 단수 |
|---|---|---|---|---|---|---|
| 1인칭 단수 | ja | mam | | | | |
| 1인칭 복수 | my | mamy | | 남성 생물 | -ego | -a |
| 2인칭 단수 | ty | masz | | 남성 무생물 | = 주격, 변화 없음 | = 주격, 변화 없음 |
| 2인칭 복수 | wy | macie | ＋ | 중성 | = 주격, 변화 없음 | = 주격, 변화 없음 |
| 3인칭 단수 | on/ono/ona | ma | | 여성 | -ą | -ę |
| 3인칭 복수 | oni/one | mają | | | | |

**예시** 기본적으로 변화가 이루어지지 않은 명사와 형용사의 경우, 빨간색 표시를 하지 않았습니다. 참고 바랍니다.

## 1인칭 단수

| 남성 | 생물 | mieć 1인칭 단수 mam | dobry chłopak (좋은 남자친구) | ⇒ | Mam dobrego chłopaka. 나는 좋은 남자친구가 있습니다. |
|---|---|---|---|---|---|
| | 무생물 | | dobry stół (좋은 탁자) | | Mam dobry stół. 나는 좋은 탁자를 가지고 있습니다. |
| 중성 | | | dobre krzesło (좋은 의자) | | Mam dobre krzesło. 나는 좋은 의자를 가지고 있습니다. |
| 여성 | | | dobra lampa (좋은 전등) | | Mam dobrą lampę. 나는 좋은 전등을 가지고 있습니다. |

## 1인칭 복수

| 남성 | 생물 | mieć 1인칭 복수 mamy | dobry ojciec (좋은 아버지) | ⇒ | Mamy dobrego ojca. 우리는 좋은 아버지가 있습니다. |
|---|---|---|---|---|---|
| | 무생물 | | dobry dom (좋은 집) | | Mamy dobry dom. 우리는 좋은 집을 가지고 있습니다. |
| 중성 | | | dobre radio (좋은 라디오) | | Mamy dobre radio. 우리는 좋은 라디오를 가지고 있습니다. |
| 여성 | | | dobra gazeta (좋은 신문) | | Mamy dobrą gazetę. 우리는 좋은 신문을 가지고 있습니다. |

## 2인칭 단수

| 남성 | 생물 | mieć 2인칭 단수 masz | dobry pies (좋은 개) | ⇒ | Masz dobrego psa. 너는 좋은 개가 있습니다. |
|---|---|---|---|---|---|
| | 무생물 | | dobry komputer (좋은 컴퓨터) | | Masz dobry komputer. 너는 좋은 컴퓨터를 가지고 있습니다. |

| | | | | |
|---|---|---|---|---|
| 중성 | | dobre dziecko<br>(좋은 아이) | ⇒ | Masz dobre dziecko.<br>너는 좋은 아이가 있습니다. |
| 여성 | | dobra książka<br>(좋은 책) | | Masz dobrą książkę.<br>너는 좋은 책을 가지고 있습니다. |

## 2인칭 복수

| | | | | | |
|---|---|---|---|---|---|
| 남성 | 생물 | | dobry kot<br>(좋은 고양이) | ⇒ | Macie dobrego kota.<br>너희들은 좋은 고양이가 있습니다. |
| | 무생물 | mieć<br>2인칭 복수<br>macie | dobry telefon<br>(좋은 전화기) | | Macie dobry telefon.<br>너희들은 좋은 전화기를 가지고 있습니다. |
| 중성 | | | dobre łóżko<br>(좋은 침대) | | Macie dobre łóżko.<br>너희들은 좋은 침대를 가지고 있습니다. |
| 여성 | | | dobra kawa<br>(좋은 커피) | | Macie dobrą kawę.<br>너희들은 좋은 커피가 있습니다. |

## 3인칭 단수

| | | | | | |
|---|---|---|---|---|---|
| 남성 | 생물 | | dobry wujek<br>(좋은 삼촌) | ⇒ | Ma dobrego wujka.<br>(그/그녀는) 좋은 삼촌이 있습니다. |
| | 무생물 | mieć<br>3인칭 단수<br>ma | dobry długopis<br>(좋은 볼펜) | | Ma dobry długopis.<br>(그/그녀는) 좋은 볼펜을 가지고 있습니다. |
| 중성 | | | dobre jedzenie<br>(좋은 음식) | | Ma dobre jedzenie.<br>(그/그녀는) 좋은 음식이 있습니다. |
| 여성 | | | dobra dziewczyna<br>(좋은 여자친구, 소녀) | | Ma dobrą dziewczynę.<br>(그는) 좋은 여자친구가 있습니다. |

## 3인칭 복수

| | | | | | |
|---|---|---|---|---|---|
| 남성 | 생물 | | dobry dziadek<br>(좋은 할아버지) | ⇒ | Mają dobrego dziadka.<br>(그들은/그녀들은) 좋은 할아버지가 있습니다. |
| | 무생물 | mieć<br>3인칭 복수<br>mają | dobry samochód<br>(좋은 자동차) | | Mają dobry samochód.<br>(그들은/그녀들은) 좋은 자동차를 가지고 있습니다. |
| 중성 | | | dobre biurko<br>(좋은 책상) | | Mają dobre biurko.<br>(그들은/그녀들은)) 좋은 책상을 가지고 있습니다. |
| 여성 | | | dobra matka<br>(좋은 어머니) | | Mają dobrą matkę.<br>(그들은/그녀들은) 좋은 어머니가 있습니다. |

- 동사 변형은 인칭을 대신 나타내주므로, 기본적으로 주어 생략이 가능하지만, 3인칭 단수와 복수의 경우, on/ono/ona/oni/one의 의미 구분이 이루어지므로 3인칭 단수와 3인칭 복수는 주어를 표기해주는 것이 일반적입니다.

- pies → Mam psa.

  명사인 pies가 mieć(가지다) 동사를 만나면 중간에 있는 "ie"가 생략이 됩니다. 생략 후에 -a를 붙이면 mam psa가 됩니다.

- ojciec → Mam ojca.

  명사인 ojciec가 mieć(가지다) 동사를 만나면 중간에 있는 "ie"가 생략이 됩니다. 생략 후에 -a를 붙이면 ojcca가 되는데, 중간 cc는 동화 현상이 일어나 c 하나만 남겨둡니다.

Mieć에 아래의 형용사와 명사를 넣어 연습해 보세요.

| 형용사 | 명사 | mieć + 형용사 + 명사 |
|---|---|---|
| interesujący<br>재미있는, 흥미로운 | (남성) komiks 만화책 | Mam interesujący komiks.<br>나는 재미있는 만화책을 가지고 있습니다. |
| | (중성) hobby 취미<br>(예외: 중성 명사) | Masz interesujące hobby?<br>너는 흥미로운 취미가 있니? |
| | (여성) wiadomość 뉴스, 소식<br>(예외: 자음으로 끝났지만 여성 명사) | On ma interesującą wiadomość.<br>그는 흥미로운 소식이 있습니다. |
| nowy<br>새로운 | (남성) pomysł 생각, 아이디어 | Ona ma nowy pomysł.<br>그녀는 새로운 아이디어가 있습니다. |
| | (중성) biurko 책상 | On ma nowe biurko.<br>그는 새로운 책상이 있습니다. |
| | (여성) klawiatura 키보드 | Mamy nową klawiaturę.<br>우리는 새로운 키보드가 있습니다. |
| ulubiony<br>좋아하는 | (남성) serial 드라마 | Macie ulubiony serial?<br>너희들은 좋아하는 드라마가 있니? |
| | (중성) jedzenie 음식 | Oni mają ulubione jedzenie.<br>그들은 좋아하는 음식이 있습니다. |
| | (여성) restauracja 식당 | One mają ulubioną restaurację.<br>그녀들은 좋아하는 식당이 있습니다. |
| wygodny<br>편안한 | (남성) fotel 안락의자 | Mam wygodny fotel.<br>나는 편안한 안락의자가 있습니다. |
| | (중성) łóżko 침대 | Mam wygodne łóżko.<br>나는 편안한 침대가 있습니다. |
| | (여성) wanna 욕조 | Mam wygodną wannę.<br>나는 편안한 욕조가 있습니다. |

# 연 | 습 | 문 | 제

**1** 다음 보기와 같이 mieć 동사를 이용하여 알맞은 문장을 만들어 보세요.

> | 보기 |　ja + ciekawa książka　　▶ **Ja mam ciekawą książkę.**
> 　　　　　나는 + 재미있는 책　　　　　나는 재미있는 책을 가지고 있다.

(1) ty + wygodne krzesło　　　　▶ _____
　　너는 + 편안한 의자　　　　　　　　너는 편안한 의자를 가지고 있다.

(2) my + duża szafa　　　　　　　▶ _____
　　우리는 + 큰 옷장　　　　　　　　　우리는 큰 옷장을 가지고 있다.

(3) oni + drogi ekspres do kawy　▶ _____
　　그들은 + 비싼 커피 머신기　　　　　그들은 비싼 커피 머신기를 가지고 있다.

(4) ona + piękna torba　　　　　　▶ _____
　　그녀는 + 예쁜 가방　　　　　　　　그녀는 예쁜 가방을 가지고 있다.

**2** 다음 그림을 보고 보기와 같이 mieć 동사를 이용하여 묘사해 보세요.

> | 보기 |
>
>
>
> 그는 편안한 침대를 가지고 있다.
> ▶ **On ma wygodne łóżko.**

(1) 그녀는 큰 우산을 가지고 있다.

　▶ _____

(2) 아이는 따뜻한 모자를 가지고 있다.

　▶ _____

(3) 그는 재미있는 앨범을 가지고 있다.

　▶ _____

**3** 다음 보기와 같이 제시된 단어를 이용하여 질문에 답해 보세요.

| 보기 |　Jaki jest twój dom? (duży)　　▶ Mój dom jest duży.
　　　　너의 집은 어때?　　　　　　　　　나의 집은 커.

(1) Jaki jest twój fotel? (wygodny)　　　▶ _____
　너의 안락의자는 어때?　　　　　　　　　나의 안락의자는 편안해.

(2) Jaka jest twoja lampka? (mała)　　　▶ _____
　너의 스탠드는 어때?　　　　　　　　　　나의 스탠드는 작아.

(3) Jakie jest twoje radio? (stare)　　　▶ _____
　너의 라디오는 어때?　　　　　　　　　　나의 라디오는 오래되었어.

(4) Jakie jest twoje ciasto? (smaczne)　　▶ _____
　너의 케이크는 어때?　　　　　　　　　　나의 케이크는 맛있어.

**4** 다음을 듣고 빈칸에 들어갈 내용을 채워 보세요.　　　　　　　　　　🔊 MP3 07

(1) Mina, masz _____ ?

　　▶ Nie, ja nie mam _____ .

(2) Jaki jest twój _____ ?

　　▶ Mój _____ jest mały, ale _____ .

(3) Masz _____ i dobry telefon?

　　▶ Nie, ja mam _____ telefon.

(4) Czy w twoim pokoju jest _____ ?

　　▶ Tak, w moim pokoju jest _____ .

## [ 방 pokój ]

| | | | |
|---|---|---|---|
| biurko | 책상 | łóżko | 침대 |
| szafa | 옷장 | szuflada | 서랍장 |
| biblioteczka/regał na książki | 책장 | telewizor | 텔레비전 |
| radio | 라디오 | zasłona | 커튼 |
| ściana | 벽 | obraz | 그림 |
| budzik | 자명종 시계 | telefon | 전화기 |
| kosz na śmieci | 쓰레기통 | lampka | 스탠드 |
| kalendarz | 달력 | krzesło | 의자 |
| plakat | 포스터 | dywan | 카펫 |
| komputer | 컴퓨터 | długopis | 볼펜 |
| parasol | 우산 | album | 앨범 |

## [ 부엌 kuchnia ]

| | | | |
|---|---|---|---|
| kuchenka | 가스레인지 | kuchenka mikrofalowa | 전자레인지 |
| piekarnik | 오븐 | lodówka | 냉장고 |
| zlew | 싱크대 | zmywarka | 식기세척기 |
| stół | 식탁 | obrus | 식탁보 |
| czajnik | 주전자 | waga | 저울 |
| mikser | 믹서기 | ekspres do kawy | 커피 머신기 |
| garnek | 냄비 | patelnia | 프라이팬 |
| toster | 토스터기 | szklanka | 유리컵 |
| talerz | 접시 | widelec | 포크 |
| nóż | 칼 | łyżka | 숟가락 |
| pałeczki | 젓가락 | serwetka | 냅킨 |
| pieprz | 후추 | sól | 소금 |

## [ 욕실 łazienka ]

| | | | |
|---|---|---|---|
| wanna | 욕조 | lustro | 거울 |
| ręcznik | 수건 | umywalka | 세면대 |
| suszarka (do włosów) | 드라이기 | prysznic | 샤워기 |
| kran | 수도꼭지 | gąbka | 샤워 타올 |
| bidet | 비데 | papier toaletowy | 화장지 |
| pralka | 세탁기 | szczotka do włosów | 머리 빗 |
| maszynka do golenia | 면도기 | szczoteczka do zębów | 칫솔 |
| pasta do zębów | 치약 | szampon | 샴푸 |
| dezodorant | 데오드란트(탈취제) | mydło | 비누 |

# 문화로 배우는 폴란드어

## 폴란드 전통 음식

한 나라를 대표할 수 있는 아이콘은 무엇일까요? 자신의 나라를 알릴 수 있는 유명 위인·여행지·기념품 등 내세울 수 있는 아이콘은 무수히 많습니다. 그중에 전통 음식은 어떤가요? 처음 외국인이 내국에 방문하였을 때, 가장 접하고 싶은 문화가 바로 음식 문화입니다. 각 나라의 전통 음식을 맛보면 그 나라의 과거·현재·미래를 느낄 수 있습니다. 폴란드에는 우리나라를 대표하는 전통 음식과 유사한 음식들이 많이 있습니다. 먼 나라이지만 동질성을 느낄 수 있는 이유 중 하나입니다. 이번 문화로 배우는 폴란드에서는 한국 음식과 유사한 폴란드 전통 음식에 대해 알아보도록 하겠습니다.

### 폴란드 전통 음식 pierogi(피에로기)는 우리나라 만두?

우리나라의 "만두"와 유사한 피에로기는 만두 속에 감자·고기·채소 등을 넣어 각자의 취향에 맞게 즐길 수 있는 음식입니다. 한국인의 주식이 밥이라면, 폴란드인의 주식은 감자입니다. 크리스마스 식탁에서 자주 등장하는 피에로기는 속이 꽉 찬 양배추와 버섯으로 만두를 만들어 먹습니다.

### 폴란드 전통 음식 bigos(비고스)는 우리나라 볶음 김치?

소금에 절인 양배추와 취향에 따라, 다양한 종류의 고기, 소시지, 버섯 등이 들어가는 비고스는 담백한 맛이 일품입니다. 한국의 대표 음식인 김치 중에 아이들이 먹을 수 있도록 매운맛을 빼고 들기름에 달달 볶은 "볶음 김치"와 유사합니다. 폴란드 사람들은 하루 세 끼 식사 중 오후 1시부터 4시 사이에 먹는 obiad(오비아드)를 중요하게 생각합니다. 이때 비고스를 빵과 곁들여 오비아드로 즐겨 먹습니다.

### 폴란드 건강 수프 rosół(로수우)는 우리나라 닭죽?

폴란드에서 가장 흔하게 먹을 수 있는 수프인 로수우는 우리나라 "닭죽"과 비슷합니다. 우리나라는 닭죽을 만들 때, 쌀을 곱게 저어 죽을 만들지만, 폴란드식 닭 수프는 면을 넣어 만듭니다. 물·닭고기·양파·대파·파슬리·양배추·소금·후추·셀러리 등으로 만들어 감기에 걸렸을 때, 보양식으로 먹는 음식이기도 합니다.

### 폴란드 전통 음식 golonka(골롱카)는 우리나라 족발?

돼지 다리 살을 뼈째 삶거나 구운 요리로 겉껍질은 바삭하고 속은 부드러운 골롱카는 우리나라에서 안주로 즐겨 먹는 "족발"과 유사합니다. 폴란드인들은 골롱카와 함께 감자 혹은 양배추를 곁들여 먹습니다.

폴란드에는 우리나라의 저렴한 식당과 같은 "밀크바(bar mleczny)"가 있습니다. 가벼운 스낵이나 음료를 먹을 수 있는 곳으로 저렴한 가격으로 자유롭고 밝은 분위기의 폴란드를 느낄 수 있는 곳입니다. 폴란드를 방문할 때, 밀크바에서 폴란드인의 음용 문화를 즐겨보는 것도 추천해 드립니다.

# 04

# Kocham moją rodzinę.

나는 나의 가족을 사랑합니다.

학습 요점

- 회화
- 어휘: 단어) 가족   표현) 가족관계 묻고 답하기
- 문법: 1. kochać (~를 사랑한다) 2. -ać형 동사의 어미 활용 3. 목적격의 활용
- 추가어휘: 숫자, 나이를 물어볼 때
- 문화: 폴란드 유명인사 I

미나는 마렉에게 차를 대접합니다. 차를 마시며 미나와 마렉은 자신의 가족에 대해 이야기를 하고 간단한 가족 소개를 합니다. 마렉은 미나에게 집에 초대해 주어 감사하다는 인사와 함께 다음 만남을 기약합니다.

## 회화

 MP3 **08**

| | |
|---|---|
| Marek | Mina, dziękuję za herbatę. *(pokazując zdjęcie)* Jaki jest twój ojciec? |
| Mina | Mam surowego ojca. Ale moja matka jest miła. Bardzo ich kocham. |
| Marek | Ile lat mają twój brat i twoja siostra? |
| Mina | Mój brat ma 18 lat, a moja siostra ma 16 lat. A ty masz rodzeństwo? |
| Marek | Tak, mam siostrę i brata. Moja siostra jest niska, ale piękna. |
| Mina | A jaki jest twój brat? |
| Marek | Mój brat jest przystojny. Bardzo go kocham. |
| Mina | Kiedy on ma wakacje? |
| Marek | Wkrótce. On już czeka na wakacje. |

(시간 경과)

| | |
|---|---|
| Marek | Już jest wieczór! Dziękuję za zaproszenie, do zobaczenia! |
| Mina | Dziękuję, na razie. |

### 해석

| | |
|---|---|
| 마렉 | 미나, 차를 대접해줘서 고마워. *(사진을 가리키며)* 너의 아버지는 어때? |
| 미나 | 나에게는 엄격한 아버지가 계셔. 하지만 어머니는 친절하셔. 나는 그들을 많이 사랑해. |
| 마렉 | 너의 남동생과 여동생은 몇 살이야? |
| 미나 | 나의 남동생은 18살이고, 여동생은 16살이야. 너는 형제가 있니? |
| 마렉 | 응, 나는 여동생과 남동생이 있어. 나의 여동생은 키가 작지만 예뻐. |

| | |
|---|---|
| 미나 | 너의 남동생은 어때? |
| 마렉 | 나의 남동생은 잘생겼어. 나는 그를 많이 사랑해. |
| 미나 | 그는 방학이 언제야? |
| 마렉 | 곧이야. 그는 벌써 방학을 기다리고 있어. |

(시간 경과)

| | |
|---|---|
| 마렉 | 벌써 저녁이네! 초대해줘서 고마워. 우리 또 만나자! |
| 미나 | 고마워. 다음에 또 봐. |

---

**Tip!**

· 폴란드어에는 나이와 상관없이 여동생, 누나, 언니를 모두 siostra라고 부릅니다.
  그리고 남동생, 형, 오빠 모두 brat이라고 부릅니다.

---

### ☆ 새단어 słówka

· **herbata** 마시는 차 · **pokazując** 가리키면서 · **surowy** 엄격한 · **kochać** 사랑하다 · **rodzeństwo** 형제, 자매
· **już** 이미 · **wkrótce** 곧 · **czekać na** ~를 기다리다 · **wakacje** 방학 · **wieczór** 저녁 · **zaproszenie** 초대

dziadek | babcia

matka | ojciec

siostra ja brat

### 단어 가족 rodzina

| | | | |
|---|---|---|---|
| rodzice | 부모님 | rodzeństwo | 형제, 자매 |
| dziadek | 할아버지 | ojciec / tata | 아버지 / 아빠 |
| babcia | 할머니 | matka / mama | 어머니 / 엄마 |
| syn | 아들 | mąż | 남편 |
| córka | 딸 | żona | 아내 |
| wnuk | 손자 | brat | 남동생, 형, 오빠 |
| wnuczka | 손녀 | siostra | 여동생, 누나, 언니 |
| zięć | 사위 | wujek | 삼촌, 외삼촌, 고모부, 이모부 |
| synowa | 며느리 | ciotka | 고모, 이모 |
| kuzyn | 사촌(남) | kuzynka | 사촌(여) |

### 표현 가족관계 묻고 답하기

| 질문 | 대답 |
|---|---|
| Czy to jest ~ ? 이분은/이것은 ~ 입니까? | Tak, to jest ~. 네. 이분은/이것은 ~ 입니다.<br>Nie, to nie jest ~. 아니요, 이분은/이것은 ~가 아닙니다. |
| Masz ~ (가족 어휘)? ~ 가 있습니까? | Tak, (ja) mam ~. 네. (나는) ~가 있습니다.<br>Nie, (ja) nie mam ~. 아니요. (나는) ~가 없습니다. |

## 1. kochać (~를 사랑한다)

폴란드어 동사는 인칭에 따라 원형이 변합니다. <u>또한, 각 동사와 전치사에 따라 지배하는 격이 존재합니다.</u>

| 단수/복수 | 주격 | kochać<br>(~를 사랑한다) | | 구분 | 형용사 단수 | 명사 단수 |
|---|---|---|---|---|---|---|
| 1인칭 단수 | ja | kocham | | | | |
| 1인칭 복수 | my | kochamy | | 남성 생물 | -ego | -a |
| 2인칭 단수 | ty | kochasz | + | 남성 무생물 | = 주격, 변화 없음 | = 주격, 변화 없음 |
| 2인칭 복수 | wy | kochacie | | 중성 | = 주격, 변화 없음 | = 주격, 변화 없음 |
| 3인칭 단수 | on/ono/ona | kocha | | 여성 | -ą | -ę |
| 3인칭 복수 | oni/one | kochają | | | | |

### 예시

**1인칭 단수, 1인칭 복수**

| 남성 | 생물 | kochać<br>1인칭 단수<br>kocham | mój chłopak<br>(나의 남자친구) | ⇨ | Kocham mojego chłopaka.<br>나는 나의 남자친구를 사랑합니다. |
|---|---|---|---|---|---|
| | 무생물 | | mój dom<br>(나의 집) | | Kocham mój dom.<br>나는 나의 집을 사랑합니다. |
| 중성 | | kochać<br>1인칭 복수<br>kochamy | nasze dziecko<br>(우리의 아이) | | Kochamy nasze dziecko.<br>우리는 우리의 아이를 사랑합니다. |
| 여성 | | | nasza babcia<br>(우리의 할머니) | | Kochamy naszą babcię.<br>우리는 우리의 할머니를 사랑합니다. |

**2인칭 단수, 2인칭 복수**

| 남성 | 생물 | kochać<br>2인칭 단수<br>kochasz | twój ojciec<br>(너의 아버지) | ⇨ | Kochasz twojego ojca?<br>너는 너의 아버지를 사랑하니? |
|---|---|---|---|---|---|
| | 무생물 | | twój samochód<br>(너의 자동차) | | Kochasz twój samochód?<br>너는 너의 자동차를 사랑하니? |
| 중성 | | kochać<br>2인칭 복수<br>kochacie | wasze miasto<br>(너희의 도시) | | Kochacie wasze miasto?<br>너희는 너희 도시를 사랑하니? |
| 여성 | | | wasza matka<br>(너희의 어머니) | | Kochacie waszą matkę?<br>너희는 너희 어머니를 사랑하니? |

### 3인칭 단수, 3인칭 복수

| | | | dziadek<br>(할아버지) | | Ona kocha dziadka.<br>그녀는 할아버지를 사랑합니다. |
|---|---|---|---|---|---|
| 남성 | 생물 | kochać<br>3인칭 단수 | | | |
| | 무생물 | kocha | sport<br>(스포츠) | | On kocha sport.<br>그는 스포츠를 사랑합니다. |
| 중성 | | kochać<br>3인칭 복수 | pływanie<br>(수영) | ➡ | Oni kochają pływanie.<br>그들은 수영을 사랑합니다. |
| 여성 | | kochają | praca<br>(일) | | One kochają pracę?<br>그녀들은 일을 사랑합니까? |

## 2. -ać형 동사의 어미 활용

### (1) -ać형 동사 어미 변형

동사 어미형태에 따라서 1, 2, 3인칭 단수·복수형의 변화 어미가 달라집니다. 동사로 주어를 알 수 있으므로 일반적으로 주어를 생략합니다. 폴란드 동사원형이 ać형으로 끝나는 동사는 다음과 같은 규칙으로 어미 형태가 변화됩니다.

| rozmawiać<br>(~이야기하다) | 주격 단수 | 동사 변형 | 주격 복수 | 동사 변형 |
|---|---|---|---|---|
| 1인칭 | ja | rozmawiam | my | rozmawiamy |
| 2인칭 | ty | rozmawiasz | wy | rozmawiacie |
| 3인칭 | on/ono/ona | rozmawia | oni/one | rozmawiają |

> **Tip!**
> • -ać형 활용 동사 : -am, -asz, -a, -amy, -acie, -ają
> czytać (~를 읽다), słuchać (~를 듣다), oglądać (~를 보다), pytać (~를 묻다), siadać (앉다), rozmawiać (이야기하다), zaczynać (~를 시작하다), znać (~를 알다), zwiedzać (~를 구경하다)

### (2) -ać형 숙어 표현 동사 + 전치사 + 목적격 어미

폴란드어는 "동사 + 전치사"를 만나 숙어를 이루는 경우가 있습니다.
동사 단독으로 쓰이지 않기 때문에, 반드시 전치사와 함께 숙어표현으로 익혀야 합니다.

> **Tip!**
> • 동사 + 전치사 + 목적격 명사
> grać w ((~게임, 스포츠 등)을 하다), czekać na (~를 기다리다)

| czekać na (〜를 기다리다) | 단수 | | 복수 | |
|---|---|---|---|---|
| 1인칭 | ja | czekam na | my | czekamy na |
| 2인칭 | ty | czekasz na | wy | czekacie na |
| 3인칭 | on/ono/ona | czeka na | oni/one | czekają na |

Czekam na moją matkę.　나는 나의 어머니를 기다리고 있습니다.

Gram w koszykówkę.　나는 농구를 합니다.


## 3. 목적격의 활용

폴란드어를 학습할 때에는 동사, 전치사에 따라 지배하는 격이 달라진다는 것을 반드시 숙지해야 합니다.
아래의 전치사 뒤에는 반드시 목적격 활용이 와야 하며, "동사 〈 전치사"가 최순위로 지배를 받습니다.

### (1) 항상 목적격을 취하는 전치사

동사와 전치사를 구분합니다. 동사인 rozmawiać와 전치사인 przez 중 "동사 〈 전치사"에 우선 순위를 두기 때문에
przez 뒤에 나오는 telefon은 전치사인 przez(〜를 통하여)의 영향을 받아 목적격이 나옵니다.

Rozmawiamy　przez　telefon. 우리는 전화를 통해 대화한다. 전화 통화한다.
(동사)　　　　(전치사)　　(목적격)

전치사 w는 대표적인 장소격 전치사입니다. 하지만 요일이나 시각을 나타내는 의미의 w일 경우 뒤에 목적격으로
활용을 해야 합니다.

> w + 요일 / w + 시각 (〜요일에 / 〜에)

| 의미 | 요일 원형 | 〜요일에 |
|---|---|---|
| 월요일 | poniedziałek | w poniedziałek |
| 화요일 | wtorek | we wtorek |
| 수요일 | środa | w środę |
| 목요일 | czwartek | w czwartek |
| 금요일 | piątek | w piątek |
| 토요일 | sobota | w sobotę |
| 일요일 | niedziela | w niedzielę |

środa(수요일), sobota(토요일), niedziela(일요일)은 원형에서 w라는 요일 의미의 전치사를 만나면 a → ę으로
변합니다.

## (2) 인칭대명사의 목적격

목적격 동사 뒤에 위치하여 "나를, 너를, 그를"등에 해당하는 인칭대명사가 나올 경우에는 아래의 목적격 인칭대명사
를 써야 합니다.

예를 들어 "나는 너를 사랑합니다"를 표현하고자 할 경우에는 kocham cię로 "너를"에 해당하는 목적격 인칭대명사
를 넣어주면 됩니다.

| 주격 | | 목적격 | 목적격 | 주격 |
|---|---|---|---|---|
| ja | | mnie (나를) | nas (우리를) | my |
| ty | kochać ~를 사랑한다 | ciebie/cię (너를) | was (너희를) | wy |
| on | | go (그를) | ich (그들을) | oni |
| ono | | je (그것을) | je (그것들을/그녀들을) | one |
| ona | | ją (그녀를) | | |

동사가 전치사를 필요로 하면서 뒤에 인칭대명사를 쓰고자 할 때에는, 동사 + 전치사 + 인칭대명사의 어순으로 쓸 수
있으며, 3인칭 단수·복수의 인칭대명사는 n-형태의 목적격으로 활용합니다.

3인칭 단수·복수를 제외한 나머지 인칭은 구분 없이 동일하게 쓸 수 있습니다.

| 주격 | | 목적격 | 목적격 | 주격 |
|---|---|---|---|---|
| ja | | mnie (나를) | nas (우리를) | my |
| ty | czekać na ~를 기다리다 | ciebie (너를) | was (너희를) | wy |
| on | | niego (그를) | nich (그들을) | oni |
| ono | | nie (그것을) | nie (그것들을/그녀들을) | one |
| ona | | nią (그녀를) | | |

Czekasz na niego?(너는 그를 기다리니?)라고 물어볼 때, 위에서 배웠던 czekać는 항상 na라는 전치사와 함께
사용해야 하므로 "그를"에 해당하는 go 대신에 전치사 na 다음에는 n-형태의 목적격인 niego를 써야 합니다.

Czekam na niego/nie/nią/nich.

# 연 | 습 | 문 | 제

**1** 다음 보기와 같이 주어진 단어를 재배열하여 올바른 문장을 만들어 보세요.

> | 보기 | Ja / kochać / mój pies
>
> ▶ **Ja kocham mojego psa.** 나는 나의 개를 사랑합니다.

(1) Ty / kochać / ja / ?　　　　　　▶ _____

　　너는 나를 사랑하니?

(2) On / kochać / ty　　　　　　　▶ _____

　　그는 너를 사랑합니다.

(3) Ja / kochać / moje dziecko　　　▶ _____

　　나는 나의 아이를 사랑합니다.

(4) Mój ojciec / kochać / moja matka ▶ _____

　　나의 아버지는 나의 어머니를 사랑합니다.

**2** 다음 그림을 보고 보기와 같이 그림 속 가족을 묘사해 보세요.

> | 보기 |
>
>
> **Jan, 52 lata**
>
> **Ojciec ma na imię Jan. On ma pięćdziesiąt dwa lata.**
> 아버지의 이름은 얀(Jan)입니다. 그는 52살입니다.

**Magda, 48 lat**

(1) _____

어머니의 이름은 마그다(Magda)입니다. 그녀는 48살입니다.

**Ola, 17 lat**

(2) _____

딸의 이름은 올라(Ola)입니다. 그녀는 17살입니다.

**Michał, 14 lat**

(3) _____

아들의 이름은 미하우(Michał)입니다. 그는 14살입니다.

**3** 다음 보기와 같이 목적격을 취하는 동사구를 중심으로 제시된 단어를 이용하여 질문에 답해 보세요.

> | 보기 |  **Na kogo czekasz?** (moja ciocia)
> 누구를 기다리고 있어요?
>
> ▶ **Czekam na moją ciocię.**
> 나는 나의 이모를 기다리고 있어요.

(1) **Co oni zwiedzają?** (piękne miasto)
그들은 무엇을 구경하고 있어요?

▶ _____
그들은 아름다운 도시를 구경하고 있어요.

(2) **Co ogląda babcia?** (interesujący album)
할머니는 무엇을 보고 있어요?

▶ _____
할머니는 재미있는 앨범을 보고 있어요.

(3) **Na kogo czeka nauczycielka?** (koleżanka)
선생님은 누구를 기다리고 있어요?

▶ _____
선생님은 친구를 기다리고 있어요.

(4) **Co zaczyna twój syn?** (zadanie domowe)
너의 아들은 무엇을 시작하나요?

▶ _____
나의 아들은 숙제를 시작하고 있어요.

---

**4** 다음을 듣고 빈칸에 들어갈 내용을 채워 보세요.  🎧 MP3 **09**

(1) **Na** _____ **czekasz?**

▶ **Czekam na** _____ .

(2) **Kochasz twoją** _____ ?

▶ **Tak, kocham moją** _____ **i mojego** _____ .

(3) **W** _____ **grasz w piłkę nożną?**

▶ **Nie, gram w piłkę nożną w** _____ .

(4) **Ile lat mają twój wujek i twoja ciocia?**

▶ **Mój wujek ma** _____ **lata, a moja ciocia ma** _____ **lat.**

▶ **Masz** _____ ?

▶ **Tak, mój** _____ **ma trzynaście lat.**

## [ 숫자 liczby ]

| | | | |
|---|---|---|---|
| 11 | jedenaście | 30 | trzydzieści |
| 12 | dwanaście | 31 | trzydzieści jeden (trzydzieści + jeden) |
| 13 | trzynaście | 32 | trzydzieści dwa (trzydzieści + dwa) |
| 14 | czternaście | 33 | trzydzieści trzy (trzydzieści + trzy) |
| 15 | piętnaście | … | |
| 16 | szesnaście | 40 | czterdzieści |
| 17 | siedemnaście | 50 | pięćdziesiąt |
| 18 | osiemnaście | 60 | sześćdziesiąt |
| 19 | dziewiętnaście | 70 | siedemdziesiąt |
| 20 | dwadzieścia | 80 | osiemdziesiąt |
| 21 | dwadzieścia jeden (dwadzieścia + jeden) | 90 | dziewięćdziesiąt |
| 22 | dwadzieścia dwa (dwadzieścia + dwa) | 100 | sto |
| 23 | dwadzieścia trzy (dwadzieścia + trzy) | 101 | sto jeden (sto + jeden) |
| … | | 102 | sto dwa (sto + dwa) |

## [ 나이를 물어볼 때 ]

| 낮춤말 | 높임말 |
|---|---|
| Ile masz lat? 몇 살이니?<br>Ile lat ma twój/twoje/twoja ~?<br>(예 twoja matka 너의 어머니)<br>너의 ~ 몇 살이니? | Ile ma pan/pani lat? 연세가 어떻게 되세요?<br>Ile lat ma pana/pani ~?<br>(예 pana żona 당신의 아내)<br>당신의 ~는 연세가 어떻게 되나요? |

Ja mam ~ lat. 저는 ~ 살 입니다.

Mój/moje/moja ~ ma ~ lat. 나의 ○○는 ~살 입니다.

> **Tip!**
> • 나이가 2, 3, 4로 끝날 때에는 마지막에 lata를 삽입, 이외에는 lat을 씁니다.
>
> 2, 3, 4, 22, 23, 24, 32, 33, 34… - lata    (예 Mam 23 lata. 나는 23살입니다.)
>
> 5-21, 25-31, 35-41, …. - lat    (예 On ma 31 lat. 그는 31살입니다.)

66    The 바른 폴란드어

# 문화로 배우는 **폴란드어**

## 폴란드
### 유명인사 I

"퀴리 부인, 코페르니쿠스, 프레데릭 쇼팽, 요한 바오로 2세" 이분들의 공통점이 무엇일까요? 바로 폴란드 출신이라는 것입니다. 폴란드에는 우리가 익히 알고 있는 폴란드 출신의 유명 인사들이 많습니다. 우리에게도 친숙한 그들의 업적과 행보를 알아보겠습니다.

### 코페르니쿠스 (Mikołaj Kopernik) (1473~1543)
– 지동설(태양중심설)의 제창자로 알려진 폴란드의 천문학자

중학교 교과서에서부터 등장한 코페르니쿠스를 모르는 사람은 없을 것입니다. 하지만 그가 폴란드 사람이라는 것을 모르는 사람들은 많습니다. 코페르니쿠스는 태양중심설을 알게 된 후 폴란드로 돌아와 자신의 태양중심설 천문학을 서술해 유포시켰습니다.

### 퀴리 부인 (Maria Skłodowska-Curie) (1867~1934)
– 노벨물리학상, 노벨화학상을 받은 물리학자

노벨물리학상, 노벨화학상을 받으며 과학책에 빠짐없이 등장하는 인물이 바로 마리 퀴리, 퀴리 부인입니다. 프랑스인 남편과 결혼하여 프랑스 국적을 취득하였지만, 폴란드 바르샤바에서 출생한 엄연한 폴란드인으로 폴란드 국적과 프랑스 국적을 가지고 있습니다. 프랑스에서 수학·물리학을 전공하였고 가장 뛰어난 성적으로 졸업하여 어릴 적부터 수학·물리학에 두각을 드러낸 인재로 알려져 있습니다.

### 요한 바오로 2세 (Jan Paweł II) (카롤 보이티와) (1920~2005)
– 폴란드인이 가장 사랑하는 교황

요한 바오로 2세는 가톨릭 신자라면 모르는 사람이 없을 정도로 유명한 인물입니다. 특히, 국민 중 약 90% 정도가 가톨릭을 믿는 폴란드의 경우, 요한 바오로 2세가 교황직에 오른 일은 역사적으로 남길 업적으로 볼 수 있습니다. 1942년 성직에 뜻을 안고, 나치의 지배하에서 비밀리에 운영되던 크라쿠프 신학교를 졸업하고 이때부터 성직자의 길을 걸어 1978년에는 제264대 교황으로 임명되었습니다. 요한 바오로 2세가 서거한 날인 2005년 4월 2일에는 종교와 상관없이 전 폴란드인이 슬픔에 잠겼을 정도로 폴란드인의 마음속에 교황에 대한 존경심이 남달랐습니다. 2014년에는 교황 프란치스코에 의해 성인으로 시성 되었습니다.

### 레흐 바웬사 (Lech Wałęsa) (1943년~)
– 노동자 출신으로는 최초 대통령직, 노벨 평화상을 수상한 인물

불운한 시기에 태어난 레흐 바웬사는 그단스크에 있는 조선소 전기 노동자로 일을 시작하였습니다. 당시 노동자의 작업조건을 개선하고자 가입한 노동조합을 계기로 광범위한 노조 활동을 시작하며, 자유 노조 설립을 합법화하는 과정에 일조하였습니다. 공산주의 국가였던 폴란드는 처음으로 나라의 통제를 받지 않는 민주적인 노동조합인 자유 노조가 탄생하는 데 기여하였습니다. 구속과 석방을 반복하며 노동자의 작업 환경 개선에 기여한 레흐 바웬사는 1983년 노동자로는 최초로 노벨 평화상을 수상하였으며, 1990년에는 대통령으로 당선되었고 1994년에는 폴란드 대통령으로선 처음으로 내한을 한 대통령이기도 합니다. 폴란드인들의 자유 민주에 앞장선 인물로 현재까지도 폴란드인의 존경을 받는 인물입니다.

# 05

# Lubię oglądać polskie filmy.

나는 폴란드 영화를 보는 것을 좋아합니다.

학습 요점 ·············································································

- 회화
- 어휘: 단어) 하루 중   표현) 취미, 취미에 대해 묻고 답하기
- 문법: 1. lubić (～를 좋아한다) 2. -yć, -ić형 동사의 어미 활용
      3. 남자명사를 제외한 주격 복수(= 목적격 복수)
- 추가어휘: 취미 그리고 어울리는 동사 표현
- 문화: 폴란드 유명인사 Ⅱ

마렉은 길을 가다 우연히, 동생을 기다리고 있는 미나를 만납니다. 서로의 안부를 묻고 취미 생활로 대화를 이어나갑니다. 요리를 즐겨 하는 미나는 마렉이 한국 음식을 좋아한다는 말을 듣고 저녁 식사에 초대를 합니다.

# 회화

 MP3 **10**

| | |
|---|---|
| Marek | Mina, na kogo czekasz? |
| Mina | Czekam na moją siostrę. |
| Marek | Co robicie dzisiaj wieczorem? |
| Mina | Dzisiaj jest interesujący koncert, mamy bilety. A ty lubisz słuchać muzyki? |
| Marek | Nie, nie lubię. |
| Mina | A co lubisz robić? |
| Marek | W weekend lubię grać w piłkę nożną lub oglądać polskie filmy. A jakie jest twoje hobby? |
| Mina | Ja lubię gotować koreańskie jedzenie. Lubię też robić zdjęcia. Marek, lubisz koreańskie jedzenie? |
| Marek | Tak, bardzo lubię bulgogi. |
| Mina | Naprawdę? Ja i moja siostra lubimy razem robić zakupy i gotować bulgogi. |
| Marek | Kiedy i gdzie lubicie robić zakupy? |

**해석**

마렉 미나, 누구를 기다리고 있어?
미나 나는 내 여동생을 기다리는 중이야.
마렉 (너희들은) 오늘 저녁에 뭐 해?
미나 오늘은 흥미로운 콘서트가 있어. 우리는 콘서트 표가 있어. 너는 음악 듣는 것을 좋아하니?
마렉 아니, 나는 좋아하지 않아.
미나 그럼 너는 뭐 하는 것을 좋아해?
마렉 주말에 축구를 하거나 폴란드 영화 보는 것을 좋아해. 너의 취미는 뭐야?

미나 나는 한국음식을 요리하는 것을 좋아해. 또한 사진 찍는 것도 좋아해. 마렉, 너는 한국 음식을 좋아하니?
마렉 응, 나는 불고기를 매우 좋아해.
미나 정말? 나와 내 여동생은 함께 장을 보고 불고기 요리하는 것을 좋아해.
마렉 언제 그리고 어디에서 장 보는 것을 좋아하니?

☆ **새단어** słówka

· dzisiaj 오늘 · wieczorem 저녁에 · koncert 공연(koncert는 음악 공연을 의미한다) · bilet (복수형 bilety) 표 · słuchać 듣다
· muzyka 음악 · weekend 주말 · grać w piłkę nożną 축구를 하다 · lub 또는 · oglądać 보다 · hobby 취미
· gotować 요리하다 · robić zdjęcie 사진을 찍다 · naprawdę 정말 · razem 같이 · robić zakupy 쇼핑을 하다

**단 어** **하루 중** pory dnia

| 아침 | ranek | 아침에 | rano |
|---|---|---|---|
| 정오 | południe | 정오에 | w południe |
| 오후 | popołudnie | 오후에 | po południu |
| 저녁 | wieczór | 저녁에 | wieczorem |
| 밤 | noc | 밤에 | w nocy |
| 자정 | północ | 자정에 | o północy |

**표 현**

## 1. 취미 hobby

| 명사 | lubię + 목적격 ~을/를 좋아해 |
|---|---|
| sport 스포츠<br>piłka nożna 축구<br>koszykówka 농구<br>tenis 테니스<br>golf 골프<br>siatkówka 배구 | Lubię sport.<br>Lubię piłkę nożną.<br>Lubię koszykówkę.<br>Lubię tenis.<br>Lubię golf.<br>Lubię siatkówkę. |
| zakupy 쇼핑<br>samochód 자동차<br>książka 책<br>film 영화<br>moneta 동전<br>znaczek 우표<br>gra komputerowa 컴퓨터 게임 | Lubię zakupy.<br>Lubię samochody.<br>Lubię książki.<br>Lubię filmy.<br>Lubię monety.<br>Lubię znaczki.<br>Lubię gry komputerowe.<br>* 복수형 표현이 자연스럽습니다. |

## 2. 취미에 대해 묻고 답하기

| 낮춤말 | 높임말 |
|---|---|
| Co lubisz robić? 너는 뭐 하는 것을 좋아하니?<br>Jakie jest twoje hobby? 너의 취미는 뭐야? | Co pan/pani lubi robić? 당신은 뭐 하는 것을 좋아하나요?<br>Jakie jest pana/pani hobby? 당신의 취미는 무엇인가요? |

Ja lubię 명사 또는 Ja lubię + 동사원형  나는 ~를 좋아해요. / ~하는 것을 좋아해요.
Moje hobby to 명사  나의 취미는 ~입니다.

## 1. lubić (~를 좋아한다)

폴란드어 동사는 인칭에 따라 원형이 변합니다. 또한, 각 동사에 따라 전치사에 따라 지배하는 격이 존재합니다.

> lubić + 동사원형 + (형용사) + 명사

| 단수/복수 | 주격 | lubić (~를 좋아한다) | | 구분 | 형용사 단수 | 명사 단수 |
|---|---|---|---|---|---|---|
| 1인칭 단수 | ja | lubię | | 동사원형이 목적격 동사일 경우 | | |
| 1인칭 복수 | my | lubimy | | 남성 생물 | -ego | -a |
| 2인칭 단수 | ty | lubisz | + 동사원형 | 남성 무생물 | = 주격, 변화 없음 | = 주격, 변화 없음 |
| 2인칭 복수 | wy | lubicie | | 중성 | = 주격, 변화 없음 | = 주격, 변화 없음 |
| 3인칭 단수 | on/ono/ona | lubi | | 여성 | -ą | -ę |
| 3인칭 복수 | oni/one | lubią | | | | |

### 예시

#### 1인칭 단수, 1인칭 복수

| lubić + 동사원형 + (형용사) + 명사 | | | |
|---|---|---|---|
| 단수/복수 | 동사원형 | 목적격 (원형) | 완벽한 문장 |
| 1인칭 단수 lubię | oglądać (~를 보다) | telewizję (telewizja) (텔레비전) | Lubię oglądać telewizję. 나는 텔레비전 보는 것을 좋아합니다. |
| | czytać (~를 읽다) | gazetę (gazeta) (신문) | Lubię czytać gazetę. 나는 신문 읽는 것을 좋아합니다. |
| 1인칭 복수 lubimy | pływać (수영하다) | | Lubimy pływać. 우리는 수영하는 것을 좋아합니다. |
| | kolekcjonować (~를 수집하다) | monety (moneta) (동전 (복수)) | Lubimy kolekcjonować monety. 우리는 동전 수집하는 것을 좋아합니다. |

#### 2인칭 단수, 2인칭 복수

| lubić + 동사원형 + (형용사) + 명사 | | | |
|---|---|---|---|
| 단수/복수 | 동사원형 | 목적격 (원형) | 완벽한 문장 |
| 2인칭 단수 lubisz | prowadzić (~를 운전하다) | samochód (samochód) (자동차) | Lubisz prowadzić samochód? 너는 자동차 운전하는 것을 좋아하니? |
| | gotować (~를 요리하다) | | Lubisz gotować? 너는 요리하는 것을 좋아하니? |

| 2인칭 복수 | robić | zdjęcia (zdjęcie) | Lubicie robić zdjęcia? |
|---|---|---|---|
| | (〜를 하다) | (사진 (복수)) | 너희들은 사진 찍는 것을 좋아하니? |
| lubicie | robić | zakupy (단수형 없음) | Lubicie robić zakupy? |
| | (〜를 하다) | (장보기 (복수)) | 너희들은 장 보는 것을 좋아하니? |

> **Tip!**
> • zdjęcia(사진), zakupy(장보기)에 해당되는 단어는 단수 표현보다 주로 복수 표현을 쓰는 것이 일반적입니다.

### 3인칭 단수, 3인칭 복수

| lubić + 동사원형 + (형용사) + 명사 | | | |
|---|---|---|---|
| 단수/복수 | 동사원형 | 목적격 (원형) | 완벽한 문장 |
| 3인칭 단수 | pisać | pamiętnik (pamiętnik) | Lubi pisać pamiętnik. |
| | (〜를 쓰다) | (일기) | (그/그녀는) 일기 쓰는 것을 좋아합니다. |
| lubi | śpiewać | | Lubi śpiewać. |
| | (노래하다) | | (그/그녀는) 노래 부르는 것을 좋아합니다. |
| 3인칭 복수 | podróżować | | Lubią podróżować. |
| | (여행하다) | | (그들/그녀들은) 여행하는 것을 좋아합니다. |
| lubią | uczyć się * | | Lubią uczyć się. |
| | (〜를 공부하다) | | (그들/그녀들은) 공부하는 것을 좋아합니다. |

∗ 숙어 : uczyć się 〜를 공부하다

## 2. -yć, -ić형 동사의 어미 활용

### (1) -yć, -ić형 동사 어미 변형

동사 어미형태에 따라서 1, 2, 3인칭 단수·복수형의 변화 어미가 달라집니다. 폴란드 동사원형이 -yć, -ić 형으로 끝나는 동사는 "-ę, -isz/ysz, -i/y, -imy/ymy, -icie/ycie, -ą"의 규칙으로 어미 형태가 변화됩니다.

| kończyć (〜를 끝내다) | 주격 단수 | 동사 변형 | 주격 복수 | 동사 변형 |
|---|---|---|---|---|
| 1인칭 | ja | kończę | my | kończymy |
| 2인칭 | ty | kończysz | wy | kończycie |
| 3인칭 | on/ono/ona | kończy | oni/one | kończą |

> **Tip!**
> • -ić/-yć형 동사의 어미 활용
> zobaczyć (〜를 보다), tańczyć (춤추다), kończyć (〜를 끝내다), uczyć się (〜를 공부하다)

(2) **"동사 + 전치사 + 목적격"으로 쓰는 동사 : martwić się o** (~를 걱정하다)

폴란드어는 "동사 + 전치사 + 목적격"을 만나 숙어를 이루는 경우가 있습니다. 동사 단독으로 쓰이지 않기 때문에, 반드시 전치사와 함께 숙어표현으로 익혀야 합니다. -bić, -pić, -wić, -mić, -nić로 끝나는 -ić형은 "i"가 1인칭과 3인칭 복수에 살아 있습니다.

mówić(말하다), kupić(~를 사다), robić(~를 하다. 만들다), martwić się o(~를 걱정하다)

| martwić się o<br>(~를 걱정하다) | 주격 단수 | 동사 변형 | 주격 복수 | 동사 변형 |
|---|---|---|---|---|
| 1인칭 | ja | martwię się o | my | martwimy się o |
| 2인칭 | ty | martwisz się o | wy | martwicie się o |
| 3인칭 | on/ono/ona | martwi się o | oni/one | martwią się o |

Martwię się o moją babcię. 나는 나의 할머니를 걱정합니다.

On martwi się o jego ojca. 그는 그의 아버지를 걱정합니다.

Oni martwią się o ich dziecko. 그들은 그들의 아이를 걱정합니다.

## 3. 남자명사를 제외한 주격 복수 (= 목적격 복수)

주격 복수에서 중요한 것은 남자명사와 비남자명사를 구분하는 것입니다. 남성명사는 의미에 따라 생물명사와 무생물명사로 나누어지고, 생물명사에서도 특히 남자명사와 비남자명사로 나누어집니다.
비남자명사는 사람이 아닌 남성명사(생물 중 남자사람이 아닌 명사)를 이야기 합니다.

| 단수/복수 | 주격 | lubić<br>(~를 좋아하다) | 구분 | 형용사 복수 | 명사 복수 |
|---|---|---|---|---|---|
| 1인칭 단수 | ja | lubię | | | |
| 1인칭 복수 | my | lubimy | 남자명사 | 중급편 | |
| 2인칭 단수 | ty | lubisz | 비남자명사 | -e | -y/-i |
| 2인칭 복수 | wy | lubicie | 무생물명사 | -e | -y/-i |
| 3인칭 단수 | on/ono/ona | lubi | 중성명사 | -e | -a |
| 3인칭 복수 | oni/one | lubią | 여성명사 | -e | -y/-i |

> **Tip!**
> - k, g로 끝나는 명사의 경우 "y"이 아닌 "i"로 변화가 됩니다.
> - 사람이 아닌 남성 명사라고 하면, 자음으로 끝나면서 사람으로 분류되지 않은 남성생물명사를 의미합니다.
>   예를 들어 kot(고양이) pies(개)의 경우 각 t, s 자음으로 끝난 남성명사이지만 고양이, 개는 사람이 아니므로 비남자명사로 구분이 되는 것입니다.

| 구분<br>(비남자/무생물) | | 주격 단수 | 주격 복수 / 목적격 복수 |
|---|---|---|---|
| 남성 | 비남자 | dobry kot 좋은 고양이 | dobre koty 좋은 고양이들 |
| | | duży pies 큰 개 | duże psy 큰 개들 |
| | 무생물 | nowy telefon 새로운 전화기 | nowe telefony 새로운 전화기들 |
| | | piękny kwiat 아름다운 꽃 | piękne kwiaty 아름다운 꽃들 |
| | | duży dom 큰 집 | duże domy 큰 집들 |
| | | szybki pociąg 빠른 기차 | szybkie pociągi 빠른 기차들 |
| | | drogi prezent 비싼 선물 | drogie prezenty 비싼 선물들 |
| | | łatwy egzamin 쉬운 시험 | łatwe egzaminy 쉬운 시험들 |
| 중성 | | słodkie ciasto 달콤한 케이크 | słodkie ciasta 달콤한 케이크들 |
| | | grzeczne dziecko 예의 바른 아이 | grzeczne dzieci 예의 바른 아이들 (예외) |
| | | duże okno 큰 창문 | duże okna 큰 창문들 |
| 여성 | | wesoła piosenka 기쁜 노래 | wesołe piosenki 기쁜 노래들 |
| | | ciekawa bajka 재미있는 동화 | ciekawe bajki 재미있는 동화들 |
| | | miła przyjaciółka 친절한 친구(여) | miłe przyjaciółki 친절한 친구들(여) |
| | | tania sukienka 저렴한 원피스 | tanie sukienki 저렴한 원피스들 |
| | | dobra książka 좋은 책 | dobre książki 좋은 책들 |

# 연 | 습 | 문 | 제

**1** 다음 보기와 같이 lubić 동사를 알맞게 사용하여 문장을 만들어 보세요.

> | 보기 |　W weekend oni lubią robić zdjęcia.
> 그들은 주말에 사진 찍는 것을 좋아합니다.

(1) Po południu my ＿＿＿＿＿＿＿＿＿＿ grać w golfa.
우리는 오후에 골프를 치는 것을 좋아합니다.

(2) Rano ja ＿＿＿＿＿＿＿＿＿＿ robić zakupy.
나는 아침에 쇼핑하는 것을 좋아합니다.

(3) Wieczorem ona ＿＿＿＿＿＿＿＿＿＿ tańczyć.
그녀는 저녁에 춤추는 것을 좋아합니다.

(4) W nocy wy ＿＿＿＿＿＿＿＿＿＿ spacerować?
너희들은 밤에 산책하는 것을 좋아합니까?

**2** 다음 그림을 보고 보기와 같이 제시한 동사와 명사를 사용하여 목적격 활용으로 변형해 보세요.

> | 보기 |
>
> zadanie domowe
>
> Co teraz kończysz?
> 지금 무엇을 끝냅니까?
> ► Teraz kończę zadanie domowe.
> 지금 숙제를 끝냅니다.

nowa wystawa

(1) Co zobaczysz w weekend? 너는 주말에 무엇을 볼 겁니까?
► ＿＿＿＿＿＿＿＿＿＿＿＿＿＿＿＿＿
주말에 새로운 전시회를 볼겁니다.

tania koszulka

(2) Co kupi jej syn? 그녀의 아들은 무엇을 삽니까?
► ＿＿＿＿＿＿＿＿＿＿＿＿＿＿＿＿＿
그녀의 아들은 저렴한 티셔츠를 삽니다.

praca

(3) Co kończy twoja matka? 너의 어머니는 무엇을 끝냅니까?
► ＿＿＿＿＿＿＿＿＿＿＿＿＿＿＿＿＿
나의 어머니는 일을 끝냅니다.

**3** 다음 문장을 읽고 문법적인 오류 한 곳을 찾아 고쳐 보세요.

> | 보기 |　On lubi czytać ciekawa książka.
>
> ► On lubi czytać ciekawą książkę.　그는 흥미로운 책 읽는 것을 좋아합니다.

(1) Mój tata bardzo lubią grać w piłkę nożną.

► _____ 나의 아빠는 축구하는 것을 아주 좋아합니다.

(2) On martwi się o jego żona.

► _____ 그는 그의 아내를 걱정합니다.

(3) Wieczorem moja dziecko lubi słuchać muzyki.

► _____ 나의 아이는 저녁에 음악 듣는 것을 좋아합니다.

(4) Córka czeka o matkę.

► _____ 딸은 어머니를 기다립니다.

---

**4** 다음을 듣고 빈칸에 들어갈 내용을 채워 보세요.　🅜 MP3 11

(1) Tomasz, lubisz _____ wieczorem?

► Nie, wieczorem lubię _____ .

(2) Mój brat w sobotę _____ lubi tańczyć. A co lubi robić twoja

siostra?

► Moja siostra w niedzielę _____ lubi spacerować i robić zdjęcia.

(3) Co _____ robić twój syn?

► Mój syn _____ trudne zadanie domowe.

(4) O kogo się _____ ?

► Martwię się o _____ .

[ **취미** hobby ]

| 명사 | 동사 | lubię + 원형<br>(~을/를 하는 것을 좋아해) |
|---|---|---|
| sport 스포츠 | uprawiać sport 스포츠를 하다 | Lubię uprawiać sport.<br>나는 스포츠 경기를 좋아합니다. |
| piłka nożna 축구 | grać w piłkę nożną 축구를 하다 | Lubię grać w piłkę nożną.<br>나는 축구하는 것을 좋아합니다. |
| koszykówka 농구 | grać w koszykówkę 농구를 하다 | Lubię grać w koszykówkę.<br>나는 농구하는 것을 좋아합니다. |
| tenis 테니스 | grać w tenisa 테니스를 치다 | Lubię grać w tenisa.<br>나는 테니스 치는 것을 좋아합니다. |
| golf 골프 | grać w golfa 골프를 치다 | Lubię grać w golfa.<br>나는 골프 치는 것을 좋아합니다. |
| pływanie 수영 | pływać 수영하다 | Lubię pływać.<br>나는 수영하는 것을 좋아합니다. |
| bieganie 조깅 | biegać 조깅하다 | Lubię biegać.<br>나는 조깅하는 것을 좋아합니다. |
| gotowanie 요리 | gotować 요리하다 | Lubię gotować.<br>나는 요리하는 것을 좋아합니다. |
| śpiewanie 노래하는 것 | śpiewać 노래하다 | Lubię śpiewać.<br>나는 노래하는 것을 좋아합니다. |
| taniec 춤 | tańczyć 춤추다 | Lubię tańczyć.<br>나는 춤추는 것을 좋아합니다. |
| nauka 공부 | uczyć się 공부하다 | Lubię uczyć się.<br>나는 공부하는 것을 좋아합니다. |
| podróż 여행 | podróżować 여행하다 | Lubię podróżować.<br>나는 여행하는 것을 좋아합니다. |
| zdjęcie 사진 | robić zdjęcia 사진을 찍다 | Lubię robić zdjęcia.<br>나는 사진 찍는 것을 좋아합니다. |
| zakupy 쇼핑 | robić zakupy 쇼핑하다 | Lubię robić zakupy.<br>나는 쇼핑하는 것을 좋아합니다. |
| samochód 자동차 | prowadzić samochód 운전하다 | Lubię prowadzić samochód.<br>나는 운전하는 것을 좋아합니다. |
| książka 책 | czytać książki 책을 읽다 | Lubię czytać książki.<br>나는 책 읽는 것을 좋아합니다. |
| film 영화 | oglądać filmy 영화를 보다 | Lubię oglądać filmy.<br>나는 영화 보는 것을 좋아합니다. |
| muzyka 음악 | słuchać muzyki 음악을 듣다 | Lubię słuchać muzyki.<br>나는 음악 듣는 것을 좋아합니다. |

## 폴란드
## 유명인사 II

### 프레데릭 쇼팽 (Fryderyk Chopin) (1810~1849)
– 폴란드를 사랑한 음악 천재 쇼팽

"내 심장은 내 고향인 폴란드에 묻어주시오." 이 말을 들어본 적이 있나요? 바로 음악 천재인 쇼팽의 마지막 유언입니다. 당시 음악적 활동 대부분을 프랑스에서 보냈기에 쇼팽을 프랑스 출생으로 알고 있는 분들이 많습니다. 프랑스인 아버지와 폴란드인 어머니 사이에서 태어나고 자란 그 시절, 폴란드라는 국가는 지도상에 없었습니다. 폴란드인들이 감내해야 했던 외세의 억압을 보고 자란 쇼팽은 조국을 위한 "혁명" 음악을 작곡했을 정도로 폴란드인들이 감당하는 억압을 함께 감내하였습니다. 우리에게 잘 알려진 쇼팽의 유명한 작품은 당시의 민족음악을 대표하는 것으로, 쇼팽의 남다른 애국심을 찾아볼 수 있는 것도 이러한 이유 때문입니다.

### 헨리크 시엔키에비치 (Henryk Sienkiewicz) (1846~1916)
– 폴란드의 아픈 역사를 규탄한 폴란드의 소설가

"주여, 어디로 가시나이까" 이는 노벨 문학상 수상에 큰 보탬이 된 시엔키에비치의 소설 「쿠오바디스」의 한 구절입니다. 시엔키에비치는 유복한 가정에서 태어났지만, 남다른 애국심으로 역사 소설을 많이 집필했습니다. 당시 신문에 연재된 시엔키에비치의 소설은 큰 인기를 얻었으며, 빼앗긴 조국을 사랑하고 민족을 사랑하는 마음이 잘 나타나 있어 폴란드인에게 큰 힘이 되었습니다. 특히 1905년 노벨문학상 수상에 기여한 「쿠오바디스」는 세계적인 명성을 얻었으며, 한국어로 번역되어 지금까지도 사랑을 받는 작품이기도 합니다.

### 로만 폴란스키 (Roman Polański) (1933~현재)
– 폴란드 영화의 영웅

2002년 상영된 "피아니스트"라는 영화를 기억하는 사람은 많을 것입니다. 폴란드 바르샤바 게토에서 살아남은 폴란드 유대인 피아니스트 스필만을 그린 이 영화는 제2차 세계대전에 희생된 많은 유대인과 폴란드인의 전쟁 당시의 상황을 자세히 보여주는 영화입니다. 전쟁의 참혹함과 나치의 잔인함으로 당시의 상황을 생생히 재현시켜 준 대작 중의 대작입니다. 로만 폴란스키는 이처럼 폴란드 역사와 관련된 전쟁영화를 많이 연출하였으며, 폴란드 우치 도시에는 영화학교가 있을 정도로 폴란드 예술 영화의 입지는 높습니다. 유명한 영화계 인사들을 많이 배출하였고, 현재 전 세계에서 미래의 영화인을 꿈꾸는 유망주들이 이곳에서 수학하고 있습니다.

### 로베르트 레반도프스키 (Robert Lewandowski) (1988~현재)
– 축구를 사랑하는 폴란드인의 축구 영웅

폴란드 사람들은 축구를 사랑하고 축구에 대한 열정 또한, 남다릅니다. 축구를 사랑하는 그들에게 로베르트 레반도프스키는 시대적인 영웅입니다. 레반도프스키는 2009~2010년 시즌 폴란드 리그의 득점왕으로 수상한 경력도 있습니다. 2011년에는 폴란드 올해의 선수상으로 수상하기도 하였습니다. 현재는 FC 바이에른 뮌헨에서 포워드 포지션으로 왕성한 활약을 보여주고 있습니다.

# 06

# Chcę robić zakupy.

나는 장을 보러 가고 싶습니다.

학습 요점

- 회화
- 어휘: 단어) 쇼핑　표현) 쇼핑할 때 묻고 답하기
- 문법: 1. chcieć (~를 하고 싶다) 2. -ować, -iwać, -ywać형 동사의 어미 활용
  3. 육하원칙 의문사 4. kosztować (~ 얼마입니다)
- 추가어휘: 과일, 야채, 기타, 옷, 액세서리
- 문화: 폴란드 기념품 I

마렉은 미나에게 전화를 걸어, 필요한 불고기 재료를 물어보고 함께 장을 보러 가기로 약속합니다. 미나와 마렉은 가게에서 만나 불고기 재료를 삽니다. 가게에서 불고기 재료를 산 후, 계산을 합니다.

 MP3 **12**

| | |
|---|---|
| Mina | Słucham? |
| Marek | Cześć, Mina! Masz czas dzisiaj wieczorem? |
| Mina | Tak, mam czas. Dlaczego pytasz? |
| Marek | Chcę dzisiaj robić zakupy. Czego potrzebujemy, żeby gotować bulgogi? |
| Mina | Potrzebujemy mięso, cebulę, marchewkę oraz przyprawy. |
| Marek | Dobrze, do zobaczenia wieczorem. |

(가게에서)

| | |
|---|---|
| Mina | Czy jest cebula? |
| Kasjerka | Tak, cebula kosztuje 2,50 zł. |
| Mina | Poproszę cebulę. A ile kosztuje to mięso? |
| Kasjerka | Ono kosztuje 17,90 zł. |
| Marek | Chcemy jeszcze kupić marchewkę i sok pomarańczowy. |
| Kasjerka | Czy potrzebują państwo reklamówkę? |
| Mina | Nie, dziękujemy. Chcemy płacić gotówką. |
| Kasjerka | Dobrze. Razem to jest 31,10 zł. |
| Marek | Dziękujemy. Do widzenia. |

### 해석

| | | | |
|---|---|---|---|
| 미나 | 여보세요? | 점원 | 네, 양파는 2,50 즈워티입니다. |
| 마렉 | 안녕 미나! 오늘 저녁에 시간 있니? | 미나 | 양파 주세요. 이 고기는 얼마인가요? |
| 미나 | 응, 시간 있어. 왜 물어봐? | 점원 | 17,90 즈워티입니다. |
| 마렉 | 오늘 장을 보러 가고 싶어. 불고기를 만들려면 무엇이 필요해? | 마렉 | 당근과 오렌지 주스를 더 사고 싶습니다. |
| 미나 | 고기, 양파, 당근과 각종 양념이 필요해. | 점원 | 봉투 필요하세요? |
| 마렉 | 좋아, 저녁에 만나자. | 미나 | 아니요, 괜찮습니다. 현금으로 결제 하고 싶은데요. |
| (가게에서) | | 점원 | 좋습니다. 총 31,10 즈워티입니다. |
| 미나 | 양파 있나요? | 마렉 | 감사합니다. 안녕히 계세요. |

### Tip!

• 폴란드 화폐는 즈워티(złoty)와 그로쉬(grosz)를 씁니다. 위의 회화에 나오는 2,50즈워티는 2즈워티 50그로쉬로 표현할 수 있습니다.

### ☆ 새단어 słówka

• **kasjerka** 점원(여) • **słucham?** 여보세요? • **czego** (co의 소유격) 무엇 (*11과 참조) • **potrzebować** ~가 필요하다
• **żeby** ~하기 위해 • **mięso** 고기 • **cebula** 양파 • **marchewka** 당근 • **przyprawa** 양념 • **kosztować** ~(얼마) 입니다
• **sok pomarańczowy** 오렌지 주스 • **państwo** 여러분 *pan+pani로 두 명 이상을 이야기 할 경우 • **reklamówka** 봉투
• **płacić** 계산하다, 지불하다 • **gotówka** 현금

**단 어 쇼핑 zakupy**

| chleb | 빵 | ryż | 쌀 |
|---|---|---|---|
| ser | 치즈 | ryba | 생선 |
| mięso | 고기 | przyprawa | 양념 |
| dżem | 잼 | cukier | 설탕 |
| ciasto | 케이크 | mleko | 우유 |
| herbata | 차 | kawa | 커피 |
| sok | 주스 | woda mineralna | 물(미네랄 워터) |
| piwo | 맥주 | wino | 와인 |

**표 현 쇼핑할 때 묻고 답하기**

| Poproszę ~. ~을/를 주세요. ➡ **Poproszę wodę.** 물 주세요. | |
|---|---|
| **Ile to kosztuje?** 이것은 얼마예요? | **To kosztuje ~.** 이것은 ~ (얼마) 입니다.<br>**Razem to jest ~ zł.** 총 ~ 즈워티예요. |
| Czy jest ~? ~이/가 있어요? ➡ **Czy jest piwo?** 맥주 있어요? | |
| **Chcę płacić gotówką/kartą.**<br>현금/카드로 결제하고 싶습니다. | **Potrzebuje pan/pani reklamówkę?**<br>봉투 필요하세요? |

## 1. chcieć (~를 하고 싶다)

Chcieć 동사는 "~를 하고 싶다, ~를 원하다"는 동사로 바로 뒤에 목적격 형용사와 목적격 명사로 나올 수 있으며, 하고자 하는 행위를 강조하고 싶을 경우에는 바로 뒤에 동사원형을 쓸 수 있습니다. 이때 chcieć 동사 뒤에 나오는 동사원형에 따라 뒤의 명사는 각 동사의 격에 지배를 받습니다. 즉, 동사원형이 뒤에 목적격을 취하면 목적격 명사, 소유격을 취하면 소유격 명사를 받으므로 동사가 지배하는 격이 무엇인지를 공부하는 것이 중요합니다.

```
chcieć + 동사원형 + (형용사) + 명사
```

| 단수/복수 | 주격 | chcieć (~를 원하다) | | | 구분 | 형용사 단수 | 명사 단수 |
|---|---|---|---|---|---|---|---|
| 1인칭 단수 | ja | chcę | | | 동사원형이 목적격 동사인 경우 | | |
| 1인칭 복수 | my | chcemy | | | 남성 생물 | -ego | -a |
| 2인칭 단수 | ty | chcesz | + 동사 원형 | ➕ | 남성 무생물 | = 주격, 변화 없음 | = 주격, 변화 없음 |
| 2인칭 복수 | wy | chcecie | | | 중성 | = 주격, 변화 없음 | = 주격, 변화 없음 |
| 3인칭 단수 | on/ono/ona | chce | | | 여성 | -ą | -ę |
| 3인칭 복수 | oni/one | chcą | | | | | |

예시

**1인칭 단수, 1인칭 복수**

| chcieć + 동사원형 + (형용사) + 명사 | | | |
|---|---|---|---|
| 단수/복수 | 동사원형 | 목적격 (원형) | 완벽한 문장 |
| chcieć 1인칭 단수 chcę | kupić (~를 사다) | małego psa (mały pies) (작은 강아지) | Chcę kupić małego psa. 나는 작은 강아지를 사고 싶습니다. |
| | pić (~를 마시다) | wodę mineralną (woda mineralna) (물) | Chcę pić wodę mineralną. 나는 물을 마시고 싶습니다. |
| chcieć 1인칭 복수 chcemy | zobaczyć (~를 보다) | wystawę (wystawa) (전시회) | Chcemy zobaczyć wystawę. 우리는 전시회를 보고 싶습니다. |
| | jeść (~를 먹다) | przekąskę (przekąska) (간식) | Chcemy jeść przekąskę. 우리는 간식을 먹고 싶습니다. |

84    The 바른 폴란드어

## 2인칭 단수, 2인칭 복수

| chcieć + 동사원형 + (형용사) + 명사 | | | |
|---|---|---|---|
| 단수/복수 | 동사원형 | 목적격 (원형) | 완벽한 문장 |
| chcieć<br>2인칭 단수<br>chcesz | oglądać<br>(~를 보다) | telewizję (telewizja)<br>(텔레비전) | Chcesz wieczorem oglądać telewizję?<br>너는 저녁에 텔레비전을 보고 싶니? |
| | sprzątać<br>(~를 청소하다) | ogród (ogród)<br>(정원) | Chcesz sprzątać ogród?<br>너는 정원을 청소하고 싶니? |
| chcieć<br>2인칭 복수<br>chcecie | grać (w)<br>(~를 경기하다) | koszykówkę (koszykówka)<br>(농구) | Chcecie grać w koszykówkę?<br>너희들은 농구하고 싶니? |
| | zwiedzać<br>(~를 구경하다) | muzeum (muzeum)<br>(박물관) | Chcecie dzisiaj zwiedzać muzeum?<br>너희들은 오늘 박물관을 구경하고 싶니? |

## 3인칭 단수, 3인칭 복수

| chcieć + 동사원형 + (형용사) + 명사 | | | |
|---|---|---|---|
| 단수/복수 | 동사원형 | 목적격 (원형) | 완벽한 문장 |
| chcieć<br>3인칭 단수<br>chce | studiować<br>(~를 전공하다) | język polski (język polski)<br>(폴란드어) | Chce studiować język polski.<br>(그/그녀는) 폴란드어를 전공하고 싶습니다. |
| | malować<br>(~를 그리다) | obraz (obraz)<br>(그림) | On chce malować obraz.<br>그는 그림을 그리고 싶습니다. |
| chcieć<br>3인칭 복수<br>chcą | robić<br>(~를 하다) | piknik (piknik)<br>(소풍) | Chcą robić piknik.<br>(그들/그녀들은) 소풍을 가고 싶습니다. |
| | pisać<br>(~를 쓰다) | książkę (książka)<br>(책) | Chcą pisać książkę.<br>(그들/그녀들은) 책을 쓰고 싶습니다. |

## 2. -ować, -iwać, -ywać형 동사의 어미 활용

### (1) -ować, -iwać, -ywać형 동사 어미 변형

폴란드 동사원형이 -ować, -iwać, -ywać형으로 끝나는 동사는 <u>-uję, -ujesz, -uje, -ujemy, -ujecie, -ują</u>과 같은 규칙으로 어미 형태가 변화됩니다.

| pracować<br>(일하다) | 주격 단수 | 동사 변형 | 주격 복수 | 동사 변형 |
|---|---|---|---|---|
| 1인칭 | ja | pracuję | my | pracujemy |
| 2인칭 | ty | pracujesz | wy | pracujecie |
| 3인칭 | on/ono/ona | pracuje | oni/one | pracują |

| gotować<br>(요리하다) | 주격 단수 | 동사 변형 | 주격 복수 | 동사 변형 |
|---|---|---|---|---|
| 1인칭 | ja | gotuję | my | gotujemy |
| 2인칭 | ty | gotujesz | wy | gotujecie |
| 3인칭 | on/ono/ona | gotuje | oni/one | gotują |

| podróżować<br>(여행하다) | 주격 단수 | 동사 변형 | 주격 복수 | 동사 변형 |
|---|---|---|---|---|
| 1인칭 | ja | podróżuję | my | podróżujemy |
| 2인칭 | ty | podróżujesz | wy | podróżujecie |
| 3인칭 | on/ono/ona | podróżuje | oni/one | podróżują |

**Tip!**

· -ować, -iwać, -ywać형 동사

-uję, -ujesz, -uje, -ujemy, -ujecie, -ują 어미 :

potrzebować (필요하다), kupować (사다), chorować (아프다), dyskutować (토론하다), budować (짓다), całować (키스하다), planować (~를 계획하다), projektować (~프로젝트를 구상하다)

**(2) -ować, -iwać, -ywać형 숙어 표현 동사 + 전치사 + 목적격 어미**

폴란드어는 "동사 + 전치사"를 만나 숙어를 이루는 경우가 있습니다. Dziękować 동사는 단독으로 쓰이기도 하지만 무엇에 대해 감사함을 표현할 때에는 전치사 za와 함께 씁니다.

> 동사 + 전치사 + 목적격 명사

| dziękować za<br>(~에 대해 감사합니다) | 주격 단수 | 동사 변형 | 주격 복수 | 동사 변형 |
|---|---|---|---|---|
| 1인칭 | ja | dziękuję za | my | dziękujemy za |
| 2인칭 | ty | dziękujesz za | wy | dziękujecie za |
| 3인칭 | on/ono/ona | dziękuje za | oni/one | dziękują za |

## 3. 육하원칙 의문사

| 육하원칙 의문사 + chcieć + 동사원형 또는 chcieć + (목적격 형용사) + 목적격 명사 | | | | | |
|---|---|---|---|---|---|
| 의미 | 의문사 | 예문 | 의미 | 의문사 | 예문 |
| 누가 | kto | Kto chce dzisiaj pić piwo?<br>오늘 누가 맥주를 마시고 싶어 하니? | 무엇을 | co | Co twoja dziewczyna chce robić w weekend? 너의 여자친구는 주말에 무엇을 하고 싶어 하니? |

| 언제 | kiedy | Kiedy chcesz gotować obiad? 너는 언제 점심을 요리하고 싶니? | 어떻게 | jak | Jak chce pan płacić? Kartą czy gotówką? 당신은 어떻게 지불하고 싶나요? 카드 또는 현금? |
|---|---|---|---|---|---|
| 어디서 | gdzie | Gdzie chcecie w sobotę robić piknik? 너희들은 토요일에 어디로 소풍을 가고 싶니? | 왜 | dlaczego | Dlaczego chcesz studiować historię? 너는 왜 역사를 전공하고 싶니? |

| 육하원칙 의문사 + lubić + 동사원형 또는 lubić + (목적격 형용사) + 목적격 명사 | | | | | |
|---|---|---|---|---|---|
| 의미 | 의문사 | 예문 | 의미 | 의문사 | 예문 |
| 누가 | kto | Kto lubi kolekcjonować znaczki? 누가 우표 수집하는 것을 좋아하니? | 무엇을 | co | Co twoja dziewczyna lubi robić w weekend? 너의 여자친구는 주말에 무엇을 하는 것을 좋아하니? |
| 언제 | kiedy | Kiedy lubicie jeść przekąski? 너희들은 언제 간식 먹는 것을 좋아하니? | 어떻게 | jak | Jak lubi pan płacić? Kartą czy gotówką? 당신은 어떻게 지불하는 것을 좋아하나요? 카드 또는 현금? |
| 어디서 | gdzie | Gdzie oni lubią spacerować? 그들은 어디에서 산책하는 것을 좋아하니? | 왜 | dlaczego | Dlaczego lubisz duże psy? 너는 왜 큰 개를 좋아하니? |

## 4. kosztować (~ 얼마입니다)

Kosztować 뒤에는 구입하고 싶은 물건이 단수형일 경우 kosztuje, 복수형일 경우 kosztują으로 쓰입니다. 1, 2인칭이 쓰이지 않는 다는 점 유의하세요.

| Ile to kosztuje? 이거 얼마예요? (단수) *vs* Ile kosztują? (복수물건) ~ 얼마예요? | | | | |
|---|---|---|---|---|
| kosztować (~얼마입니다) | 주격 단수 | 동사 변형 | 주격 복수 | 동사 변형 |
| 3인칭 | on/ono/ona | kosztuje | oni/one | kosztują |

Ile kosztuje ten sweter?     이 스웨터는 얼마입니까?

Ten sweter kosztuje 75 zł.     이 스웨터는 75즈워티입니다.

Ile kosztują te kwiaty?     이 꽃들은 얼마입니까?

One kosztują 35 zł.     이것들은 35즈워티입니다.

**1** 다음 보기와 같이 제시된 물건값을 이용하여 질문에 답해 보세요.

> | 보기 |  **Ile kosztuje cukier?** (2,90 zł)  설탕은 얼마입니까?
>
> ▶ **Cukier kosztuje dwa złote dziewięćdziesiąt groszy.**  설탕은 2,90즈워티입니다.

(1) **Ile kosztuje wino?** (24,50 zł) 와인은 얼마입니까?

   ▶ _____  와인은 24,50즈워티입니다.

(2) **Ile kosztuje chleb?** (2,40 zł) 빵은 얼마입니까?

   ▶ _____  빵은 2,40즈워티입니다.

(3) **Ile kosztuje woda mineralna?** (1,80 zł) 물은 얼마입니까?

   ▶ _____  물은 1,80즈워티입니다.

(4) **Ile kosztuje arbuz?** (7,90 zł) 수박은 얼마입니까?

   ▶ _____  수박은 7,90즈워티입니다.

**2** 다음 그림을 보고 제시된 인물이 무엇을 사고자 하는지 한 문장으로 만들어 보세요.

> | 보기 |
>
>
> Jan
>
> 얀(Jan)은 넥타이를 사고 싶습니다.
>
> ▶ **Jan chce kupić krawat.**

Magda

(1) 마그다(Magda)는 청바지를 사고 싶습니다.

   ▶ _____

Tomasz

(2) 토마스(Tomasz)는 셔츠를 사고 싶습니다.

   ▶ _____

Marek i Gosia

(3) 마렉(Marek)과 고시아(Gosia)는 반지를 사고 싶습니다.

   ▶ _____

다음 보기와 같이 주어진 단어를 재배열하여 올바른 문장을 만들어 보세요.

> | 보기 |  ile / kosztować / razem / banan / i / pomarańcza
>
> ▶ <u>Ile kosztują razem banan i pomarańcza?</u>  바나나와 오렌지는 총 얼마예요?

(1) ja / dziękować za / zaproszenie

▶ _____  초대해 주셔서 감사합니다.

(2) ja / potrzebować / duża / reklamówka

▶ _____  나는 큰 봉투가 필요합니다.

(3) czy / wujek / i / ciocia / pracować / w / sobota?

▶ _____  삼촌과 이모는 토요일에 일하나요?

(4) my / chcieć / kupić / kapusta

▶ _____  우리는 배추를 사고 싶습니다.

---

**4** 다음을 듣고 빈칸에 들어갈 내용을 채워 보세요.  ◉ MP3 13

(1) Ile kosztują _____ i _____ ?

▶ Razem to jest _____ .

(2) Poproszę _____ . Chcę płacić kartą.

▶ Dobrze, ciasto kosztuje _____ .

(3) _____ dzisiaj rano?

▶ Nie, dzisiaj rano _____ .

(4) Ja dzisiaj po południu _____ bigos.

▶ Czy _____ cebuli, żeby gotować bigos?

## [ 과일 owoce ]

| | | | |
|---|---|---|---|
| jabłko | 사과 | truskawka | 딸기 |
| banan | 바나나 | cytryna | 레몬 |
| brzoskwinia | 복숭아 | gruszka | 배 |
| arbuz | 수박 | śliwka | 자두 |
| pomarańcza | 오렌지 | wiśnia | 체리 |
| winogrono | 포도 | jagoda | 블루베리 |

## [ 야채 warzywa ]

| | | | |
|---|---|---|---|
| pomidor | 토마토 | papryka | 피망 |
| kapusta | 양배추 | por | 파 |
| sałata | 상추 | ogórek | 오이 |
| cebula | 양파 | szpinak | 시금치 |
| ziemniak | 감자 | czosnek | 마늘 |

## [ 기타 inne przedmioty ]

| | | | |
|---|---|---|---|
| chusteczki | 티슈(휴지) | krem do rąk | 핸드크림 |
| perfumy | 향수 | lusterko | 작은 거울 |
| notes | 노트(수첩) | szkła kontaktowe | 콘택트렌즈 |

## [ 옷 ubranie ]

| | | | |
|---|---|---|---|
| ubrania męskie | **남자 옷** | ubrania damskie | **여자 옷** |
| kurtka | 점퍼 | płaszcz | 코트 |
| marynarka | 자켓 | bluzka | 블라우스 |
| sweter | 스웨터 | sukienka | 원피스 |
| koszula | 셔츠 | spódnica | 치마 |
| krawat | 넥타이 | biustonosz | 브래지어 |
| koszulka | 티셔츠 | bielizna | 속옷 |
| spodnie | 바지 | jeansy | 청바지 |
| skarpetki | 양말 | rajstopy | 스타킹 |
| buty | 구두 | szpilki | 하이힐 |

## [ 액세서리 akcesoria ]

| | | | |
|---|---|---|---|
| okulary | 안경 | pasek | 벨트 |
| pierścionek | 반지 | kolczyk | 귀걸이 |
| bransoletka | 팔찌 | szalik | 목도리 |
| czapka | 모자 | rękawiczka | 장갑 |

### 폴란드 전통 문양을 담다, 도자기 그릇

"폴란드에 가면 도자기 그릇을 반드시 사라"라는 말이 있을 정도로 핸드메이드로 만든 폴란드산 도자기 그릇은 유명합니다. 이미 한국에서도 폴란드 도자기를 소개하는 다큐멘터리 프로그램이 여러 번 방영되었으며, 드라마에서도 심심치 않게 폴란드산 도자기가 등장하곤 합니다. 볼레스와비에츠, 독일어로는 분줄라우는 폴란드 전통 문양을 담은 그릇을 만드는 도자기 마을입니다. 볼레스와비에츠라는 마을 지명은 폴란드를 최초 통일시키고 왕국을 건립한 용감 왕인 볼레스와프 1세의 이름을 반영하였습니다. 이 마을에서는 도자기를 만드는 가장 기초적인 토양 작업부터 섬세한 수공예 문양을 만드는 등 모든 과정을 집약적으로 볼 수 있는 곳이기도 합니다. 도자기 박물관, 전시회 등이 많이 열리며, 한국에서는 공예를 전공하는 학생들이 직접 폴란드에 견학하여 그릇 만드는 과정 및 도자기 장인에게 직접 수공예 문양을 배우기도 합니다. 현재 폴란드 도자기 그릇을 판매하는 곳도 적지 않게 찾아볼 수 있습니다.

### 엠버로드가 있는 폴란드, 호박 보석의 원조

한국에서 "엠버"라는 이름으로 잘 알려진 보석이 바로 "호박 보석"입니다. 걸치기만 해도 잠이 솔솔 온다고 하여, 엄마들이 잠을 설치는 신생아들에게 많이 착용시켜 주기도 합니다. 수면 장애뿐 아니라, 좋은 음이온 기운이 감돈다고 하여, 어르신들이 액세서리용으로 많이 장식하곤 합니다. 또한, 도수 높은 알코올에 호박 보석을 녹여 물약처럼 마시기도 한다고 하니 폴란드인의 호박 보석에 대한 사랑이 어느 정도인지 짐작할 수 있을 겁니다. 아시아에 실크로드가 있다면 폴란드에는 엠버로드가 있을 정도로 전 세계의 호박 보석을 수출하는 곳이 바로 폴란드입니다. 우리나라에서도 흔하게 호박 보석을 장식하는 사람을 볼 수 있고, 현재 한국에서 폴란드산 호박 보석을 많이 판매하기도 합니다.

### 천연 제품으로 한국인의 환심을 산 화장품 브랜드. "지아야"

폴란드 백화점에 가면 가장 흔하게 볼 수 있는 화장품이 바로 "지아야" 브랜드 화장품입니다. 우리나라 여성분들에게는 "지아자"라는 이름으로 잘 알려진 브랜드입니다. 산양유로 만든 천연 화장품으로 피부 자극이 없고, 자연 성분을 사용해 안전한 제품으로 인정받은 이 화장품은 2006년 본격적으로 런칭하여 전 세계 30여 국에 수출하면서 글로벌 브랜드의 입지를 다지고 있는 제품입니다. 한국에서도 조금 비싸긴 하지만 쉽게 지아야 화장품을 구입할 수 있습니다. 폴란드에 여행 갈 일이 있다면 반드시 구입해야 할 제품이 바로 이 화장품입니다. 폴란드에서는 저렴한 가격으로 다양한 지아야 제품을 만날 수 있습니다.

# 07

## Wiesz gdzie jest poczta?
우체국이 어디 있는지 아니?

미나는 소포를 보내기 위해 우체국에 가려 합니다. 하지만 우체국이 어디에 있는지 모르는 미나는 마렉에게 우체국이 어디에 있는지 물어봅니다. 마렉은 무거운 짐을 들고 있는 미나를 위해 짐을 들어주고, 우체국에 데려다줍니다. 미나는 우체국에 근무하는 직원에게 우편 값과 소요 시간 등을 물어보고 소포를 보냅니다.

# 회화

| | |
|---|---|
| Mina | Marek, wiesz gdzie jest poczta? |
| Marek | Tak, poczta jest blisko. Proszę iść prosto. Dlaczego pytasz? |
| Mina | Chcę wysłać paczkę. |
| Marek | Potrzebujesz pomocy? |
| Mina | Tak, dziękuję. Potrzebuję twojej pomocy. Ta paczka jest bardzo ciężka. |

(우체국에서)

| | |
|---|---|
| Mina | Dzień dobry. Chcę wysłać tę paczkę. |
| Pracownik | Dzień dobry. Zna pani adres? |
| Mina | Tak, znam. Tutaj mam adres. |
| Pracownik | Wie pani co jest w środku? |
| Mina | Tak, w środku są książki i gazety. Ile kosztuje wysyłka? |
| Pracownik | Wysyłka kosztuje 55 zł. Chce pani płacić gotówką czy kartą? |
| Mina | Chcę płacić gotówką. Dziękuję. |
| Pracownik | Do widzenia. |

(시간 경과)

| | |
|---|---|
| Mina | Marek, chcę podziękować za pomoc. |

## 해석

| | |
|---|---|
| 미나 | 마렉, 우체국이 어디에 있는지 아니? |
| 마렉 | 응, 우체국은 가까워. 직진만 하면 돼. 왜 물어봐? |
| 미나 | 소포를 보내고 싶어서. |
| 마렉 | 도움이 필요하니? |
| 미나 | 응, 고마워. 너의 도움이 필요해. 이 소포는 너무 무겁거든. |

(우체국에서)

| | |
|---|---|
| 미나 | 안녕하세요. 이 소포를 보내고 싶습니다. |
| 직원 | 안녕하세요. 보내실 곳의 주소를 알고 있나요? |
| 미나 | 네, 알고 있습니다. 여기에 주소가 있습니다. |

| | |
|---|---|
| 직원 | 소포 안에 무엇이 있는지 아세요? |
| 미나 | 네, 소포 안에는 책들과 신문들이 있습니다. 배송은 얼마인가요? |
| 직원 | 배송비는 55즈워티입니다. 현금 또는 카드로 결제하고 싶으신 가요? |
| 미나 | 현금으로 결제할게요. 감사합니다. |
| 직원 | 안녕히 가세요. |

(시간 경과)

| | |
|---|---|
| 미나 | 마렉, 너의 도움에 보답을 하고 싶어. |

## ☆ 새단어 słówka

· **pracownik** 직원 · **poczta** 우체국 · **blisko** 가까이 · **prosto** 직진 · **wysłać** 보내다 · **paczka** 소포
· **pomoc** 도움 · **ciężka** 무거운 · **adres** 주소 · **w środku** 안에 · **wysyłka** 배송 · **podziękować za** ~에 보답하다

94 The 바른 폴란드어

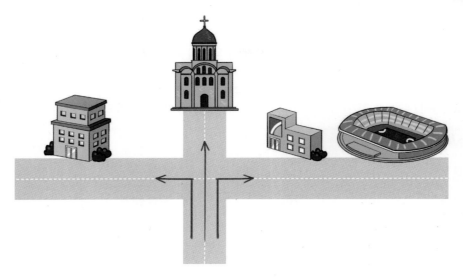

**단 어** 도시 miasto

| | | | |
|---|---|---|---|
| ratusz | 시청 | parking | 주차장 |
| bank | 은행 | przystanek autobusowy | 버스 정류장 |
| poczta | 우체국 | restauracja | 식당 |
| apteka | 약국 | hotel | 호텔 |
| księgarnia | 서점 | park | 공원 |
| kościół | 성당 | centrum handlowe | 백화점 |
| toaleta | 화장실 | kino | 극장 |
| szpital | 병원 | stadion | 경기장 |
| stacja benzynowa | 주유소 | biblioteka | 도서관 |
| chodnik | 인도 | ulica | 차도 |
| latarnia | 가로등 | prosto | 직진 |
| w lewo | 왼쪽으로 | w prawo | 오른쪽으로 |

**표 현** 길에 대해 묻고 답하기

| 질문 | | 대답 |
|---|---|---|
| 낮춤말 | 높임말 | Proszę iść prosto/w lewo/w prawo.<br>직진/왼쪽으로/오른쪽으로 가세요. |
| Wiesz gdzie jest ~?<br>~는 어디인지 알아? | Wie pan/pani gdzie jest ~?<br>~는 어디인지 아세요? | Przepraszam, nie wiem.<br>죄송합니다. 잘 모르겠어요. |
| Przepraszam, gdzie jest ~? 실례지만, ~는 어디입니까?<br>Szukam ~. ~를 찾고 싶은데요. | | ~ jest blisko/daleko.<br>~는 가까워요/멀어요. |

## 1. znać + (목적격 형용사) + 목적격 명사 (~를 알다)

Znać, wiedzieć, umieć, rozumieć는 모두 "~알다"의 뜻을 지닌 동사입니다.

- znać 동사 (~를 알다) : 목적격을 취하는 동사로, 그 뒤에는 명사만 나올 수 있습니다.
- wiedzieć 동사 (~하는 것을 알다) : 뒤에 접속사 + 주어 + 동사를 써야 하는 동사입니다.
- umieć 동사 (무언가를 배워서 알다)  • rozumieć 동사 (알다) : "이해하다"의 의미를 지닙니다.

| 단수/복수 | 주격 | znać (알다) | | 구분 | 형용사 단수 | 명사 단수 |
|---|---|---|---|---|---|---|
| 1인칭 단수 | ja | znam | | | | |
| 1인칭 복수 | my | znamy | | 남성 생물 | -ego | -a |
| 2인칭 단수 | ty | znasz | **+** | 남성 무생물 | = 주격, 변화 없음 | = 주격, 변화 없음 |
| 2인칭 복수 | wy | znacie | | 중성 | = 주격, 변화 없음 | = 주격, 변화 없음 |
| 3인칭 단수 | on/ono/ona | zna | | 여성 | -ą | -ę |
| 3인칭 복수 | oni/one | znają | | | | |

### 예시

#### 1인칭 단수, 1인칭 복수

| 남성 | 생물 | znać 1인칭 단수 znam | twój chłopak (너의 남자친구) | ⇒ | Znam twojego chłopaka. 나는 너의 남자친구를 알고 있습니다. |
|---|---|---|---|---|---|
| | 무생물 | | piękny kościół (아름다운 성당) | | Znam piękny kościół. 나는 아름다운 성당을 알고 있습니다. |
| 중성 | | znać 1인칭 복수 znamy | interesujące hobby (흥미로운 취미) | | Znamy interesujące hobby. 우리는 흥미로운 취미를 알고 있습니다. |
| 여성 | | | wysoka góra (높은 산) | | Znamy wysoką górę. 우리는 높은 산을 알고 있습니다. |

#### 2인칭 단수, 2인칭 복수

| 남성 | 생물 | znać 2인칭 단수 znasz | przystojny mężczyzna (잘생긴 남자) | ⇒ | Znasz przystojnego mężczyznę? 너는 잘생긴 남자를 아니? |
|---|---|---|---|---|---|
| | 무생물 | | interesujący film (흥미로운 영화) | | Znasz interesujący film? 너는 흥미로운 영화를 알고 있니? |
| 중성 | | znać 2인칭 복수 znacie | koreańskie jedzenie (한국 음식) | | Znacie koreańskie jedzenie? 너희들은 한국 음식을 알고 있니? |
| 여성 | | | duża księgarnia (큰 서점) | | Znacie dużą księgarnię? 너희들은 큰 서점을 알고 있니? |

Tip!

· przystojny mężczyzna → przystojnego mężczyznę 잘생긴 남자

Mężczyzna는 형태는 여성이지만 대표적인 남성명사입니다. 남성명사와 여성명사의 구분은 형용사의 변화형을 보면 더 정확하게 찾을 수 있습니다. Mężczyzna가 남성명사이기는 하지만 형태는 여성이므로 격 변화시 여성으로 변화합니다.

### 3인칭 단수, 3인칭 복수

| 남성 | 생물 | znać<br>3인칭 단수<br>zna | miły nauczyciel<br>(친절한 선생님) | ⇒ | On zna miłego nauczyciela.<br>그는 친절한 선생님을 알고 있습니다. |
|---|---|---|---|---|---|
| | 무생물 | | dobry hotel<br>(좋은 호텔) | | On zna dobry hotel.<br>그는 좋은 호텔을 알고 있습니다. |
| 중성 | | znać<br>3인칭 복수<br>znają | moje imię<br>(나의 이름) | | One znają moje imię.<br>그녀들은 나의 이름을 알고 있습니다. |
| 여성 | | | smaczna czekolada<br>(맛있는 초콜릿) | | Znają smaczną czekoladę.<br>(그들/그녀들은) 맛있는 초콜릿을 알고 있습니다. |

## 2. wiedzieć (〜하는 것을 알다)

Wiedzieć는 "〜하는 것을 알다"라는 동사로 바로 뒤에 명사가 바로 나올 수 없고 반드시 "접속사 + 주어 + 동사" 또는 "접속사 + 동사 + 주어" 형태의 절이 나와야 합니다.

wiedzieć +    접속사 + 주어 + 동사 = 접속사 + 동사 + 주어

| wiedzieć (알다) | 주격 단수 | 동사 변형 | 주격 복수 | 동사 변형 |
|---|---|---|---|---|
| 1인칭 | ja | wiem | my | wiemy |
| 2인칭 | ty | wiesz | wy | wiecie |
| 3인칭 | on/ono/ona | wie | oni/one | wiedzą |

| 육하원칙 접속사 | | | |
|---|---|---|---|
| 의미 | 접속사 | 의미 | 접속사 |
| 누가 | kto | 무엇을 | co |
| 언제 | kiedy | 어떻게 | jak |
| 어디서 | gdzie | 왜 | dlaczego |

| 접속사 + 주어 + 동사 / 접속사 + 동사 + 주어 ~하는 것을 알다 | | | | |
|---|---|---|---|---|
| wiedzieć (원형) | 접속사 | 주어 | 동사 | 완벽한 문장 |
| wiem | gdzie (어디에) | poczta (우체국) | być (3인칭 단수) (이다) | Wiem gdzie jest poczta. 나는 우체국이 어디에 있는지 알고 있습니다. |
| | gdzie (어디에) | bank (은행) | być (이다) | Wiem gdzie jest bank. 나는 은행이 어디에 있는지 알고 있습니다. |
| wiesz | kiedy (언제) | ona (그녀는) | mieć (가지다) | Wiesz kiedy ona ma czas? 너는 그녀가 언제 시간이 있는지 아니? |
| | kiedy (언제) | oni (그들은) | mieć (가지다) | Wiesz kiedy oni mają czas? 너는 그들이 언제 시간이 있는지 아니? |
| wie | co (무엇을) | ty (너는) | czytać (읽다) | On wie co (ty) czytasz. 그는 네가 무엇을 읽고 있는지 알고 있습니다. |
| | co (무엇을) | oni (그들은) | czekać (기다리다) | Ono wie na co oni czekają. 그는 그들이 무엇을 기다리고 있는지 알고 있습니다. |
| wiemy | jak (어떻게) | ona (그녀는) | pracować (일하다) | Wiemy jak ona pracuje. 우리는 그녀가 어떻게 일하고 있는지 알고 있습니다. |
| | jak (어떻게) | on (그는) | gotować (요리하다) | Wiemy jak on gotuje. 우리는 그가 어떻게 요리하고 있는지 알고 있습니다. |
| wiecie | dlaczego (왜) | on (그는) | pracować (일하다) | Wiecie dlaczego on pracuje? 너희들은 그가 왜 일하는지 아니? |
| | dlaczego (왜) | ona (그녀는) | dzwonić (전화하다) | Wiecie dlaczego ona dzwoni? 너희들은 그녀가 왜 전화했는지 아니? |
| wiedzą | kto (누구) | to (이것) | być (이다) | Wiedzą kto to jest. (그들/그녀들은) 이분이 누구인지 알고 있습니다. |
| | kto (누구) | ja (나는) | czekać (기다리다) | Oni wiedzą na kogo ja czekam. 그들은 내가 누구를 기다리는지 알고 있습니다. |

## 3. "~알다" 기타 동사

Umieć는 "무언가를 배워서 알다"의 의미를 가지고 있으며, rozumieć는 "이해하다"의 의미를 지닌 "알다"의 동사입니다.

| umieć<br>(알다) | 주격 단수 | 동사 변형 | 주격 복수 | 동사 변형 |
|---|---|---|---|---|
| 1인칭 | ja | umiem | my | umiemy |
| 2인칭 | ty | umiesz | wy | umiecie |
| 3인칭 | on/ono/ona | umie | oni/one | umieją |

On umie gotować zupę. 그는 수프를 요리할 줄 압니다.

Oni umieją grać w golfa. 그들은 골프를 칠 줄 압니다.

| rozumieć<br>(이해하다) | 주격 단수 | 동사 변형 | 주격 복수 | 동사 변형 |
|---|---|---|---|---|
| 1인칭 | ja | rozumiem | my | rozumiemy |
| 2인칭 | ty | rozumiesz | wy | rozumiecie |
| 3인칭 | on/ono/ona | rozumie | oni/one | rozumieją |

On rozumie trudne ćwiczenie. 그는 어려운 연습문제를 이해합니다.

Ty rozumiesz język polski? 너는 폴란드말을 이해하니?

## 4. 목적격을 만나면 변하는 kto, co

Kto는 사람으로 간주하여 목적격 동사구(czekać na를 만나면 형용사 -ego 변화형처럼 kto → kogo로 변합니다)인 반면, co는 사물로 간주하여 [무생물 = 주격]으로 취급하여 변화하지 않습니다.

| 구분 | 주격 | 목적격 | 예시 |
|---|---|---|---|
| 누가 | kto | kogo | Na kogo czekasz? 너는 누구를 기다리니?<br>Kogo chcesz spotkać? 너는 누구를 만나고 싶니? |
| 무엇 | co | co | Na co patrzysz? 너는 무엇을 쳐다보니?<br>Co chcecie robić wieczorem?<br>너희들은 저녁에 무엇을 하고 싶니? |

# 연|습|문|제

**1** 보기와 같이 znać 동사와 주어진 단어를 재배열하여 올바른 문장을 만들어 보세요.

> | 보기 |
>
> ty / polska / restauracja
>
> ▶ <u>Czy ty znasz polską restaurację?</u>  너는 폴란드 식당을 아니?

(1) wy / wygodny / hotel

▶ _____  너희들은 편안한 호텔을 아니?

(2) oni / mój / mąż

▶ _____  그들은 나의 남편을 아니?

(3) ty / duży / parking

▶ _____  너는 큰 주차장을 아니?

(4) ona / dobra / księgarnia

▶ _____  그녀는 좋은 서점을 아니?

**2** 다음 그림을 보고 보기와 같이 질문에 답해 보세요.

> | 보기 |
>
>
>
> Wie pani gdzie jest stadion? 경기장이 어디에 있는지 아시나요?
>
> ▶ <u>Proszę iść w prawo.</u>
> 오른쪽으로 가 주세요.

(1) Przepraszam, gdzie jest bank? 실례합니다만, 은행이 어디입니까?

▶ _____

왼쪽으로 가세요.

(2) Czy wie pani gdzie jest kościół? 성당이 어디에 있는지 아시나요?

▶ _____

직진으로 가세요.

(3) Wie pani gdzie jest poczta? 우체국이 어디에 있는지 아시나요?

▶ _____

미안하지만 모릅니다.

**3** 다음 보기와 같이 제시된 숫자를 이용하여 질문에 답해 보세요.

> | 보기 | **Która jest godzina?** (7:30) 몇 시입니까?
>
> ▶ <u>Jest siódma trzydzieści.</u> 7시 반입니다.

(1) **Która jest godzina?** (15:30) 몇 시입니까?

    ▶ _____ 3시 반입니다.

(2) **Na którą godzinę chce pan zrobić rezerwację?** (17:00) 몇 시로 예약하고 싶습니까?

    ▶ _____ 5시로 예약하고 싶습니다.

(3) **O której godzinie zaczyna się mecz?** (21:00) 경기는 몇 시에 시작합니까?

    ▶ _____ 경기는 9시에 시작합니다.

(4) **O której godzinie chcesz się spotkać?** (19:30) 몇 시에 만나고 싶어?

    ▶ _____ 7시 반에 만나고 싶어.

**4** 다음을 듣고 빈칸에 들어갈 내용을 채워 보세요.    MP3 **15**

(1) **Przepraszam, gdzie jest** _____ **?**

    ▶ **Proszę iść** _____ **.**

(2) **Znasz dobrą** _____ **?**

    ▶ **Niestety nie, ale znam dobry** _____ **.**

(3) _____ **zaczyna się film?**

    ▶ **Film zaczyna się o** _____ **.**

(4) **Na** _____ **oni czekają?**

    ▶ **Oni czekają na** _____ **.**

시간을 표현하는 방법은 공식적인 표현과 비공식적인 표현이 있습니다. 예를 들어 오후 2시를 표현할 때, 2시와 14시가 있습니다. 폴란드에서 공식적인 표현은 14시입니다.

| 시간 | 주격 (-a) : 몇 시 | na + 목적격 (-ą) : 몇 시로 | o + 장소격 (-ej) : 몇 시에 |
|---|---|---|---|
| 1:00 | pierwsza | na pierwszą | o pierwszej |
| 2:00 | druga | na drugą | o drugiej |
| 3:00 | trzecia | na trzecią | o trzeciej |
| 4:00 | czwarta | na czwartą | o czwartej |
| 5:00 | piąta | na piątą | o piątej |
| 6:00 | szósta | na szóstą | o szóstej |
| 7:00 | siódma | na siódmą | o siódmej |
| 8:00 | ósma | na ósmą | o ósmej |
| 9:00 | dziewiąta | na dziewiątą | o dziewiątej |
| 10:00 | dziesiąta | na dziesiątą | o dziesiątej |
| 11:00 | jedenasta | na jedenastą | o jedenastej |
| 12:00 | dwunasta | na dwunastą | o dwunastej |
| 13:00 | trzynasta | na trzynastą | o trzynastej |
| 14:00 | czternasta | na czternastą | o czternastej |
| 15:00 | piętnasta | na piętnastą | o piętnastej |
| 16:00 | szesnasta | na szesnastą | o szesnastej |
| 17:00 | siedemnasta | na siedemnastą | o siedemnastej |
| 18:00 | osiemnasta | na osiemnastą | o osiemnastej |
| 19:00 | dziewiętnasta | na dziewiętnastą | o dziewiętnastej |
| 20:00 | dwudziesta | na dwudziestą | o dwudziestej |
| 21:00 | dwudziesta pierwsza | na dwudziestą pierwszą | o dwudziestej pierwszej |
| 22:00 | dwudziesta druga | na dwudziestą drugą | o dwudziestej drugiej |
| 23:00 | dwudziesta trzecia | na dwudziestą trzecią | o dwudziestej trzeciej |
| 24:00 | dwudziesta czwarta | na dwudziestą czwartą | o dwudziestej czwartej |

**표 현**

| 질문 | 대답 |
|---|---|
| Przepraszam, która jest godzina?<br>실례지만, 지금 몇 시입니까? | Jest 11:30(jedenasta trzydzieści).<br>지금은 11시 반입니다. |
| Na którą godzinę chce pan/pani zrobić rezerwację?<br>당신은 몇 시로 예약하고 싶나요? | Chcę zrobić rezerwację na godzinę 16:00(szesnastą).<br>저는 16시(4시)로 예약하고 싶습니다. |
| O której godzinie chcesz się spotkać?<br>너는 몇 시에 만나고 싶니? | Chcę spotkać się o godzinie 20:00(dwudziestej).<br>나는 20시(8시)에 만나고 싶어. |

## 폴란드
## 기념품 II

### 폴란드인의 정성을 담다, 아로니아

TV 홈쇼핑 광고를 보면 "100% 폴란드산 아로니아"를 자주 볼 수 있습니다. 블루베리 종류로 잘 알려진 아로니아에는 안토시아닌 함유가 블루베리의 5배, 포도의 80배로 알려져 베리 중의 최고로, 왕이 즐겨 먹은 킹스베리로 잘 알려져 있습니다. 척박한 땅에서도, 체르노빌 원전 사고 당시 치료의 목적으로 사용한 이 아로니아는 항암작용, 심장질환, 시력에 좋다고 알려져 있습니다. 아로니아는 폴란드 여러 지역에서 직접 재배하여 공정 과정을 거친 후 전 세계에 아로니아 분말, 주스 등으로 다양하게 판매하고 있습니다. 한국에서도 인기가 좋아, 아로니아의 효능을 알린 프로그램도 많이 방영되었습니다.

### 폴란드인에게 주류를 논하지 말라, 보드카와 맥주

"보드카" 하면 가장 먼저 떠오르는 나라는 어디일까요? 아직도 원산지에 대한 공방이 가열되고 있는 보드카, 하지만 러시아의 대표 주류인 "보드카"가 역사적으로 제일 먼저 기록되어 있는 곳은 바로 '폴란드'입니다. 강하고 독한 술로 알려진 보드카는 혹한의 기온에서 체온을 올려줄 뿐만 아니라 소량의 섭취에도 건강에 도움을 주기도 합니다. 그 중 "소비에스키"는 박람회가 개최되기도 할 만큼 한국인들에게 친숙한 폴란드산 보드카입니다. 다양한 과일주 형태로 만들어져 여러 종류의 맛을 내기도 하지만, 40도가 육박하는 만큼 알코올 농도가 짙으니, 마실 땐 꼭 주의하세요. 또한, 한국 대형 할인점에서 판매되고 있는 폴란드산 맥주 "카르파츠키에"는 한국의 일반 맥주보다 알코올 농도가 살짝 높지만, 맛이 꽤 좋으니 기회가 된다면 시음해 보는 것도 좋을 것 같습니다.

### 달콤함에 매료되다, 초콜릿 베델(Wedel)

처음 맛보게 되면 신세계를 경험하게 된다는 폴란드산 중 가장 오랜 역사를 자랑하는 "베델" 초콜릿. 1851년부터 제조를 시작하여 다양한 맛과 형태로 폴란드인뿐 아니라, 전 세계적으로 사랑받는 초콜릿입니다. 특히, 베델 밀크 초콜릿(Wedel Czekolada Mleczna)은 베델 초콜릿 제품 중에서도 가장 많은 인기를 누리는 제품으로 식물성 유지 대신 카카오 버터를 사용해 그 부드러움과 풍미는 한 번 맛보면 잊을 수 없을 정도라고 하니 폴란드를 방문할 기회가 된다면 꼭 한 번쯤 맛보시기 바랍니다. 폴란드 여행 시 선물용으로 빠지지 않는 인기 품목 중 하나이기도 합니다.

# 08

# Możemy dzisiaj iść razem na obiad?

오늘 우리 함께 점심 먹으러 갈래?

학습 요점 ......................................................................

- 회화
- 어휘: 단어) 식당   표현) 주문할 때 묻고 답하기
- 문법: 1. prosić + 동사원형 (~해 주세요) 2. móc + 동사원형 (~할 수 있다)
  - 3. musieć + 동사원형 (~해야만 한다) 4. trzeba + 동사원형 (~ 해야 한다)
- 추가어휘: 기념일/명절, 달력, 계절
- 문화: 폴란드 명절

미나는 우체국까지 데려다준 마렉에게 고마움을 표하고 싶어 점심을 함께 먹자고 제안을 합니다. 그리고 마렉은 미나와 함께 점심 먹으러 가기 위해, 폴란드 식당에 예약합니다. 폴란드 식당에서 마렉과 미나는 음식을 주문하고 식사를 합니다.

| | |
|---|---|
| Mina | Chcę podziękować za pomoc. Możemy dzisiaj iść razem na obiad? |
| Marek | Dobrze, ja zrobię rezerwację. |

(시간 경과)

| | |
|---|---|
| Kelnerka | Dzień dobry, restauracja "Polskie Jedzenie", słucham? |
| Marek | Dzień dobry, chcę rezerwować stolik dzisiaj na 14 (czternastą). |
| Kelnerka | Dobrze, na ile osób? |
| Marek | Poproszę rezerwację na dwie osoby. Dziękuję. |

(시간 경과)

| | |
|---|---|
| Kelnerka | Dzień dobry. Czy mogę przyjąć zamówienie? |
| Mina | Dzień dobry. Prosimy rosół i bigos. |
| Kelnerka | Dobrze. A co chcą państwo pić? |
| Marek | Prosimy dwa piwa. Ile musimy czekać na jedzenie? |
| Kelnerka | Około 15 minut. Dziękuję. |

(시간 경과)

| | |
|---|---|
| Mina | Poproszę rachunek. Czy muszę płacić gotówką? |
| Kelnerka | Może pani płacić gotówką lub kartą. |
| Mina | Chcę płacić kartą. |
| Kelnerka | Dziękuję. Proszę, to jest pani paragon. |
| Mina | Dziękuję. Do widzenia. |
| Kelnerka | Do widzenia. |

### 해석

| | |
|---|---|
| 미나 | 도움에 보답을 좀 하고 싶어. |
| | 오늘 우리 함께 점심 먹으러 갈래? |
| 마렉 | 좋아, 내가 예약을 할게. |
| (시간 경과) | |
| 점원 | 안녕하세요, "폴란드 식당"입니다, 여보세요? |
| 마렉 | 안녕하세요, 오늘 오후 2시로 식사 예약을 하고 싶습니다. |
| 점원 | 좋습니다, 몇 분으로 예약해 드릴까요? |
| 마렉 | 2명으로 예약할게요. 감사합니다. |
| (시간 경과) | |
| 점원 | 안녕하세요, 주문 도와드릴까요? |
| 미나 | 안녕하세요. 로수우와 비고스 주세요. |

| | |
|---|---|
| 점원 | 좋습니다. 음료는 무엇으로 해드릴까요? |
| 마렉 | 맥주 2잔 주세요. 얼마나 기다려야 하나요? |
| 점원 | 15분 정도면 됩니다. 감사합니다. |
| (시간 경과) | |
| 미나 | 계산서 부탁드립니다. 현금으로 지불해야 하나요? |
| 점원 | 현금 또는 카드 모두 가능합니다. |
| 미나 | 카드로 결제하고 싶습니다. |
| 점원 | 감사합니다. 여기, 영수증입니다. |
| 미나 | 감사합니다. 안녕히 계세요. |
| 점원 | 안녕히 가세요. |

### ☆ 새단어 słówka

- kelner / kelnerka 점원(웨이터(남) / 웨이트리스(여)) · zrobić rezerwację = rezerwować 예약을 하다 · stolik 식탁
- na ile osób 몇 명을 위한 · przyjąć 받다 · zamówienie 주문 · prosić ~해 주세요 · około 대략 · rachunek 계산서
- paragon 영수증

단어 **식당** restauracja

| śniadanie | 아침 식사 | menu | 메뉴 |
|---|---|---|---|
| obiad | 점심 식사 | kelner / kelnerka | 점원<br>(웨이터(남성) / 웨이트리스(여성)) |
| kolacja | 저녁 식사 | zamówienie | 주문 |
| deser | 후식 | rachunek | 계산서 |
| rezerwacja | 예약 | reszta | 거스름돈 |
| na wynos | 포장 | napiwek | 팁 |
| smacznego | 맛있게 드세요 | dostawa | 배달 |

표현 **주문할 때 묻고 답하기**

| Czy mogę przyjąć zamówienie? | 주문 도와드릴까요? |
|---|---|
| Poproszę menu. | 메뉴판 좀 주세요. |
| Czy ma pan/pani rezerwację? | 오시기 전에 예약하셨습니까? |
| Chcę zrobić rezerwację na godzinę ~ dla 2 osób. | ~시에 2인 식사 예약을 하고 싶습니다. |
| Co chcą państwo pić? | 음료는 무엇으로 하시겠습니까? |
| Poproszę rachunek. | 계산서 주세요. |

## 1. prosić + 동사원형 (〜해 주세요)

Prosić는 "〜해 주세요"의 의미로 목적격에서 다룬 테마입니다. 영어의 please와 같은 의미로 prosić + o + 목적격 (형용사 + 명사) 또는 prosić + 목적격(형용사 + 명사)로 명사가 나오기도 하고 prosić + 동사원형을 쓰는 등 자유롭게 씁니다. Please와 쓰임이 같으므로 자유롭게 연습하는 것이 중요합니다.

| prosić (〜해 주세요) | 주격 단수 | 동사 변형 | 주격 복수 | 동사 변형 |
|---|---|---|---|---|
| 1인칭 | ja | proszę | my | prosimy |
| 2인칭 | ty | prosisz | wy | prosicie |
| 3인칭 | on/ono/ona | prosi | oni/one | proszą |

Proszę o pomoc. 도와 주세요.

Proszę mówić powoli. 천천히 이야기 해 주세요.

## 2. móc + 동사원형 (〜할 수 있다)

Móc동사는 "〜할 수 있다"라는 의미의 동사로 조동사의 역할을 하므로 반드시 그 뒤에는 동사원형이 나와야 합니다. 동사원형 뒤에는 형용사와 명사가 나올 수 있는데, 동사원형이 취하는 격에 따라 뒤에 나오는 형용사, 명사의 어미 형태가 변화합니다.

> móc + 동사원형 + (형용사) + 명사

| 단수/복수 | 주격 | móc (할 수 있다) | | | 구분 | 형용사 단수 | 명사 단수 |
|---|---|---|---|---|---|---|---|
| 1인칭 단수 | ja | mogę | | | 동사원형이 목적격 동사인 경우 | | |
| 1인칭 복수 | my | możemy | | | 남성 생물 | -ego | -a |
| 2인칭 단수 | ty | możesz | + 동사 원형 | + | 남성 무생물 | = 주격, 변화 없음 | = 주격, 변화 없음 |
| 2인칭 복수 | wy | możecie | | | 중성 | = 주격, 변화 없음 | = 주격, 변화 없음 |
| 3인칭 단수 | on/ono/ona | może | | | 여성 | -ą | -ę |
| 3인칭 복수 | oni/one | mogą | | | | | |

### 1인칭 단수, 1인칭 복수

| móc + 동사원형 + (형용사) + 명사 | | | |
|---|---|---|---|
| 단수/복수 | 동사원형 | 목적격 (원형) | 완벽한 문장 |
| móc<br>1인칭 단수<br>mogę | wybierać<br>(~를 선택하다) | szkołę (szkoła)<br>(학교) | Mogę wybierać szkołę.<br>나는 학교를 선택할 수 있습니다. |
| | kroić<br>(~를 썰다) | chleb (chleb)<br>(빵) | Mogę kroić chleb.<br>나는 빵을 자를 수 있습니다. |
| móc<br>1인칭 복수<br>możemy | wygrać<br>(~를 이기다) | grę (gra)<br>(게임) | Możemy wygrać grę.<br>우리는 게임에서 이길 수 있습니다. |
| | budować<br>(~를 짓다) | dom (dom)<br>(집) | Możemy budować dom.<br>우리는 집을 지을 수 있습니다. |

### 2인칭 단수, 2인칭 복수

| móc + 동사원형 + (형용사) + 명사 | | | |
|---|---|---|---|
| 단수/복수 | 동사원형 | 목적격 (원형) | 완벽한 문장 |
| móc<br>2인칭 단수<br>możesz | prasować<br>(~를 다림질하다) | koszulę (koszula)<br>(셔츠) | Możesz prasować koszulę?<br>너는 셔츠를 다릴 수 있니? |
| | gotować<br>(~를 요리하다) | zupę (zupa)<br>(수프) | Możesz gotować zupę?<br>너는 수프를 요리할 수 있니? |
| móc<br>2인칭 복수<br>możecie | brać<br>(~를 받다) | pożyczkę (pożyczka)<br>(대출) | Możecie brać pożyczkę?<br>너희들은 대출을 받을 수 있니? |
| | palić<br>(~를 피우다) | papierosy (papieros)<br>(담배 (복수)) | Możecie tutaj palić papierosy.<br>너희들은 여기에서 담배를 피울 수 있다. |

### 3인칭 단수, 3인칭 복수

| móc + 동사원형 + (형용사) + 명사 | | | |
|---|---|---|---|
| 단수/복수 | 동사원형 | 목적격 (원형) | 완벽한 문장 |
| móc<br>3인칭 단수<br>może | suszyć<br>(~를 말리다) | włosy (włos)<br>(머리카락 (복수)) | Może suszyć włosy.<br>(그/그녀는) 머리를 말릴 수 있다. |
| | zmywać<br>(~를 설거지하다) | naczynia (naczynie)<br>(접시 (복수)) | Może zmywać naczynia.<br>(그/그녀는) 접시를 설거지 할 수 있다. |
| móc<br>3인칭 복수<br>mogą | sprzedawać<br>(~를 팔다) | książkę (książka)<br>(책) | Mogą sprzedawać książkę.<br>(그들/그녀들은) 책을 팔 수 있다. |
| | grać<br>(~를 경기하다) | koszykówkę (koszykówka)<br>(농구) | Mogą grać w koszykówkę.<br>(그들/그녀들은) 농구를 할 수 있다. |

## 3. musieć + 동사원형 (〜해야만 한다)

Musieć 동사는 "〜해야만 한다"라는 의미의 동사로 조동사의 역할을 하므로 반드시 그 뒤에는 동사원형이 나와야 합니다. 동사원형 뒤에는 형용사와 명사가 나올 수 있는데, 동사원형이 취하는 격에 따라 격변화는 달라집니다.

| 단수/복수 | 주격 | musieć (〜해야만 한다) | | | 구분 | 형용사 단수 | 명사 단수 |
|---|---|---|---|---|---|---|---|
| 1인칭 단수 | ja | muszę | | | 동사원형이 목적격 동사인 경우 | | |
| 1인칭 복수 | my | musimy | + 동사 원형 | + | 남성 생물 | -ego | -a |
| 2인칭 단수 | ty | musisz | | | 남성 무생물 | = 주격, 변화 없음 | = 주격, 변화 없음 |
| 2인칭 복수 | wy | musicie | | | 중성 | = 주격, 변화 없음 | = 주격, 변화 없음 |
| 3인칭 단수 | on/ono/ona | musi | | | 여성 | -ą | -ę |
| 3인칭 복수 | oni/one | muszą | | | | | |

+

| 육하원칙 접속사 | | | | | | |
|---|---|---|---|---|---|---|
| 의미 | 의문사 | 예문 | 의미 | 의문사 | 예문 | |
| 누가 | kto | Kto musi sprzątać kuchnię?<br>누가 부엌을 청소해야만 하나요? | 무엇을 | co | Co musi zaczynać robić?<br>무엇을 시작해야만 하나요? | |
| 언제 | kiedy | Kiedy musi robić zakupy?<br>언제 장을 보러 가야 하나요? | 어떻게 | jak | Jak musi gotować zupę?<br>어떻게 수프를 만들어야 하나요? | |
| 어디서 | gdzie | Gdzie musi sprzątać?<br>어디를 청소해야 하나요? | 왜 | dlaczego | Dlaczego musi kupować lek?<br>왜 약을 사야만 하나요? | |

### 1인칭 단수, 1인칭 복수

| musieć (〜해야만 한다) + 동사원형 + (형용사) + 명사 | | | |
|---|---|---|---|
| 단수/복수 | 동사원형 | 목적격 (원형) | 완벽한 문장 |
| musieć<br>1인칭 단수<br>muszę | zamykać<br>(〜를 닫다) | okno (okno)<br>(창문) | Muszę zamykać okno.<br>나는 창문을 닫아야 한다. |
| | włączyć<br>(〜를 켜다) | światło (światło)<br>(전등) | Muszę włączyć światło.<br>나는 불을 켜야 한다. |
| musieć<br>1인칭 복수<br>musimy | zobaczyć<br>(〜를 보다) | wystawę (wystawa)<br>(전시회) | Musimy zobaczyć wystawę.<br>우리는 전시회를 봐야만 한다. |
| | wyłączyć<br>(〜를 끄다) | pralkę (pralka)<br>(세탁기) | Musimy wyłączyć pralkę.<br>우리는 세탁기를 꺼야 한다. |

### 2인칭 단수, 2인칭 복수

| | musieć(~해야만 한다) + 동사원형 + (형용사) + 명사 | | |
|---|---|---|---|
| 단수/복수 | 동사원형 | 목적격 (원형) | 완벽한 문장 |
| musieć<br>2인칭 단수<br>musisz | zaczynać<br>(~를 시작하다) | sprzątanie (sprzątanie)<br>(청소) | Musisz zaczynać sprzątanie.<br>너는 청소를 시작해야만 해. |
| | kończyć<br>(~를 끝내다) | zadanie domowe<br>(zadanie domowe)<br>(숙제) | Musisz kończyć zadanie domowe.<br>너는 숙제를 끝내야만 해. |
| musieć<br>2인칭 복수<br>musicie | zwiedzać<br>(~를 구경하다) | muzeum (muzeum)<br>(박물관) | Musicie zwiedzać muzeum.<br>너희들은 박물관을 구경해야만 해. |
| | sprzątać<br>(~를 청소하다) | ogród (ogród)<br>(정원) | Musicie sprzątać ogród.<br>너희들은 정원을 청소해야만 해. |

### 3인칭 단수, 3인칭 복수

| | musieć(~해야만 한다) + 동사원형 + (형용사) + 명사 | | |
|---|---|---|---|
| 단수/복수 | 동사원형 | 목적격 (원형) | 완벽한 문장 |
| musieć<br>3인칭 단수<br>musi | ładować<br>(~를 충전하다) | baterię (bateria)<br>(배터리) | Musi ładować baterię.<br>(그/그녀는) 배터리를 충전해야만 해. |
| | obciąć<br>(~를 자르다) | włosy (włos)<br>(머리 (복수)) | Musi obciąć włosy.<br>(그/그녀는) 머리를 잘라야만 해. |
| musieć<br>3인칭 복수<br>muszą | robić<br>(~를 하다) | pranie (pranie)<br>(빨래) | Muszą robić pranie.<br>(그들/그녀들은) 빨래를 해야만 해. |
| | zamiatać<br>(~를 닦다) | podłogę (podłoga)<br>(바닥) | Muszą zamiatać podłogę.<br>(그들/그녀들은) 바닥을 닦아야만 해. |

## 4. trzeba + 동사원형 (~ 해야 한다)

주체가 특별히 정해지지 않고 일반적으로 해야 한다는 의미를 이야기할 때에는 "trzeba + 동사원형"으로 표현합니다.

| | 동사원형 | 원형 | 목적격 | 완벽한 문장 |
|---|---|---|---|---|
| trzeba<br>~해야만 한다 | szanować<br>(~를 존경하다) | nauczyciel<br>(선생님) | nauczyciela | Trzeba szanować nauczyciela.<br>선생님을 존경해야 한다. |
| | odwiedzać<br>(~를 방문하다) | pacjent<br>(환자) | pacjenta | Trzeba odwiedzać pacjenta.<br>환자 병문안을 가야 한다. |
| | witać<br>(~를 환영하다) | gość<br>(손님) | gościa | Trzeba witać gościa.<br>손님을 환영해야 한다. |

# 연 | 습 | 문 | 제

**①** 다음 보기와 같이 제시된 단어를 이용하여 질문에 답해 보세요.

> | 보기 | Co twoja siostra może dzisiaj robić? (czytać + książka) 너의 누나는 오늘 무엇을 할 수 있어?
>
> ▶ <u>Moja siostra dzisiaj może czytać książkę.</u> 나의 누나는 오늘 책을 읽을 수 있어.

(1) **Co musisz robić?** (sprzątać + kuchnia) 너는 무엇을 해야 하니?

▶ _____ 나는 부엌을 청소해야 해.

(2) **Kto musi gotować kolację?** (córka) 누가 저녁 식사를 요리해야 하니?

▶ _____ 딸이 저녁을 요리해야 해.

(3) **Co oni mogą robić?** (grać w + koszykówka) 그들은 무엇을 할 수 있니?

▶ _____ 그들은 농구를 할 수 있어.

(4) **Co twoja koleżanka musi kupić?** (chleb i cukier) 너의 (여자인) 친구는 무엇을 사야 하니?

▶ _____ 나의 (여자인) 친구는 빵과 설탕을 사야 해.


**②** 다음 보기와 같이 주어진 단어를 재배열하여 올바른 문장을 만들어 보세요.

> | 보기 | ja / chcieć / zrobić / rezerwacja / dzisiaj / na / osiemnasta (18)
>
> ▶ <u>Ja chcę zrobić rezerwację dzisiaj na osiemnastą (18).</u> 나는 오늘 18시로 예약하고 싶습니다.

(1) czy / ty / musieć / robić / pranie / ?

▶ _____ 너는 빨래를 해야 하니?

(2) on / móc / dzisiaj / grać / w / piłka nożna

▶ _____ 그는 오늘 축구를 할 수 있다.

(3) tutaj / trzeba / płacić / gotówka

▶ _____ 여기는 현금으로 계산해야 해.

(4) on / prosić / o / dostawa

▶ _____ 그는 배달을 부탁합니다.

**3** ~móc, ~musieć 단어를 사용하며 문장을 만들어 보세요.

| | | Sobota | Niedziela |
|---|---|---|---|
| (1) | rano | Mogę grać w gry komputerowe.<br>나는 컴퓨터 게임을 할 수 있어. | _____<br>나는 할머니를 방문할 수 있어. |
| (2) | po południu | _____<br>나는 접시를 설거지를 해야 해. | _____<br>나는 전시회를 볼 수 있어. |
| (3) | wieczorem | _____<br>나는 케이크를 구울 수 있어. | Muszę kończyć zadanie domowe.<br>나는 숙제를 끝내야 해. |

**4** 대화를 듣고 손님이 주문한 음식과 음료수를 적으세요.  MP3 **17**

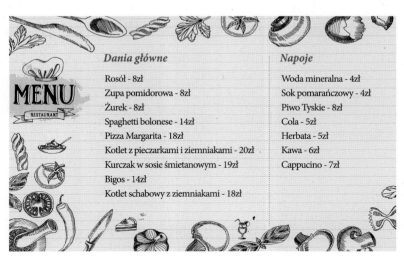

MENU
RESTAURANT

**Dania główne**

Rosół - 8zł
Zupa pomidorowa - 8zł
Żurek - 8zł
Spaghetti bolonese - 14zł
Pizza Margarita - 18zł
Kotlet z pieczarkami i ziemniakami - 20zł
Kurczak w sosie śmietanowym - 19zł
Bigos - 14zł
Kotlet schabowy z ziemniakami - 18zł

**Napoje**

Woda mineralna - 4zł
Sok pomarańczowy - 4zł
Piwo Tyskie - 8zł
Cola - 5zł
Herbata - 5zł
Kawa - 6zł
Cappucino - 7zł

(1) _____

(2) _____

(3) _____

(4) _____

[ **기념일/명절** święta ]

| święto | 명절 | Nowy Rok | 새해 |
|---|---|---|---|
| Wielkanoc | 부활절 | Boże Narodzenie | 크리스마스 |
| Dzień Ojca | 아버님날 | Dzień Matki | 어머님날 |
| Dzień Dziecka | 어린이날 | Święto Konstytucji | 제헌절 |
| Dzień Flagi | 국기의 날 | Dzień Niepodległości | 독립 기념일 |
| Dzień Wszystkich Świętych | 만성절 | Dzień Nauczyciela | 스승의 날 |

[ **달력** kalendarz ]

| dzień | 하루 | tydzień | 주 | weekend | 주말 | miesiąc | 월 | rok | 연 |
|---|---|---|---|---|---|---|---|---|---|
| styczeń | 1월 | luty | 2월 | marzec | 3월 | kwiecień | 4월 | maj | 5월 |
| czerwiec | 6월 | lipiec | 7월 | sierpień | 8월 | wrzesień | 9월 | październik | 10월 |
| listopad | 11월 | grudzień | 12월 | | | | | | |

[ **계절** pory roku ]

| wiosna | 봄 | lato | 여름 | jesień | 가을 | zima | 겨울 |
|---|---|---|---|---|---|---|---|

# 문화로 배우는 **폴란드어**

**폴란드 명절**

● 부활절

가톨릭 신자가 약 90%인 폴란드인에게 가장 중요한 기념일은 부활절입니다. 그러나 종교적 신념과 관계없이 대부분의 폴란드 가정에서 기념하는 큰 명절이기도 합니다. 부활절이 올 때마다, 폴란드인은 전통적인 방식을 고수하며 가족과 함께 부활절 행사를 즐깁니다.

부활절이 시작되기 전, 토요일에는 부활절에 먹을 음식을 미리 준비합니다. 준비한 부활절 음식을 바구니에 담고, 성당에 갑니다. 신부님은 바구니에 담긴 부활절 음식에 성수를 뿌리며 축복을 나눕니다. 보통 바구니 안에는 빵과 다양한 그림을 새긴 달걀, 소금, 후추, 소시지, 햄, 케이크 등이 들어갑니다.
삶은 달걀에 "pisanki(피산키)"라는 장식을 하는데, 다양한 그림과 문양을 새긴 달걀은 부활절의 대미를 장식하는 상징이기도 합니다.

부활절인 일요일에는 새벽 6시에 예수님의 부활을 기념하는 성당 미사에 참석한 후 온 가족이 함께 모여 서로의 행복을 기원하며 토요일, 성당에서 성수를 받은 부활절 음식 및 전통 음식을 함께 나누어 먹습니다.
부활절 아침 식사에 등장하는 전통 음식으로는 전통 수프인 barszcz biały(바르슈츄 비아위), 다양한 채소와 과일, 구운 달걀, babka wielkanocna(바브카 비엘카노츠나 : 부활절에 먹는 케이크 종류), 폴란드 전통 소시지인 kiełbasa(키에우바사), 가공육 wędliny(벤들리니), 빵을 곁들인 파이 등이 있습니다.

● 폴란드인들이 즐기는 크리스마스

폴란드인에게 또 하나의 큰 명절은 단연 예수의 탄생을 축하하는 크리스마스입니다. 크리스마스 당일에는 모든 가족이 함께 모여 크리스마스트리를 꾸밉니다. 그리고 밤하늘에 첫 번째로 별이 나타나면 함께 식사하는데, 식사 전에 서로의 소원을 기원하고 행복을 빌어주는 웨이퍼를 준비해 주고받습니다.

크리스마스 당일, 가족과 나누는 저녁 식사는 주로 폴란드 전통 음식으로 이루어지며 Karp(카르프 : 잉어고기), Śledź(실레지: 청어), Pierogi z Grzybami(피에로기 : 버섯을 곁들인 피에로기), Kapusta(카푸스타 : 양배추요리), Piernik(피에르닉 : 케이크 일종) 등이 있습니다.
특히, 저녁 식사에는 테이블에 빈 그릇과 함께 빈 자리를 항상 남겨둡니다. 이는 이미 이 세상에 없는 가족을 기억한다는 의미 또는 가족이 없거나 가난한 사람들을 위한 것으로 풀이됩니다. 식사할 때에는 예수님을 기리는 노래를 부르고, 크리스마스트리 아래에 미리 준비한 선물들을 서로 주고받습니다. 그리고 12월 24일 밤 자정에 예수님 탄생을 기념하는 미사에 참석합니다.

# 09

## Codziennie rano piję sok pomarańczowy.

나는 매일 아침 오렌지 주스를 마십니다.

학습 요점

- 회화
- 어휘: 단어) 하루 일과   표현) 하루 일과 묻고 답하기
- 문법: 1. 단음절 동사 2. 자주 쓰는 불규칙 동사
     3. boli + 목적격 인칭 + 아픈 곳 ((누구)가 (어디)가 아프다)
- 추가어휘: 몸, 아픈 증상, 병원/약국
- 문화: 폴란드 명소 Ⅰ −바르샤바(Warszawa)편 1부

나른한 일요일 오후, 미나와 마렉은 각자의 집에서 평소에 자주하는 하루의 일과를 정리해봅니다.

MP3 **18**

**Mina**

Codziennie wstaję wcześnie rano. Najpierw o szóstej biorę prysznic, a później jem śniadanie i robię makijaż. Zazwyczaj rano czytam gazetę, ale raz na tydzień lubię też biegać. Pracuję w domu, dlatego po południu często gotuję obiad. Zakupy robię zwykle raz na tydzień, ale co drugi dzień kupuję świeże owoce i piję sok pomarańczowy. Wieczorem mam zawsze czas i odpoczywam. Czasami oglądam film albo czytam książkę. Ponadto raz na miesiąc gram w siatkówkę.

**Marek**

Ja codziennie rano najpierw myję się, a potem golę się. Rzadko jem śniadanie, ale codziennie piję kawę i lubię słuchać radia. Ponieważ pracuję długo, zazwyczaj dopiero wieczorem robię zakupy i sprzątam mieszkanie. Czasami kupuję jedzenie na wynos, a raz na tydzień pływam. W piątek kończę pracę wcześnie i o siedemnastej mogę grać w piłkę nożną lub oglądać interesującą wystawę. Czasami w weekend ja i mój brat zwiedzamy razem muzeum. Ponadto raz na rok podróżujemy za granicę.

## 해석

**미나**

나는 매일 일찍 일어난다. 먼저 6시에 샤워를 한 후에, 아침을 먹고 화장을 한다. 아침에는 보통 신문을 읽지만, 일주일에 한 번은 조깅하는 것을 좋아한다. 집에서 일하기 때문에, 오후에는 자주 점심을 요리해서 먹는다. 보통 일주일에 한 번은 장을 보고, 이틀마다 신선한 과일을 사고 오렌지 주스를 마신다. 저녁에는 항상 시간이 있어 휴식을 취하는 편이다. 가끔 영화를 보거나 책을 읽는다. 또한, 한 달에 한 번은 배구를 한다.

**마렉**

나는 매일 아침 씻고 난 후에 면도를 한다. 아침은 거의 먹지 않지만, 매일 커피를 마시며 라디오를 듣는다. 보통 일을 늦게까지 하기 때문에 저녁 늦게야 장을 보고 집을 청소한다. 가끔 포장하여 음식을 사 먹기도하고, 일주일에 한 번은 수영을 한다. 금요일에는 일찍 일을 마치고 오후 5시에 축구를 하거나 흥미 있는 전시를 감상하기도 한다. 가끔 나와 남동생은 주말에 함께 박물관을 구경한다. 또한 일년에 한 번은 해외여행을 다닌다.

## ☆ 새단어 słówka

- **wstawać** 일어나다 · **wcześnie** 일찍 · **golić się** 면도하다 · **najpierw** 먼저 · **brać prysznic** 샤워하다 · **makijaż** 화장
- **dlatego** 그래서 · **zwykle** 보통 · **raz na tydzień** 일주일에 한 번 · **co drugi dzień** 이틀마다 · **świeży** 신선한
- **odpoczywać** 쉬다 · **raz na miesiąc** 한 달에 한 번 · **codziennie** 매일 · **myć się** 씻다 · **rzadko** 드물게
- **zazwyczaj** 보통 (zwykle와 zazwyczaj는 동의어입니다) · **czasami** 가끔 · **za granicę** 해외로

**하루 일과** rozkład dnia

| | | | |
|---|---|---|---|
| wstawać | 일어나다 | robić zakupy | 쇼핑을 하다 |
| brać prysznic / myć się | 샤워를 하다 / 씻다 | prać ubrania | 빨래를 하다 |
| myć zęby | 이를 닦다 | pisać pamiętnik | 일기를 쓰다 |
| ubierać się | 옷을 입다 | spacerować | 산책하다 |
| pić kawę | 커피를 마시다 | rozmawiać przez telefon | 통화하다 |
| golić się | 면도하다 | jeść śniadanie/ obiad/kolację | 아침/점심/저녁을 먹다 |
| pracować | 일하다 | robić makijaż | 화장하다 |

**하루 일과 묻고 답하기**

| | | |
|---|---|---|
| Najpierw ~, potem ~ | 먼저 ~, 나중에 ~ | Najpierw jem śniadanie, potem myję zęby. <br> 먼저 아침을 먹고, 나중에 이를 닦습니다. |
| Najpierw ~, następnie ~ | 먼저 ~, 그 다음에 ~ | Najpierw piję kawę, następnie golę się. <br> 먼저 커피를 마시고, 그 다음에 면도합니다. |

## 1. 단음절 동사

아래의 pić(마시다), myć się(씻다), czuć się(느끼다)과 같이 동사가 단음절로 끝나는 동사는 -ij-, -yj-, -uj-로 각 어미가 끝납니다.

| pić (마시다) | 주격 단수 | 동사 변형 | 주격 복수 | 동사 변형 |
|---|---|---|---|---|
| 1인칭 | ja | piję | my | pijemy |
| 2인칭 | ty | pijesz | wy | pijecie |
| 3인칭 | on/ono/ona | pije | oni/one | piją |

się으로 끝나는 동사는 일반적으로 목적격을 취하는 타동사가 아니라 자동사로 한 단어로 숙어처럼 외우는 것이 중요합니다.

| myć się (씻다) | 주격 단수 | 동사 변형 | 주격 복수 | 동사 변형 |
|---|---|---|---|---|
| 1인칭 | ja | myję się | my | myjemy się |
| 2인칭 | ty | myjesz się | wy | myjecie się |
| 3인칭 | on/ono/ona | myje się | oni/one | myją się |

> **Tip!**
> • 기타 단음절 동사 : **bić** (때리다) **czuć się** (느끼다) **szyć** (꿰매다)

## 2. 자주 쓰는 불규칙 동사

폴란드어 동사는 동사원형의 어미가 끝나는 형태에 따라 -ać형 동사, -ić형 동사, -ować형 동사, 단음절 동사 총 4가지로 크게 분류할 수 있습니다. 하지만 경우에 따라 불규칙으로 변하는 동사들이 있습니다.
이러한 변형의 경우에는 암기를 하는 것이 중요합니다.

| pisać (쓰다) | 주격 단수 | 동사 변형 | 주격 복수 | 동사 변형 |
|---|---|---|---|---|
| 1인칭 | ja | piszę | my | piszemy |
| 2인칭 | ty | piszesz | wy | piszecie |
| 3인칭 | on/ono/ona | pisze | oni/one | piszą |

| dać (주다) | 주격 단수 | 동사 변형 | 주격 복수 | 동사 변형 |
|---|---|---|---|---|
| 1인칭 | ja | dam | my | damy |
| 2인칭 | ty | dasz | wy | dacie |
| 3인칭 | on/ono/ona | da | oni/one | dadzą |

| bać się (두려워하다) | 주격 단수 | 동사 변형 | 주격 복수 | 동사 변형 |
|---|---|---|---|---|
| 1인칭 | ja | boję się | my | boimy się |
| 2인칭 | ty | boisz się | wy | boicie się |
| 3인칭 | on/ono/ona | boi się | oni/one | boją się |

| stać (서있다) | 주격 단수 | 동사 변형 | 주격 복수 | 동사 변형 |
|---|---|---|---|---|
| 1인칭 | ja | stoję | my | stoimy |
| 2인칭 | ty | stoisz | wy | stoicie |
| 3인칭 | on/ono/ona | stoi | oni/one | stoją |

| jeść (먹다) | 주격 단수 | 동사 변형 | 주격 복수 | 동사 변형 |
|---|---|---|---|---|
| 1인칭 | ja | jem | my | jemy |
| 2인칭 | ty | jesz | wy | jecie |
| 3인칭 | on/ono/ona | je | oni/one | jedzą |

| brać (가져오다) | 주격 단수 | 동사 변형 | 주격 복수 | 동사 변형 |
|---|---|---|---|---|
| 1인칭 | ja | biorę | my | bierzemy |
| 2인칭 | ty | bierzesz | wy | bierzecie |
| 3인칭 | on/ono/ona | bierze | oni/one | biorą |

| spać (자다) | 주격 단수 | 동사 변형 | 주격 복수 | 동사 변형 |
|---|---|---|---|---|
| 1인칭 | ja | śpię | my | śpimy |
| 2인칭 | ty | śpisz | wy | śpicie |
| 3인칭 | on/ono/ona | śpi | oni/one | śpią |

| prać (세탁하다) | 주격 단수 | 동사 변형 | 주격 복수 | 동사 변형 |
|---|---|---|---|---|
| 1인칭 | ja | piorę | my | pierzemy |
| 2인칭 | ty | pierzesz | wy | pierzecie |
| 3인칭 | on/ono/ona | pierze | oni/one | piorą |

iść와 jechać는 우리말로는 "가다"로 동일한 동사이지만 폴란드어에는 구분이 필요합니다. iść는 "걸어서 가다"이고, jechać는 "무언가를 타고 간다"는 의미입니다.

| iść (가다) | 주격 단수 | 동사 변형 | 주격 복수 | 동사 변형 |
|---|---|---|---|---|
| 1인칭 | ja | idę | my | idziemy |
| 2인칭 | ty | idziesz | wy | idziecie |
| 3인칭 | on/ono/ona | idzie | oni/one | idą |

| jechać (타고 가다) | 주격 단수 | 동사 변형 | 주격 복수 | 동사 변형 |
|---|---|---|---|---|
| 1인칭 | ja | jadę | my | jedziemy |
| 2인칭 | ty | jedziesz | wy | jedziecie |
| 3인칭 | on/ono/ona | jedzie | oni/one | jadą |

### 3. boli + 목적격 인칭 + 아픈 곳 ((누구)가 (어디)가 아프다)

아프다는 말을 표현할 때에는 직접적으로 "아프다"라는 동사를 쓰지 않고 목적격 인칭을 쓰면서 아픈 부위를 함께 이야기 해줍니다.

### (1) 병명이 단수일 경우 → boli

"나 머리가 아파"라고 이야기 하고 싶을 때에는 "boli + mnie + głowa"라고 말할 수 있습니다.
głowa가 단수이기 때문에 3인칭 단수형인 boli를 씁니다.

## ⑵ 병명이 복수일 경우 → bolą

나의 아기는 이가 아파. : Moje dziecko bolą zęby.

Bolą을 쓰는 이유는 치아에 해당하는 단어인 zęby가 복수이기 때문입니다. 또한, moje dziecko는 목적격으로 쓰였으며, 인칭대명사로는 "bolą je zęby"라고 표현이 가능합니다. 즉, moje dziecko → je로 목적격 인칭대명사로 바꾸어 쓸 수 있습니다

| boleć (아프다) | 주격 단수 | 병명이 단수일 때 | 주격 복수 | 병명이 복수일 때 |
|---|---|---|---|---|
| 1인칭 | ja → mnie | boli | my → nas | bolą |
| 2인칭 | ty → cię/ciebie | boli | wy → was | bolą |
| 3인칭 | on, ono, ona → go, je, ją | boli | oni, one → ich, je | bolą |

| boli/bolą + 목적격 인칭 + 아픈 곳 | | |
|---|---|---|
| 아픈 사람 | 신체 부위 | 완벽한 문장 |
| ja<br>→ mnie | brzuch (배) | Boli mnie brzuch. 나는 배가 아프다. |
| | głowa (머리) | Boli mnie głowa. 나는 머리가 아프다. |
| | zęby (치아 (복수)) | Bolą mnie zęby. 나는 이빨이 아프다. |
| ty<br>→ cię/ciebie | ręce (팔 (복수)) | Bolą cię ręce? 너는 팔이 아프니? |
| | noga (다리) | Boli cię noga? 너는 다리가 아프니? |
| | oczy (눈 (복수)) | Bolą cię oczy? 너는 눈이 아프니? |
| | łydka (종아리) | Boli cię łydka? 너는 종아리가 아프니? |
| on, ono, ona<br>→ go, je, ją | gardło (목구멍) | Boli ją gardło? 그녀는 목(목구멍)이 아프니? |
| | kolano (무릎) | Boli ją kolano. 그녀는 무릎이 아프다. |
| my → nas | plecy (등 (복수)) | Bolą nas plecy. 우리는 등이 아프다. |
| wy → was | szyja (목) | Boli was szyja? 너희는 목이 아프니? |
| oni, one → ich, je | stopy (발바닥 (복수)) | Bolą ich stopy. 그들은 발바닥이 아프다. |

**1** 다음 그림을 보고 보기와 같이 그림 속 인물들의 행동을 묘사해 보세요.

| 보기 |

On bierze prysznic.

그는 샤워를 하고 있습니다.

(1) _____

그녀는 이를 닦고 있습니다.

(2) _____

그들은 잠을 자고 있습니다.

(3) _____

그들은 아침을 먹고 있습니다.

**2** 다음 보기와 같이 1번과 2번을 연결하여 작문하세요.

| 보기 |  ① jeść śniadanie   ② brać prysznic  (먼저 아침을 먹고, 그 후에 샤워를 합니다.)

▶ Najpierw jem śniadanie, potem biorę prysznic.

(1) ① pić kawę   ② robić zakupy  (먼저 커피를 마시고, 그 후에 쇼핑을 합니다.)

▶ _____

(2) ① biegać   ② myć się  (먼저 조깅을 하고, 그 후에 씻습니다.)

▶ _____

(3) ① jeść śniadanie   ② prać koszulę  (먼저 아침을 먹고, 그 후에 셔츠를 세탁합니다.)

▶ _____

(4) ① ubierać się   ② myć zęby  (먼저 옷을 입고, 그 후에 이를 닦습니다.)

▶ _____

**3** 다음 보기와 같이 주어진 단어를 재배열하여 올바른 문장을 만들어 보세요.

> | 보기 |
>
> bardzo / boleć / ja / gardło
> ▶ <u>Bardzo boli mnie gardło.</u>  나는 목이 너무 아픕니다.

(1) ty / mieć gorączka / ?

▶ _____   너는 열이 있니?

(2) boleć / ja / głowa / i / musieć / brać / tabletka

▶ _____   나는 머리가 아파서 약을 먹어야 합니다.

(3) często / boleć / on / plecy

▶ _____   그는 등이 자주 아픕니다.

(4) Ja / bać się / bo / dzisiaj / mieć / operacja

▶ _____   나는 오늘 수술이 있어서 두렵습니다.


**4** 다음을 듣고 빈칸에 들어갈 내용을 채워 보세요.  🔊 MP3 **19**

(1) Codziennie rano _____ ?

▶ Nie, ja _____ co drugi dzień.

(2) Jak często twoja mama _____ ubrania?

▶ Moja mama _____ ubrania raz na tydzień.

(3) Martwię się, bo moją mamę często _____ .

▶ Czy ona _____ niezdrowe jedzenie?

(4) Mój brat _____ złych psów.

▶ Naprawdę? Moje siostry też _____ psów.

## [ 몸 ciało ]

| | | | |
|---|---|---|---|
| głowa | 머리 | szyja | 목 |
| nos | 코 | usta | 입 |
| gardło | 목구멍 | ręka | 팔 |
| ramię | 어깨 | łokieć | 팔꿈치 |
| dłoń | 손바닥 | palec | 손가락 |
| paznokieć | 손톱 | pierś | 가슴 |
| plecy | 등 (복수) | brzuch | 배 |
| udo | 허벅지 | kolano | 무릎 |
| łydka | 종아리 | kostka | 발목 |
| noga | 다리 | stopa | 발바닥 |

## [ 아픈 증상 objawy choroby ]

| 폴란드어 | 한국어 | 예문 |
|---|---|---|
| chorować, być chorym | 아프다 | Nie mogę dzisiaj pracować, bo jestem chory.<br>나는 아파서 오늘 일을 할 수 없습니다. |
| kaszleć, mieć kaszel | 기침하다 | Ma pan kaszel?<br>기침 증상이 있나요? |
| mieć katar | 콧물이 나다 | Ostatnio codziennie mam katar.<br>최근 매일 콧물이 납니다. |
| mieć gorączkę | 열이 나다 | Moja córka ma wysoką gorączkę.<br>나의 딸은 열이 높습니다. |
| mieć operację | 수술을 받다 | Moja babcia dzisiaj po południu ma operację.<br>나의 할머니는 오늘 오후 수술을 받습니다. |

## [ 병원/약국 szpital i apteka ]

| | | | |
|---|---|---|---|
| szpital | 병원 | przychodnia | 보건소 |
| apteka | 약국 | pacjent | 환자 |
| lekarz, lekarka | 의사 (남, 여) | antybiotyk | 항생제 |
| lekarstwo | 약 | tabletka | 알약 |
| krople do oczu | 안약 | maść | 연고 |
| bandaż | 붕대 | recepta | 처방전 |

**폴란드 명소 I**

## ≪폴란드에서 꼭 가봐야 하는 명소 – 바르샤바(Warszawa)편 1부≫

바르샤바 시내는 주로 **Stare Miasto**(구시가지)와 **Nowe Miasto**(신시가지)로 나누어집니다. 특히 구시가지는 전 폴란드인의 마음이 담긴 곳이기도 합니다. 폴란드의 심장이자, 쇼팽의 심장이 살아 숨쉬는 바르샤바, 폴란드인의 마음을 느낄 수 있는 그곳으로 여행을 떠나보세요.

### • 바르샤바 구시가지(Stare Miasto)에서 눈여겨봐야 할 곳

구시가지는 바르샤바에서 역사적으로 가장 오래된 지역으로, 제2차 세계대전 당시 85% 이상이 전쟁으로 파괴가 되었습니다. 폐허 된 도시를 국민들이 자발적으로 돈을 모아 10여 년이 넘는 세월 동안 노력하여 지금의 구시가지를 형성했다고 합니다. 유럽의 여느 도시와 다름없는 성벽과 광장들은 폴란드인들이 눈물을 머금으며 직접 벽돌로 쌓아 올리고, 장식하였다고 하니 구시가지로 가는 길은 조금은 엄숙해질 필요가 있습니다.

#### ① 잠코비 광장 (Plac Zamkowy)

구시가지를 들어가면 가장 먼저 광장의 모습이 보입니다. 이 광장은 만남의 광장으로 구시가지에서도 가장 많은 인파를 자랑하는 곳이기도 합니다. 이곳에는 바르샤바의 상징인 지그문트 3세 바사 왕의 기둥이 있습니다. 지그문트 3세 바사 왕은 1596년 폴란드의 수도를 크라쿠프에서 바르샤바로 옮긴 왕입니다. 특징적인 것은 네 마리의 독수리가 왕을 떠받들고 있는 형상입니다. 잠코비 광장에 가신다면, 네 마리의 독수리를 찾아보세요.

#### ② 인어공주 동상 (Pomnik Syrenki)

구시가지에 있는 인어공주 동상은 바르샤바의 상징으로 불립니다. 한 손에는 칼과 다른 한 손에는 방패를 가지고 있는데, 바르샤바 시민들은 인어공주 동상이 이 도시를 지켜주고 행운을 가져다준다고 믿고 있습니다. 전설에 따르면, 어부들이 낚시를 하던 중, 샤바라는 인어공주를 잡았는데 바르스라는 어부의 아들이 밤중에 샤바가 도망갈 수 있도록 도와주었습니다. 이에 감사의 뜻으로 인어공주는 이 도시를 지킬 거라고 약속을 하였고, "바르스+샤바"의 이름을 따서 "바르샤바"라는 도시 이름이 탄생하였다고 전해집니다.

### • 바르샤바 시내(Centrum)에서 눈여겨봐야 할 곳

#### ① 공산주의의 상징, 문화과학궁전 (Pałac Kultury i Nauki)

언뜻 보면 아름답고 화려해 보이지만, 고즈넉한 폴란드의 분위기와는 사뭇 다른 이 문화과학궁전은 폴란드인들이 싫어하는 건물 중의 하나입니다. 물론 죽기 전에 꼭 봐야 할 세계 건축물 중 하나로 꼽히기도 하였지만, 폴란드의 공산주의 역사를 심어준 구소련의 산물로 알려집니다. 총 42층의 건축물로 3,288개의 방이 있으며, 지금은 공연장, 극장, 미술관, 과학 아카데미, 과학박물관, 방송국 등이 이곳에 위치해 있습니다.

#### ② 폴란드의 명문대, 바르샤바 대학교 (Uniwersytet Warszawski)

Nowy Świat(노비 시비아트) 거리와 이어지는 Krakowskie Przedmieście(크라코브스키에 프세드미에시치에) 거리에 있는 바르샤바 대학교는 19세기에 설립된 학교로 그리 길지 않은 역사를 가지고 있지만, 야기엘론스키 대학교와 함께 폴란드를 대표하는 명문대학교 중 하나입니다. 한국어학과도 개설되어 있어 한국학 연구도 활발히 진행되고 있습니다. 폴란드 대학교의 특징은 모두 한곳에 있지 않고 시내 곳곳에 흩어져 있다는 점입니다. 그중 바르샤바 대학교 도서관은 식물원처럼 꾸며져 채광을 느끼며 학습할 수 있도록 설계되어 자연적인 공간연출로 호평을 받기도 하였습니다.

*Lekcja*

# 10

# Szukam dobrego hotelu.
나는 좋은 호텔을 찾고 있습니다.

학 습 요 점

- 회화
- 어휘: 단어) 여가 활동, 소풍　표현) 소유격과 목적격에 대해 묻고 답하기
- 문법: 1. 소유격이란? 2. szukać (~를 찾다)
- 추가어휘: 대중교통, 여행 준비 & 계획 세우기
- 문화: 폴란드 명소Ⅱ−바르샤바(Warszawa)편 2부

미나는 휴가 기간에 여행 계획이 있습니다. 여행을 가기 위해 인터넷으로 적당한 호텔을 검색하고 있습니다. 구체적인 여행 계획이 없는 미나를 위해 마렉은 저렴하고 좋은 호텔을 찾아주고 표 예약도 도와줍니다. 그리고 마렉은 크라쿠프에 가볼 만한 명소를 소개합니다.

| Marek | Mina, co oglądasz? |
|---|---|
| Mina | Oglądam mapę. Chcę podróżować i szukam dobrego hotelu. |
| Marek | Gdzie chcesz jechać? Masz już plan? |
| Mina | Chcę jechać do Krakowa, ale nie mam jeszcze szczegółowego planu. Wiesz gdzie mogę szukać wygodnego i taniego hotelu? |
| Marek | Znam dobrą stronę internetową. A masz już bilet? |
| Mina | Nie mam jeszcze biletu. Wiesz co mogę tam zwiedzać? |
| Marek | Możesz zwiedzać duży zamek i stary rynek. Ponadto możesz zobaczyć Auschwitz oraz Kopalnię Soli Wieliczka. Jeżeli chcesz, ja mogę pomóc planować wycieczkę. |
| Mina | Dobrze, dziękuję. Niestety nie wiem jak rezerwować dobry hotel i kupić bilet. |
| Marek | Dobrze, ja poszukam dobrego hotelu i taniego biletu. Kiedy chcesz jechać? |
| Mina | Chcę jechać w lipcu. Wtedy mam urlop. |

### 해석

| 마렉 | 미나, 뭘 보고 있니? |
|---|---|
| 미나 | 지도를 보는 중이야. 여행을 가고 싶어서 좋은 호텔을 찾는 중이야. |
| 마렉 | 어디에 가고 싶은데? 계획은 있어? |
| 미나 | 크라쿠프에 가고 싶은데, 구체적인 계획은 아직 없어. 저렴하고 편안한 호텔을 어디서 찾을 수 있는지 아니? |
| 마렉 | 좋은 사이트를 알고 있어. 그런데 표는 있어? |
| 미나 | 아직 표가 없어. 거기서 무엇을 구경할 수 있는지 아니? |

| 마렉 | 큰 성과 리넥(광장)을 구경할 수 있어. 또한, 아우슈비츠와 소금 광산도 볼 수 있어. 원하면, 내가 여행 계획 세우는 걸 도와줄 수 있어. |
|---|---|
| 미나 | 좋아, 고마워. 안타깝게도 나는 좋은 호텔을 예약하는 방법도, 표를 구입하는 방법도 몰라. |
| 마렉 | 좋아, 내가 좋은 호텔과 저렴한 표를 찾아줄게. 언제 가고 싶은데? |
| 미나 | 7월에 가고 싶어. 그때 나 휴가야. |

### ☆ 새단어 słówka

• **mapa** 지도 • **szczegółowy** 구체적인 • **plan** 계획 • **strona internetowa** 웹사이트 • **zamek** 성
• **rynek** 리넥(폴란드 시내, 광장) • **kopalnia soli** 소금 광산 • **poszukać** ~를 찾을 것이다 (*14과 불완료 참고) • **wtedy** 그때

## 단 어

### 1. 여가 활동 czas wolny

| | | | |
|---|---|---|---|
| zwiedzać | 구경하다 | opalać się | 일광욕을 하다 |
| tańczyć | 춤을 추다 | żeglować | 항해하다 |
| łowić ryby | 낚시하다 | surfować | 서핑하다 |
| odpoczywać | 쉬다 | iść na festiwal | 축제에 가다 |

### 2. 소풍 piknik

| | | | |
|---|---|---|---|
| plac zabaw | 놀이터 | ławka | 벤치 |
| fontanna | 분수 | staw | 연못 |
| koc | 담요 | koszyk | 바구니 |
| termos | 보온병 | pałeczki | 젓가락 |
| szklanka | 유리컵 | nóż | 칼 |
| talerz | 접시 | łyżka | 숟가락 |
| grill | 석쇠 | zapałki | 성냥 |

### 표 현 소유격과 목적격에 대해 묻고 답하기

| 질문 | 대답 |
|---|---|
| Czego szukasz? 무엇을 찾고 있니? | Szukam ~. (소유격) (나는) ~를 찾고 있어. |
| Masz ~ ? ~가 있어? | Tak, (ja) mam ~. (목적격) 응, (나는) ~가 있어.<br>Nie, (ja) nie mam ~. (소유격) 아니, (나는) ~가 없어. |
| Znasz ~ ? ~를 알고 있니? | Tak, (ja) znam ~. (목적격) 응, (나는) ~를 알고 있어.<br>Nie, (ja) nie znam. (소유격) 아니, (나는) ~를 몰라. |

## 1. 소유격이란?

일반적으로 소유의 의미를 나타낼 때 소유격을 씁니다. 하지만 폴란드어에서 말하는 소유격은 여러 가지로 활용할 수 있습니다. 소유의 의미를 나타낼 때 그 뒤에 소유격을 취하기도 하고, "~를"에 해당되는 목적어일지라도 동사 자체가 소유격을 취하는 동사이면 그 뒤는 소유격 동사로 바뀌게 됩니다. 또한, 목적격 동사 앞에 nie라는 부정 의미가 되면 그 또한, 뒤의 문장은 소유격으로 바뀝니다. 폴란드어에서 소유격은 목적격 다음으로 중요한 격변화로 다음의 활용을 숙지하는 것이 중요합니다.

### (1) 소유의 의미일 경우 "~의"에 해당되는 경우

우리 엄마의 집 ➡ dom mojej matki

소유격은 수식 받는 명사 뒤에 위치하여 소유의 의미를 나타내어 주며 그 뒤는 소유격으로 격이 변화됩니다.

### (2) Nie (부정) + 목적격 동사 = 소유격

〈소유격을 가장 쉽게 공부하는 요령〉

① 가장 자주 사용하는 명사의 성을 남성(생물/무생물) / 중성 / 여성으로 각각 구분을 합니다.
② 목적격 서술 : nie를 넣어 소유격으로 바꾸어 연습합니다.

Mam dobry plan. *vs* Nie mam dobrego planu.

mieć(가지다)는 목적격을 취하므로 ➡ Mam dobry plan. (나는 좋은 계획이 있습니다.)

부정어미인 nie를 삽입하면 ➡ Nie mam dobrego planu. (나는 좋은 계획이 없습니다.)

| mieć / mam | 구분<br>(생물/무생물) | mam + 목적격 | | nie mam + 소유격 |
|---|---|---|---|---|
| 남성 | 생물 | Mam dobrego chłopaka. | ➡ | Nie mam dobrego chłopaka. |
| | 무생물 | Mam dobry dom. | | Nie mam dobrego domu. |
| 중성 | | Mam dobre radio. | | Nie mam dobrego radia. |
| 여성 | | Mam dobrą herbatę. | | Nie mam dobrej herbaty. |

**Tip!**
- 목적격 변화형과는 다르게 소유격에서는 남성(무생물)과 중성도 어미형이 변화하는 것을 볼 수 있습니다. 대부분 규칙적으로 변하지만 예외인 경우도 있으며, 특히 여성의 경우 k, g로 끝나는 경우 y이 아닌 -i로 변화함을 알 수 있습니다.

## (3) "~없다"라는 의미일 때

Jest telefon. (전화기가 있다.) ⟺ Nie ma telefonu. (전화기가 없다.)

## (4) 소유격을 취하는 동사

bać się (두려워하다), brakować (부족하다), oczekiwać (기대하다), odmawiać (거절하다), pilnować (주시하다), potrzebować (필요하다), słuchać (듣다), szukać (찾다), unikać (피하다), uczyć się (공부하다), życzyć (기원하다)
+ 소유격 어미 변형

| bać się<br>(두려워하다) | 주격 단수 | 동사 변형 | 주격 복수 | 동사 변형 |
|---|---|---|---|---|
| 1인칭 | ja | boję się | my | boimy się |
| 2인칭 | ty | boisz się | wy | boicie się |
| 3인칭 | on/ono/ona | boi się | oni/one | boją się |

Boję się egzaminu. 나는 시험이 두렵습니다.

Potrzebuję pomocy. 나는 도움이 필요합니다.

Uczę się języka polskiego. 나는 폴란드어를 공부하고 있습니다.

Tip!

≪ 회화에서 사용하면 좋을 표현 ≫

· jeżeli / jeśli (S) + V, (S) + V : 만일 ~라면, ~이다

jeżeli / jeśli (주어) + 동사, (주어) + 동사 : 만일 ~라면, ~이다

Jeśli nie masz pieniędzy, nie możesz kupić drogiego samochodu.
네가 돈이 없으면, 비싼 차를 살 수 없다.

Jeżeli boisz się egzaminu, musisz uczyć się.
만일 네가 시험이 두렵다면, 너는 공부를 해야만 한다.

żeby + 동사원형 : ~하기 위하여

Potrzebuję pieniędzy, żeby podróżować.
여행을 가기 위해서 나는 돈이 필요합니다.

Uczę się języka polskiego, żeby rozumieć polskie piosenki.
나는 폴란드 노래를 이해하기 위해 폴란드어를 공부합니다.

## 2. szukać (〜를 찾다)

폴란드어는 일반적으로 동사와 전치사의 영향을 받아 뒤에 있는 명사의 형태가 달라집니다. 또한, 각 동사마다 지배하는 격이 존재합니다. Szukać는 "〜를 찾다"라는 의미로 자칫 목적격을 취하는 동사로 생각하기 쉽지만, szukać 동사 뒤에는 반드시 소유격을 취해야 합니다.

| 단수/복수 | 주격 | szukać (찾다) | | 구분 | 형용사 단수 | 명사 단수 |
|---|---|---|---|---|---|---|
| 1인칭 단수 | ja | szukam | | | | |
| 1인칭 복수 | my | szukamy | **+** | 남성 생물 | -ego | -a |
| 2인칭 단수 | ty | szukasz | | 남성 무생물 | -ego | -u |
| 2인칭 복수 | wy | szukacie | | 중성 | -ego | -a |
| 3인칭 단수 | on/ono/ona | szuka | | 여성 | -ej | -y, -i (k,g) |
| 3인칭 복수 | oni/one | szukają | | | | |

### 예시

**1인칭 단수**

| 남성 | 생물 | szukać 1인칭 단수 szukam | mój pies (나의 개) | ➡ | Szukam mojego psa. 나는 나의 개를 찾고 있습니다. |
|---|---|---|---|---|---|
| | 무생물 | | tani sklep (저렴한 가게) | | Szukam taniego sklepu. 나는 저렴한 가게를 찾고 있습니다. |
| 중성 | | | ładne miasto (아름다운 도시) | | Szukam ładnego miasta. 나는 아름다운 도시를 찾고 있습니다. |
| 여성 | | | nowa gra komputerowa (새로운 컴퓨터 게임) | | Szukam nowej gry komputerowej. 나는 새로운 컴퓨터 게임을 찾고 있습니다. |

**1인칭 복수**

| 남성 | 생물 | szukać 1인칭 복수 szukamy | przystojny mężczyzna (잘생긴 남자) | ➡ | Szukamy przystojnego mężczyzny. 우리는 잘생긴 남자를 찾고 있습니다. |
|---|---|---|---|---|---|
| | 무생물 | | interesujący film (재미있는 영화) | | Szukamy interesującego filmu. 우리는 재미있는 영화를 찾고 있습니다. |
| 중성 | | | dobre radio (좋은 라디오) | | Szukamy dobrego radia. 우리는 좋은 라디오를 찾고 있습니다. |
| 여성 | | | twoja szkoła (너의 학교) | | Szukamy twojej szkoły. 우리는 너의 학교를 찾고 있습니다. |

## 2인칭 단수

| 남성 | 생물 | szukać 2인칭 단수 szukasz | miły nauczyciel (친절한 선생님) | ⇒ | Szukasz miłego nauczyciela? 너는 친절한 선생님을 찾고 있니? |
| | 무생물 | | dobry telefon (좋은 전화기) | | Szukasz dobrego telefonu? 너는 좋은 전화기를 찾고 있니? |
| 중성 | | | koreańskie jedzenie (한국 음식) | | Szukasz koreańskiego jedzenia? 너는 한국 음식을 찾고 있니? |
| 여성 | | | dobra restauracja (좋은 식당) | | Szukasz dobrej restauracji? 너는 좋은 식당을 찾고 있니? |

## 2인칭 복수

| 남성 | 생물 | szukać 2인칭 복수 szukacie | piękny kot (예쁜 고양이) | ⇒ | Szukacie pięknego kota? 너희들은 예쁜 고양이를 찾고 있니? |
| | 무생물 | | szybki pociąg (빠른 기차) | | Szukacie szybkiego pociągu? 너희들은 빠른 기차를 찾고 있니? |
| 중성 | | | dobre łóżko (좋은 침대) | | Szukacie dobrego łóżka? 너희들은 좋은 침대를 찾고 있니? |
| 여성 | | | smaczna czekolada (맛있는 초콜릿) | | Szukacie smacznej czekolady? 너희들은 맛있는 초콜릿을 찾고 있니? |

## 3인칭 단수

| 남성 | 생물 | szukać 3인칭 단수 szuka | dobry przyjaciel (좋은 친구) | ⇒ | Szuka dobrego przyjaciela. (그/그녀는) 좋은 친구를 찾고 있습니다 |
| | 무생물 | | dobry długopis (좋은 볼펜) | | Szuka dobrego długopisu. (그/그녀는) 좋은 볼펜을 찾고 있습니다. |
| 중성 | | | moje dziecko (나의 아이) | | Szuka mojego dziecka. (그/그녀는) 나의 아이를 찾고 있습니다. |
| 여성 | | | wysoka góra (높은 산) | | Szuka wysokiej góry. (그/그녀는) 높은 산을 찾고 있습니다. |

## 3인칭 복수

| 남성 | 생물 | szukać 3인칭 복수 szukają | twój dziadek (너의 할아버지) | ⇒ | Szukają twojego dziadka. (그들은/그녀들은) 너의 할아버지를 찾고 있습니다. |
| | 무생물 | | dobry samochód (좋은 자동차) | | Szukają dobrego samochodu. (그들은/그녀들은) 좋은 자동차를 찾고 있습니다. |
| 중성 | | | dobre biurko (좋은 책상) | | Szukają dobrego biurka. (그들은/그녀들은) 좋은 책상을 찾고 있습니다. |
| 여성 | | | twoja matka (너의 어머니) | | Szukają twojej matki. (그들은/그녀들은) 너의 어머니를 찾고 있습니다. |

# 연 | 습 | 문 | 제

**1** 다음 보기와 같이 질문에 대한 부정문을 만들어 보세요.

> | 보기 | Masz dobre piwo? 너는 좋은 맥주가 있니?
>
> ▶ Nie, nie mam dobrego piwa. 아니. 나는 좋은 맥주가 없어.

(1) Masz ciekawą książkę? 너는 흥미로운 책이 있니?

▶ _____  아니. 나는 흥미로운 책이 없어.

(2) Ona ma małego psa? 그녀는 작은 개가 있니?

▶ _____  아니. 그녀는 작은 개가 없어.

(3) Oni mają wygodne biurko? 그들은 편안한 책상이 있니?

▶ _____  아니. 그들은 편안한 책상이 없어.

(4) Macie miłego nauczyciela? 너희들은 친절한 선생님 계시니?

▶ _____  아니. 우리는 친절한 선생님이 안 계셔.

**2** 다음 그림을 보고 보기와 같이 찾고 있는 물건에 대해 문장을 만들어 보세요.

> | 보기 |
>
>
>
> **wygodny hotel**
>
> 그는 편안한 호텔을 찾고 있습니다.
>
> ▶ On szuka wygodnego hotelu.

**duży basen**

(1) 그녀는 큰 수영장을 찾고 있습니다.

▶ _____

**wysoka góra**

(2) 그들은 높은 산을 찾고 있습니다.

▶ _____

**ładna pocztówka**

(3) 그는 예쁜 엽서를 찾고 있습니다.

▶ _____

136 The 바른 폴란드어

**3** Jeżeli, żeby를 이용하여 어울리는 문장을 만들어 보세요.

(1) Jeżeli jest ładna pogoda,  •    • ⓐ żeby wieczorem gotować kolację.

(2) Uczę się języka angielskiego,  •    • ⓑ chcę długo spacerować.

(3) Jeśli mam czas wieczorem,  •    • ⓒ możemy dzisiaj razem robić zakupy.

(4) Robię zakupy,  •    • ⓓ żeby szukać dobrej pracy.

(5) Jeżeli znasz tani sklep,  •    • ⓔ lubię grać w gry komputerowe.

**4** 다음을 듣고 빈칸에 들어갈 내용을 채워 보세요.　🎧 MP3 21

(1) Co robisz?

▶ Nie mam gotówki, dlatego szukam _____.

(2) Dzień dobry, poproszę bilet _____.

▶ Ten bilet kosztuje _____ złotych.

(3) "Hotel Plaza", słucham?

▶ Chcę rezerwować pokój _____ na _____.

(4) _____ masz czas wieczorem, możemy razem grać w piłkę nożną.

▶ Niestety muszę uczyć się, _____ dobrze pisać test.

## [ 대중교통 transport publiczny ]

| | | | |
|---|---|---|---|
| samolot | 비행기 | pociąg | 기차 |
| autobus | 버스 | peron | 플랫폼(승강장) |
| tramwaj | 트램(전차) | metro | 지하철 |
| taksówka | 택시 | bilet normalny | 일반권(표) |
| bilet ulgowy | 학생권(표) | bilet dobowy | 종일권(표) |
| bilet miesięczny | 월간권(표) | automat biletowy | 표 자동 판매기 |
| konduktor | 검표원 | przyjeżdżać | 도착하다 |
| odjeżdżać | 출발하다 | przesiadać się | 환승하다 |

## [ 여행 준비 & 계획 세우기 przygotowanie i planowanie wycieczki ]

| | | | |
|---|---|---|---|
| hotel | 호텔 | hostel | 호스텔 |
| pensjonat | 게스트 하우스 | recepcja | 접수처 |
| turysta | 관광객 | mapa | 지도 |
| pamiątka | 기념품 | pocztówka | 엽서 |
| bagaż | 짐 | urlop | 휴가 |
| śpiwór | 침낭 | przewodnik | 가이드 |
| pokój jednoosobowy | 1인실 | pokój dwuosobowy | 2인실 |

# 문화로 배우는 폴란드어

## ≪폴란드에서 꼭 가봐야 하는 명소 - 바르샤바(Warszawa)편 2부≫

### • 바르샤바의 심장, 쇼팽박물관 (Muzeum Fryderyka Chopina)

폴란드를 사랑한 쇼팽의 유언대로 쇼팽의 심장은 이곳 바르샤바에 묻혀 있습니다. 바르샤바를 방문하면 이곳 쇼팽 박물관은 필수적으로 들러야 하는 코스가 되었습니다. 전 세계의 음악 천재들이 쇼팽의 음악을 배우기 위해 폴란드로 유학하는데, 쇼팽의 고향인 만큼 쇼팽 음악 경연 대회는 세계적으로도 알아주는 경연입니다. 이 박물관은 쇼팽의 일생을 들여다보고, 그의 영혼을 담은 음악들을 감상할 수 있는 곳으로 내부에 들어가면 조용하고 엄숙한 분위기에서 관람하게 됩니다. 전 세계인들의 방문지인 만큼 관리자가 박물관의 구조, 관람 순서, 주의사항 등을 이야기해주고 언어 가이드도 제공해줍니다.

### • 폴란드의 베르샤유 궁전, 빌라노프 궁전 (Pałac w Wilanowie)

프랑스에 베르사유 궁전이 있다면, 폴란드에는 빌라노프 궁전이 있습니다. 이 궁전은 죽기 전에 봐야 할 세계 역사유적 1,001 중 하나로 꼽힐 만큼 세계적으로 유명한 바로크 양식의 저택입니다. 규모가 그리 크지는 않지만, 아름다운 외관으로 인해 관광 명소가 된 곳입니다. 고전적이며 여성성이 강한 궁전으로, 현재 이곳에서는 소규모로 결혼식을 진행하거나, 다양한 행사를 개최하기도 합니다. 내부에는 폴란드의 역사를 볼 수 있는 총과 총포 외에 여러 유품 등이 남아있습니다. 그리고 건물 뒤쪽으로 나가면 뒤뜰을 볼 수 있는데 잘 정리되어 있어 조형의 아름다움을 느낄 수 있는 곳이기도 합니다.

### • 쇼팽의 음악이 울려 퍼지는 와지엔키 공원 (Łazienki Królewskie)

바르샤바 중심에서 조금 떨어진 곳으로 많은 관광객들이 찾아오는 명소이기도 합니다. 그 이유는 바로 쇼팽 동상 때문입니다. 쇼팽은 암울했던 시절을 음악으로 승화시키며 폴란드인을 달랬던 대표적인 폴란드 인물로 알려져 있습니다. 러시아 지배 당시, 쇼팽 음악을 듣는 것을 금지시키고 제1차 세계대전에는 쇼팽의 동상을 폭파시키는 등, 암울한 역사를 지닌 공원이기도 합니다. 하지만 각고의 노력 끝에 정부와 조각가들이 합심하여 다시 재건한 동상으로 여전히 와지엔키 공원에서 울려 퍼지는 쇼팽의 음악은 사람들을 위로하기에 충분합니다. 또한, 이곳은 폴란드 왕이 수렵 후 목욕을 하였다고 전해져 목욕탕의 뜻을 가진 "łazienka(와지엔카)"에서 유래되었습니다.

### • 폴란드인의 자랑, 퀴리 부인 박물관 (Muzeum Marii Skłodowskiej-Curie)

건물 사이에 자리 잡은 퀴리 부인 박물관은 마음먹고 찾지 않으면 찾기 힘든 곳이기도 합니다. 이 박물관은 1967년 퀴리 부인이 태어난 곳에 설립되어 그 의미가 있는 곳이기도 합니다. 주로 퀴리 부인과 그녀의 아버지와 남편이 사용한 평범한 물건들이 전시되어 있습니다. 퀴리 부인의 일생과 업적이 담긴 소박하지만 알차게 구성된 이곳도 바르샤바에서 꼭 들려야 할 명소 중 하나입니다.

# 11

# Jak dojść do zamku?

성에 어떻게 가나요?

미나는 마렉의 도움을 받아, 혼자서 크라쿠프로 여행을 떠납니다. 크라쿠프에 도착한 미나는 성으로 가는 길을 몰라 헤매게 되고, 폴란드 사람의 도움으로 길을 찾게 됩니다. 미나는 시내에서 엽서를 사고, 옆에 있는 커피숍에서 점원과 대화를 나눕니다.

| Mina | Przepraszam, potrzebuję pomocy. |
| --- | --- |
| Michał | Tak, słucham? Jak mogę pomóc? |
| Mina | Chcę iść zwiedzać zamek, czy wie pan jak mogę tam dojść? |
| Michał | Tak, wiem. Zamek jest bardzo blisko. Najpierw proszę iść prosto do skrzyżowania i tam skręcić w prawo. Od skrzyżowania to jest około 5 minut. Zamek jest obok uniwersytetu. |
| Mina | Dziękuję za pomoc. |

(기념품가게에서)

| Mina | Dzień dobry. Chcę kupić pamiątkę dla mojego przyjaciela. Co pani proponuje? |
| --- | --- |
| Kasjerka | Mamy ładne i niedrogie pocztówki. Teraz u nas mamy promocję. Jeżeli kupi pani pocztówkę, wysyłamy ją za darmo do adresata. |
| Mina | Dobrze, poproszę jedną pocztówkę. Nie ma dodatkowej opłaty za wysyłkę? |
| Kasjerka | Tak, pocztówka kosztuje 5 złotych i wysyłka jest bezpłatna. |

(커피숍에서)

| Kasjer | Dzień dobry, co dla pani? |
| --- | --- |
| Mina | Dzień dobry, poproszę czarną kawę bez cukru. |
| Kasjer | Uczy się pani języka polskiego? Skąd pani jest? |
| Mina | Jestem z Korei i uczę się języka polskiego. Ponadto, lubię też słuchać polskiej muzyki. *(słuchając muzyki w kawiarni)* Czy to jest polska piosenka? |
| Kasjer | Tak, to jest polska piosenka. Proszę, to jest pani kawa. |

### 해석

| 미나 | 실례합니다. 도움이 필요해서요. |
| --- | --- |
| 미하우 | 네, 어떻게 도와드릴까요? |
| 미나 | 성을 보러 가고 싶은데, 어떻게 가는지 아시나요? |
| 미하우 | 네, 알아요. 성은 아주 가까워요. 먼저, 사거리까지 쭉 걸어가신 후에 오른쪽으로 돌아가시면 됩니다. 사거리에서 약 5분 정도 걸립니다. 성은 대학교 바로 옆에 있습니다. |
| 미나 | 감사합니다. |

(기념품 가게에서)

| 미나 | 안녕하세요. 친구를 위해 기념품을 사고 싶은데요. 추천해 주실 수 있나요? |
| --- | --- |
| 직원 | 저희 가게에는 예쁘고 저렴한 엽서들이 있습니다. 지금 우리 가게에서는 프로모션을 진행하고 있습니다. 엽서를 사면, 받는 분께 무료로 배송해 드립니다. |

| 미나 | 좋아요, 엽서 한 장 주세요. 보내는데 추가 요금은 없는 거죠? |
| --- | --- |
| 직원 | 네, 엽서는 5즈워티이고 배송은 무료입니다. |

(커피숍에서)

| 직원 | 어서 오세요, 무엇을 드릴까요? |
| --- | --- |
| 미나 | 안녕하세요, 무설탕 블랙커피 한 잔 부탁드립니다. |
| 직원 | 폴란드어를 공부하시나요? 어디에서 오셨어요? |
| 미나 | 저는 한국에서 왔고, 폴란드어를 공부하고 있습니다. 또한, 폴란드 음악 듣는 것을 좋아합니다. *(나오는 음악을 들으면서)* 이 음악은 폴란드 노래인가요? |
| 직원 | 네, 폴란드 노래예요. 여기 커피 있습니다. |

### ☆ 새단어 słówka

- **potrzebować** 필요하다 · **zwiedzać** 구경하다 · **zamek** 성 · **dojść** ~로 가다 · **blisko** 가까이 · **skrzyżowanie** 사거리
- **skręcić** 돌다 · **w prawo** 오른쪽에 · **obok** 옆에 · **pamiątka** 기념품 · **przyjaciel** 친구(남) · **proponować** 추천하다
- **pocztówka** 엽서 · **promocja** 프로모션 · **dodatkowa opłata** 추가비용 · **bezpłatna = za darmo** 무료로
- **adresat** 수령인 · **czarna kawa** 블랙커피 · **bez cukru** 무설탕 · **ponadto** 또한 · **piosenka** 노래

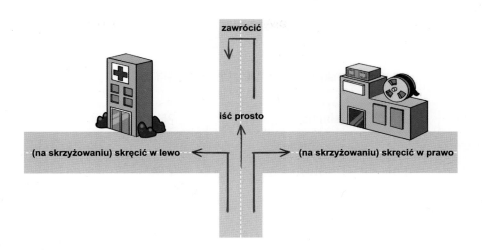

**단어** 방향 kierunki

| (na skrzyżowaniu) skręcić w lewo | (사거리에서) 왼쪽으로 가다 |
|---|---|
| (na skrzyżowaniu) skręcić w prawo | (사거리에서) 오른쪽으로 가다 |
| iść prosto | 직진하다 |
| zawrócić | 돌아가다 |
| przejść na drugą stronę | 건너편으로 가다 |

**표현** 방향에 대해 질문하기

| Gdzie jest ~? <br> ~는 어디입니까? | Gdzie jest bank? <br> 은행은 어디에 있습니까? |
|---|---|
| Jak dojechać do ~? <br> ~로 무엇을 타고 갈 수 있습니까? | Jak dojechać do dworca autobusowego? <br> 버스 정류장까지 무엇을 타고 갈 수 있습니까? |
| Jak dojść do ~? <br> ~로 어떻게 갈 수 있습니까? | Jak dojść do kina? <br> 극장에 가려면 어떻게 가야 하나요? |
| Jak daleko jest ~? <br> ~는 얼마나 걸립니까? | Jak daleko jest supermarket? <br> 슈퍼마켓까지 얼마나 걸리나요? |
| Na którym przystanku wysiąść? <br> 어느 정류장에서 내려야 합니까? | Chcę jechać do muzeum. Na którym przystanku wysiąść? <br> 박물관에 가고 싶습니다. 어느 정류장에서 내려야 합니까? |
| Czy to jest właściwa droga do ~? <br> ~로 가려면 이 길이 맞습니까? | Czy to jest właściwa droga do parku? <br> 공원으로 가려는데 이 길이 맞나요? |

## 문법

### 1. słuchać (~를 듣다)

Słuchać는 "~를 듣다"라는 의미로 자칫 목적격을 취하는 동사로 생각하기 쉽지만, słuchać 자체 동사가 뒤에는 소유격을 취하는 동사를 쓰라는 규칙을 만들어 반드시 소유격을 취해야 합니다.

| słuchać + (소유격 형용사) + 소유격 명사 |
|:---:|

| 단수/복수 | 주격 | słuchać (~를 듣다) | | 구분 | 형용사 단수 | 명사 단수 |
|---|---|---|---|---|---|---|
| 1인칭 단수 | ja | słucham | | | | |
| 1인칭 복수 | my | słuchamy | **+** | 남성 생물 | -ego | -a |
| 2인칭 단수 | ty | słuchasz | | 남성 무생물 | -ego | -u |
| 2인칭 복수 | wy | słuchacie | | 중성 | -ego | -a |
| 3인칭 단수 | on/ono/ona | słucha | | 여성 | -ej | -y, -i (k,g) |
| 3인칭 복수 | oni/one | słuchają | | | | |

### 예시

#### 1인칭 단수, 1인칭 복수

| słuchać + 소유격 + (형용사) + 명사 | | | |
|---|---|---|---|
| 단수/복수 | 주격 | 소유격 | 완벽한 문장 |
| słuchać<br>1인칭 단수<br>słucham | koreańska muzyka<br>(한국 음악) | koreańskiej muzyki | Słucham koreańskiej muzyki.<br>나는 한국 음악을 듣고 있습니다. |
| | surowy nauczyciel<br>(엄격한 선생님) | surowego nauczyciela | Słucham surowego nauczyciela.<br>나는 엄격한 선생님의 소리를 듣고 있습니다. |
| słuchać<br>1인칭 복수<br>słuchamy | śmieszny żart<br>(웃긴 농담) | śmiesznego żartu | Słuchamy śmiesznego żartu.<br>우리는 웃긴 농담을 듣고 있습니다. |
| | ciekawa historia<br>(재미있는 역사) | ciekawej historii | Słuchamy ciekawej historii.<br>우리는 재미있는 역사를 듣고 있습니다. |

#### 2인칭 단수, 2인칭 복수

| słuchać + 소유격 + (형용사) + 명사 | | | |
|---|---|---|---|
| 단수/복수 | 주격 | 소유격 | 완벽한 문장 |
| słuchać<br>2인칭 단수<br>słuchasz | mój głos<br>(나의 목소리) | mojego głosu | Słuchasz mojego głosu?<br>너는 나의 목소리를 듣고 있니? |
| | dobra piosenka<br>(좋은 노래) | dobrej piosenki | Słuchasz dobrej piosenki?<br>너는 좋은 노래를 듣고 있니? |
| słuchać<br>2인칭 복수<br>słuchacie | opinia kolegi<br>(친구의 의견) | opinii kolegi | Słuchacie opinii kolegi.<br>너희들은 친구의 의견을 듣고 있습니다. |
| | piękny koncert<br>(아름다운 콘서트) | pięknego koncertu | Słuchacie pięknego koncertu.<br>너희들은 아름다운 콘서트를 듣고 있습니다. |

3인칭 단수, 3인칭 복수

| słuchać + 소유격 + (형용사) + 명사 | | | |
|---|---|---|---|
| 단수/복수 | 주격 | 소유격 | 완벽한 문장 |
| słuchać<br>3인칭 단수<br>słucha | polskie radio<br>(폴란드 라디오) | polskiego radia | Słucha polskiego radia.<br>(그/그녀는) 폴란드 라디오를 듣고 있습니다. |
| | polecenie szefa<br>(상사의 지시) | polecenia szefa | Słucha polecenia szefa.<br>(그/그녀는) 상사의 지시를 듣고 있습니다. |
| słuchać<br>3인칭 복수<br>słuchają | nowa wiadomość<br>(새로운 소식) | nowej wiadomości | Słuchają nowej wiadomości.<br>(그들은/그녀들은) 새로운 소식을 듣고 있습니다. |
| | śmiech dziecka<br>(아이의 웃음소리) | śmiechu dziecka | Słuchają śmiechu dziecka.<br>(그들은/그녀들은) 아이의 웃음소리를 듣고 있습니다. |

## 2. 소유격을 취하는 전치사

다음에 나오는 전치사 뒤의 형용사와 명사는 반드시 소유격 어미 활용에 따라 변형이 이루어집니다.

| 소유격 전치사 | 전치사 예문 |
|---|---|
| bez (~없이) | Bez pieniędzy nie mogę kupić biletu. 돈 없이는 표를 살 수 없습니다. |
| dla (~를 위해) | Chcę kupić samochód dla mojej matki. 나의 어머니를 위해 자동차를 사고 싶습니다. |
| u (~집에) | U babci w domu jest duże pianino. 할머니 댁에는 큰 피아노가 있습니다. |
| z (~로 부터) | Jestem z Korei Południowej. 나는 한국에서 왔습니다. |
| do (~에) | Wieczorem często chodzę do kina. 나는 저녁에 자주 극장에 갑니다. |
| obok (~옆에) | Obok szkoły jest dobra restauracja. 학교 옆에는 좋은 식당이 있습니다. |
| od (~로 부터) | Dostałem od dziewczyny piękny prezent. 나는 여자친구로부터 예쁜 선물을 받았습니다. |

## 3. 인칭대명사의 소유격: 소유격의 인칭대명사의 활용

### (1) 소유격 동사 뒤에서 목적의 의미로 쓰일 때

| 주격 | | 소유격 | | 소유격 | 주격 |
|---|---|---|---|---|---|
| ja | szukać<br>(~를 찾다) | mnie | szukać<br>(~를 찾다) | nas | my |
| ty | | ciebie/cię | | was | wy |
| on/ono | | go | | ich | oni/one |
| ona | | jej | | | |

## (2) nie + 목적격 = 소유격 + 인칭대명사 (소유격)으로 쓰일 경우

| 주격 | | 소유격 | | 소유격 | 주격 |
|---|---|---|---|---|---|
| ja | nie pamiętam<br>(~를 기억하지 못한다) | mnie | nie pamiętam<br>(~를 기억하지 못한다) | nas | my |
| ty | | ciebie/cię | | was | wy |
| on/ono | | go | | ich | oni/one |
| ona | | jej | | | |

## (3) 위의 전치사와 함께 쓸 때

| 주격 | | 소유격 | | 소유격 | 주격 |
|---|---|---|---|---|---|
| ja | dla +<br>(~를 위해) | mnie | dla +<br>(~를 위해) | nas | my |
| ty | | ciebie | | was | wy |
| on/ono | | niego | | nich | oni/one |
| ona | | niej | | | |

> **Tip!**
> • 인칭대명사의 소유격은 전치사와 만나면 "n"이 붙은 인칭대명사로 씁니다.   예) bez jej : (X)   bez niej : (○)

## 4. jechać *vs* iść, chodzić *vs* jeździć (~에 가다)

Jechać와 iść는 "타고 가다, 걸어서 가다"라는 의미 상의 차이점이 있습니다. Jechać와 iść는 "~로"와 같은 장소 관련 소유격 전치사와 유동적으로 쓰입니다. 특히 jechać는 "~를 타고 가다"는 의미로 교통수단을 나타내는 기구격을 쓰는 것이 일반적입니다.

| jechać (단발성)<br>(타고 가다) | 주격 단수 | 동사 변형 | 주격 복수 | 동사 변형 |
|---|---|---|---|---|
| 1인칭 | ja | jadę | my | jedziemy |
| 2인칭 | ty | jedziesz | wy | jedziecie |
| 3인칭 | on/ono/ona | jedzie | oni/one | jadą |

| iść (단발성)<br>(걸어서 가다) | 주격 단수 | 동사 변형 | 주격 복수 | 동사 변형 |
|---|---|---|---|---|
| 1인칭 | ja | idę | my | idziemy |
| 2인칭 | ty | idziesz | wy | idziecie |
| 3인칭 | on/ono/ona | idzie | oni/one | idą |

Chodzić와 jeździć는 "걸어서 가다, 타고 가다"라는 의미 상의 차이점이 있습니다. 같은 의미인 iść와 jechać의 차이는 전자는 반복적, 습관적인 행동을 의미하고, 후자는 단발성, 일회성의 행동을 의미할 때 쓰는 단어입니다.

| chodzić (반복성)<br>(걸어서 가다) | 주격 단수 | 동사 변형 | 주격 복수 | 동사 변형 |
|---|---|---|---|---|
| 1인칭 | ja | chodzę | my | chodzimy |
| 2인칭 | ty | chodzisz | wy | chodzicie |
| 3인칭 | on/ono/ona | chodzi | oni/one | chodzą |

| jeździć (반복성)<br>(타고 가다) | 주격 단수 | 동사 변형 | 주격 복수 | 동사 변형 |
|---|---|---|---|---|
| 1인칭 | ja | jeżdżę | my | jeździmy |
| 2인칭 | ty | jeździsz | wy | jeździcie |
| 3인칭 | on/ono/ona | jeździ | oni/one | jeżdżą |

Jechać와 iść(단발성 가다 동사) chodzić와 jeździć(반복성 가다 동사)는 일반적으로 do + 소유격이 일반적이나, 가는 목적의 의미가 뚜렷할 때에는 na + 목적격으로 활용할 수 있습니다. 또한, 몇 개의 명사들은 예외적으로 do 대신에 na를 쓰는 경향이 있습니다.

| do + 소유격 또는 na + 목적격 : jechać와 iść(단발성 가다 동사) chodzić와 jeździć(반복성 가다 동사) | | | |
|---|---|---|---|
| 구분 | | Do + 소유격 | Na + 목적격 |
| 반복성<br>가다 동사 | chodzić (걸어 가다)<br>jeździć (타고 가다) | do szkoły 학교에 / do kina 극장에<br>do sklepu 가게에 | na pocztę 우체국에<br>na uniwersytet 대학교에<br>na przystanek 정류장에 |
| 단발성<br>가다 동사 | iść (걸어 가다)<br>jechać (타고 가다) | do pracy 직장에 / do parku 공원에<br>do szpitala 병원에 | |

**Tip!**

- 일반 병원을 간다고 이야기 할 경우에는 do lekarza로 표현을 하고,
종합병원과 같은 큰 병원을 가는 경우에는 do szpitala로 표현을 합니다.

- 목적의 의미가 뚜렷할 때 : na + 목적격
na film 영화 보러        na zakupy 장 보러        na koncert 콘서트 보러        na obiad/kolację 점심/저녁 먹으러
na lekcję 수업에

## 5. 소유격을 만나면 변하는 kto, co

| 주격 | 목적격 | 소유격 | 예시 |
|---|---|---|---|
| 누가 | kogo | kogo | Kogo szukasz? 누구를 찾고 있니? |
| 무엇 | co | czego | Czego nie masz? 무엇을 가지고 있지 않니? |

# 연 | 습 | 문 | 제

**1** 다음 그림을 보고 보기와 같이 질문에 답해 보세요.

| 보기 |

Przepraszam, gdzie jest kino? 실례합니다만, 극장은 어디입니까?

▶ Proszę iść prosto i na skrzyżowaniu skręcić w prawo.
직진 하신 후, 사거리에서 오른쪽으로 가세요.

(1) Przepraszam, gdzie jest szpital?
실례합니다만, 병원은 어디입니까?

▶ _____
직진 하신 후, 사거리에서 왼쪽으로 가세요.

(2) Przepraszam, jak dojechać do muzeum?
실례합니다만, 무엇을 타고 박물관으로 갈 수 있습니까?

▶ _____
17번 버스를 타세요.

(3) Przepraszam, jak daleko jest supermarket?
실례합니다만, 슈퍼켓까지 얼마나 걸립니까?

▶ _____
5분 동안 직진하세요.

**2** 소유격 전치사를 이용하여 다음 질문에 답해 보세요.

| 보기 | Bez czego nie możesz jechać autobusem? (bilet) 무엇이 없으면 버스를 탈 수 없습니까?

▶ Nie mogę jechać autobusem bez biletu. 표 없이 버스를 탈 수 없습니다.

(1) Gdzie jest twój plecak? (obok + łóżko) 너의 가방은 어디 있니?

▶ _____ 내 가방은 침대 옆에 있어.

(2) Od kogo Magda dostała pożyczkę? (babcia) 마그다 (Magda)는 누구로부터 돈을 빌렸니?

▶ _____ 마그다 (Magda)는 할머니로부터 돈을 빌렸어.

(3) U kogo w garażu jest samochód? (wujek) 누구 집 차고에 자동차가 있습니까?

▶ _____ 삼촌 집의 차고에 자동차가 있습니다.

(4) Dla kogo oni śpiewają piosenkę? (córka) 그들은 누구를 위해 노래를 부릅니까?

▶ _____ 그들은 딸을 위해 노래를 부릅니다.

| 보기 |　Gdzie często chodzisz w sobotę? (kino) 토요일에 어디를 자주 가니?

▶ <u>W sobotę często chodzę do kina.</u> 토요일에 자주 극장에 가.

(1) Dokąd oni jeżdżą po pracy? (zakupy) 그들은 회사 일 끝나고 어디에 (타고) 가?

▶ _____ 그들은 회사 일 끝나고 장 보러 (타고) 가.

(2) Gdzie Minsu chodzi z dziewczyną na randki? (wystawa) 민수는 여자친구와 어디로 데이트하러 가?

▶ _____ 민수는 여자친구와 전시회를 보러 가.

(3) Gdzie lubisz chodzić wieczorem? (biblioteka) 너는 저녁에 어디 가는 것을 좋아해?

▶ _____ 나는 저녁에 도서관 가는 것을 좋아해.

(4) Dokąd idziesz na spacer? (park) 너는 어디로 산책하러 가?

▶ _____ 나는 공원으로 산책하러 가.

**4** 다음을 듣고 빈칸에 들어갈 내용을 채워 보세요.　　　　　　　　🎧 MP3 **23**

(1) Przepraszam, gdzie jest kościół?

▶ Proszę iść prosto i na skrzyżowaniu _____.

(2) Gosia, jakiej _____ często słuchasz?

▶ Często słucham _____.

(3) Gdzie zwykle _____ w sobotę?

▶ W sobotę zwykle chodzę _____, żeby oglądać film.

(4) Musisz dzisiaj jechać _____?

▶ Nie, dzisiaj mam czas i mogę iść _____.

## [ 색깔 kolory ]

| | | | |
|---|---|---|---|
| czarny | 검은색 | czerwony | 빨간색 |
| brązowy | 갈색 | różowy | 분홍색 |
| szary | 회색 | fioletowy | 보라색 |
| biały | 흰색 | niebieski | 하늘색 |
| żółty | 노란색 | zielony | 녹색 |

## [ 자연 natura ]

| | | | |
|---|---|---|---|
| góra | 산 | jezioro | 호수 |
| rzeka | 강 | las | 숲 |
| wybrzeże | 해안 | morze | 바다 |
| niebo | 하늘 | słońce | 해(태양) |
| księżyc | 달 | wzgórze | 언덕 |
| pustynia | 사막 | pole | 밭 |

## [ 날씨 pogoda ]

| 어울리는 동사 | 폴란드어 | 한국어 | 예문 |
|---|---|---|---|
| padać<br>(오다 / 내리다) | deszcz | 비 | Czy w Korei często pada deszcz? 한국에는 비가 자주 오니? |
| | śnieg | 눈 | Nie mogę grać w piłkę nożną, ponieważ pada śnieg.<br>눈이 와서 나는 축구를 못합니다. |
| | grad | 우박 | Pada grad! 우박이 내립니다! |
| wiać<br>(불다) | wiatr | 바람 | Wiesz czy dzisiaj wieje mocny wiatr?<br>오늘 바람이 강하게 부는지 너는 아니? |
| być<br>(이다) | ciepło | 따뜻하다 | W moim pokoju jest ciepło. 나의 방은 따뜻합니다. |
| | gorąco | 덥다 | Gdy jest gorąco, często piję wodę.<br>더우면, 나는 물을 자주 마십니다. |
| | zimno | 춥다 | W piwnicy jest zimno. 지하실은 춥습니다. |
| | pochmurnie | 안개 끼다 | Dzisiaj jest pochmurnie. 오늘은 안개가 자욱합니다. |
| | słonecznie | 맑다 | Gdy jest słonecznie, chodzę do parku.<br>날씨가 맑으면, 공원에 갑니다. |

# 문화로 배우는 폴란드어

## 폴란드 명소 Ⅲ

## ≪폴란드에서 꼭 가봐야 하는 명소 – 크라쿠프(Kraków)≫

### • 크라쿠프의 중심지, 바벨성(Wawel), 야기엘론스키 대학교(Uniwersytet Jagielloński), 카테드랄 대성당

폴란드 옛 수도의 명성을 보여주는 바벨성은 아름다운 비스와 강의 물줄기를 타고 그 언덕 너머에 굳건히 자신의 자리를 지키고 있습니다. 왕의 처소였던 이 바벨 성 밑 강변을 걸어가다 보면, 용의 동상을 찾아볼 수 있습니다. 전설 속에 등장하는 용의 동상은 20~30초 간격으로 불을 뿜어내며 지금까지도 바벨 성을 지키고 있습니다. 성의 내부에는 화려한 문양을 잘 찾아볼 수 없는데, 이는 오랜 세기 동안 이민족의 침입이 빈번했음을 보여준다고 합니다.

크라쿠프의 시내에서는 교황 요한 바오로 2세와 코페르니쿠스가 수학한 명성 높은 야기엘론스키 대학교도 볼 수 있습니다. 폴란드에서 가장 오래된 역사를 자랑하는 대학교로, 많은 한국 학생들이 수학하는 곳이기도 합니다. 역대 폴란드 왕과 왕비, 영웅이 묻혀 있는 사당인 카테드랄 (cathedral) 성당은 요한 바오로 2세가 젊었을 때 사제 생활을 했던 곳으로 입구 계단 왼편에는 특이한 뼈가 체인으로 묶여 걸려있는데, 전설에 따르면 이러한 체인이 끊어지고 뼈가 바닥에 떨어지면 지구의 종말을 알리는 신호로 풀이된다고 합니다. 또한, 영화 『쉰들러 리스트』의 배경이 된 곳도 크라쿠프의 구시가지입니다.

### • 제2차 세계대전의 참혹한 역사를 말하다, 아우슈비츠 비르케나우

엄숙함이 느껴지는 제2차 세계대전 당시의 잔혹한 양상을 여과 없이 볼 수 있는 곳이 바로 아우슈비츠 수용소, 비르케나우입니다. 영화 『쉰들러 리스트』와 소설 『안네의 일기』의 배경이 된 곳이기도 합니다. 제2차 세계대전 당시 유대인의 수용소 역할을 하였고, 당시 학살당한 사람들의 머리카락·안경·소지품 등을 보관해 놓았으며, 당시 수용소에 갇혀있던 사람들의 사진·철조망·막사·교수대·가스실·소각장 등 대량 학살의 현장을 고스란히 볼 수 있습니다. "일하면 자유롭게 된다"라는 문구가 새겨 있는 정문을 들어서면 가슴이 먹먹해지며 실로 엄숙함이 느껴지기도 합니다. 그리고 아우슈비츠는 세계유네스코로 등재되었습니다.

### • 유럽에서 가장 오랜 역사를 지닌 비엘리치카 소금광산

1978년 세계유산에 등재된 비엘리치카 소금광산은 세계 12대 관광지로 알려져 있습니다. 바닷물이 증발–압축되어 점토 안에 갇혀 비엘리치카 소금광산이 만들어졌으며 이는 실로 200만년 전에 형성된 자연이 만든 선물로 여기고 있습니다. 소금 광산은 혼자서는 입장이 불가하며 교육을 받은 가이드와 함께 입장이 가능합니다. 무려 378개의 나무 계단을 내려가면 소금을 제거해서 생긴 2,040여 개의 방이 있으며, 모든 방을 연결하는 복도는 다양한 크기로 이루어져 있습니다. 2,040여 개의 방을 4명의 평범한 광부들이 오랜 시간에 걸쳐 완성하였다는 것이 실로 놀랍습니다. 2,040여 개의 방에는 코페르니쿠스·성 안토니의 예배실·카슈미르 대왕의 방·불에 탄 방·웃으면 행운이 찾아온다는 페에스코와 스카바 방·절대 늙지 않는다는 요정들의 방·성모 마리아상이 있는 성 십자가 예배당 등이 있으며, 그중 전설의 방으로 불리는 킹가 공주의 방은 눈여겨 볼 필요가 있습니다.

전설에 따르면, 킹가 공주는 헝가리 왕의 딸로, 폴란드의 볼레 슬라프 왕에게 시집을 가게 되었습니다. 킹가 공주는 약혼반지를 광산 구덩이 속에 던졌는데, 구덩이를 깊게 파자 수많은 소금들이 나왔고, 그 이후부터 소금광산의 수호성인이 되었습니다. 그 이후로 광산에서 가장 오래된 전설의 주인공인 킹가 공주를 조각으로 만들었습니다.

# 12

# Interesuję się fotografią.

나는 사진 찍는 것에 관심이 있습니다.

크라쿠프로 여행을 다녀온 미나는 크라쿠프에서 사온 엽서를 마렉에게 선물합니다.
공원 벤치에 앉아 여행에서 찍은 사진들을 들여다보며 서로의 취미와 직업에 관하여
이야기를 나눕니다.

회화

🔘 MP3 **24**

(공원에서)

| | |
|---|---|
| Mina | Marek, mam dla ciebie prezent. To jest pocztówka z Krakowa. |
| Marek | Dziękuję, ta pocztówka jest bardzo ładna. Czy mogę zobaczyć twoje zdjęcia z wycieczki? |

(사진을 보는 마렉)

| | |
|---|---|
| Marek | Mina, robisz bardzo dobre zdjęcia. Interesujesz się fotografią? |
| Mina | Tak, bardzo interesuję się fotografią. Chcę zostać sławnym fotografem. A ty, Marek? Czym się interesujesz? |
| Marek | Ja interesuję się historią i polityką. Lubię też grać w piłkę nożną. |
| Mina | Ja też interesuję się historią. |
| Marek | A lubisz zajmować się domem? |
| Mina | Nie, ale bardzo lubię opiekować się dziećmi. |
| Marek | Ja też lubię bawić się z dziećmi. |

(시간 경과)

| | |
|---|---|
| Marek | Mina, kim są twoi rodzice? |
| Mina | Moja mama jest pielęgniarką. Mój tata jest nauczycielem. A twoi rodzice? |
| Marek | Moi rodzice są emerytami. |
| Mina | A ty, Marek, kim chcesz zostać? |
| Marek | Ja chcę zostać pilotem. Bardzo lubię latać samolotem i podróżować po świecie. |

**해석**

(공원에서)

| | |
|---|---|
| 미나 | 마렉, 너를 위한 선물이 있어. 크라쿠프에서 산 엽서야. |
| 마렉 | 고마워, 이 엽서 정말 예쁘다. 휴가에서 찍은 사진들 볼 수 있어? |

(사진을 보는 마렉)

| | |
|---|---|
| 마렉 | 미나, 사진 진짜 잘 찍는다. 사진에 관심이 있니? |
| 미나 | 응, 사진에 관심이 많아. 나는 유명한 사진작가가 되고 싶어. 너는, 마렉? 무엇에 관심이 있어? |
| 마렉 | 나는 역사와 정치에 관심이 있어. 축구하는 것도 좋아해. |
| 미나 | 나도 역사에 관심이 있어. |
| 마렉 | 근데 너는 살림하는 거 좋아해? |

| | |
|---|---|
| 미나 | 아니, 나는 애들 돌보는 걸 아주 좋아해. |
| 마렉 | 나도 아이들과 노는 걸 좋아해. |

(시간 경과)

| | |
|---|---|
| 마렉 | 미나, 너희 부모님은 무슨 일을 하시니? |
| 미나 | 엄마는 간호사야. 아빠는 선생님이야. 너희 부모님은? |
| 마렉 | 나의 부모님은 정년퇴직하셨어. |
| 미나 | 너는, 마렉, 너는 뭐가 되고 싶어? |
| 마렉 | 나는 비행기 조종사가 되고 싶어. 비행기 타는 것을 좋아하고 세계 곳곳을 여행하는 것을 좋아하거든. |

☆ **새단어** słówka

· interesować się ~에 관심이 있다 · fotografia 사진 · zostać ~가 되다 · sławny 유명한 · fotograf 사진사
· polityka 정치 · zajmować się domem 살림하다 · opiekować się ~를 돌보다 · bawić się z ~와 함께 놀다
· pielęgniarka 간호사 · emeryt/emerytka 정년퇴직(남/녀) · pilot 조종사 · latać 날다 · samolot 비행기
· podróżować 여행하다 · po świecie 세계 곳곳

### 어휘

#### 1. 직업, 남/녀 구별

폴란드어에는 성이 구분되는 만큼, 직업에도 남성과 여성이 구분됩니다. 단, 남녀 구분 없이 쓰는 어휘도 있으니 참고하시길 바랍니다.

| 직업(남) | 직업(여) | 한국어 | 직업(남) | 직업(여) | 한국어 |
|---|---|---|---|---|---|
| aktor | aktorka | 배우 | pisarz | pisarka | 작가 |
| lekarz | lekarka | 의사 | księgowy | księgowa | 회계사 |
| nauczyciel | nauczycielka | 선생님 | pielęgniarz | pielęgniarka | 간호사 |
| dziennikarz | dziennikarka | 기자 | policjant | policjantka | 경찰관 |
| kelner | kelnerka | 웨이터/웨이터리스 | kucharz | kucharka | 요리사 |

#### 2. 직업은 아니지만 알아야 할 단어

- student / studentka 학생(남/여)
- emeryt / emerytka 정년퇴직자(남/여)
- bezrobotny / bezrobotna 실업자(남/여)

#### 3. 남/녀 구별 없이 사용하는 직업 어휘

| 직업 | 한국어 | 직업 | 한국어 |
|---|---|---|---|
| architekt | 건축가 | muzyk | 음악가 |
| profesor | 교수 | kierowca | 운전기사 |
| fotograf | 사진작가 | pilot | 조종사 |
| inżynier | 기술자 | prawnik | 변호사 |

#### 표현 직업에 대해 묻고 답하기

| 질문 | 대답 |
|---|---|
| Czym się interesujesz? 무엇에 관심이 있니? | Interesuję się ~. (나는) ~에 관심이 있어. |
| Kim chcesz zostać? 누가 되고 싶어? (직업) | Chcę zostać ~. (나는) ~가 되고 싶어. |
| Kim jesteś? 너의 직업은 무엇이니? | Jestem ~. (나는) ~이야. |

## 1. 기구격이란?

기구격이란 기구나 도구를 이용할 때 쓰는 표현입니다. 또한, 기구격을 취하는 동사 뒤에 명사와 형용사가 나올 때, 기구격으로 변화를 합니다. 일반적으로는 도구를 사용하거나 기구를 이용하여 어딘가를 이동할 때에는 기구격으로 격 변화를 하여야 합니다. 또한, 신분이나 자격을 나타낼 때에는 być 동사 뒤에 기구격을 취합니다.

### (1) 교통수단이나 방법을 표현할 때

교통수단이나 방법을 표현할 때에는 반드시 동사 뒤에 기구격을 쓰며, 교통수단이므로 그와 어울리는 "타다"동사를 쓰는 것이 일반적입니다.

| jechać | 변화 전 | 변화 후 | 완벽한 문장 |
|---|---|---|---|
| | | | jechać (타다) + 기구격 (〜를 타고 갑니다) |
| jadę | samochód (자동차) | samochodem | Jadę samochodem do pracy.<br>나는 직장에 자동차를 타고 간다. |
| jedziesz | pociąg (기차) | pociągiem | Jedziesz pociągiem na wakacje?<br>너는 방학에 기차 타고 가니? |
| jedzie | taksówka (택시) | taksówką | On jedzie taksówką do biura.<br>그는 사무실에 택시를 타고 간다. |
| jedziemy | tramwaj (트램(전차)) | tramwajem | Jedziemy tramwajem do centrum.<br>우리는 시내에 트램(전차)을 타고 간다. |
| jedziecie | metro (지하철) | metrem | Gdzie jedziecie metrem?<br>너희들은 지하철 타고 어디에 가니? |
| jadą | autobus (버스) | autobusem | Oni jadą autobusem do Krakowa.<br>그들은 버스를 타고 크라쿠프에 간다. |

### (2) zostać (〜가 되다), być (〜이다 + 기구격)

국적, 직업, 신분을 나타내고 "〜가 되다, 〜이다"라는 표현을 할 때에는 명사를 기구격으로 써야 합니다. 한국어로 "나는 선생님이 되고 싶다"라고 표현을 하고 싶을 때에는 "Chcę zostać nauczycielem"로 표현하는데, 이유는 zostać가 뒤에 기구격을 취하고, nauczyciel(선생님)이 신분을 나타내는 단어이기 때문입니다.

| | 변화 전 | 변화 후 |
|---|---|---|
| | To jest + 주격 명사 | 주어 + być + 기구격 명사 |
| 남성 | To jest dobry student.<br>(이분은) 좋은 학생입니다. | On jest dobrym studentem.<br>그는 좋은 학생입니다. |
| 중성 | To jest moje dziecko.<br>(이 사람은) 나의 아이입니다. | Ono jest moim dzieckiem.<br>그는 나의 아이입니다. |
| 여성 | To jest moja córka.<br>(이 사람은) 나의 딸입니다. | Ona jest moją córką.<br>그녀는 나의 딸입니다. |

## (3) 기구격을 취하는 동사

기구격을 취하는 아래의 동사 뒤에는 반드시 기구격 활용을 한 형용사와 명사가 나와야 합니다. 반드시 기구격을 써야 한다는 규칙이 있으므로 아래의 동사를 숙지해야만 합니다.

기구격 동사 = | interesować się (~에 관심이 있다), bawić się (~ 놀다), martwić się (~를 걱정하다), cieszyć się (~로 기쁘다), opiekować się (~를 돌보다), zajmować się (~를 살림하다) | + 기구격 명사

### 기구격을 취하는 동사 + 단수
bawić się, martwić się, cieszyć się, opiekować się, zajmować się

| 기구격 동사 | 변화 전 | 변화 후 | 완벽한 문장 |
|---|---|---|---|
| bawić się | nowa zabawka (새로운 장난감) | nową zabawką | Dziecko bawi się nową zabawką. 아이는 새로운 장난감을 가지고 놀고 있습니다. |
| martwić się | zła pogoda (나쁜 날씨) | złą pogodą | Martwię się złą pogodą. 나는 날씨가 나빠서 걱정이 됩니다. |
| cieszyć się | nowa bluzka (새로운 블라우스) | nową bluzką | Moja córka cieszy się nową bluzką. 나의 딸은 새로운 블라우스를 받아 기뻐합니다. |
| opiekować się | moja babcia (나의 할머니) | moją babcią | Opiekuję się moją babcią. 나는 나의 할머니를 돌보고 있습니다. |
| zajmować się | dom (집) | domem | Zajmuję się domem. 나는 살림을 합니다. |

---

**Tip!**

- bawić się, martwić się, cieszyć się, opiekować się, zajmować się은 뒤에 나오는 형용사 + 명사가 기구격 어미로 변형이 됩니다. 특히 martwić się은 전치사 o가 없으면 기구격을 쓰고, 전치사 o가 붙으면 목적격으로 변화합니다.

  martwić się : 기구격    martwić się o : 목적격   (5과 참고)

---

### 기구격을 취하는 동사 + 복수형
bawić się, martwić się, cieszyć się, opiekować się, zajmować się

| 기구격 동사 | 주격 복수 | 기구격 복수 | 완벽한 문장 |
|---|---|---|---|
| interesować się | koreańskie filmy (한국 영화) | koreańskimi filmami | Oni interesują się koreańskimi filmami. 그들은 한국 영화에 관심이 있습니다. |
| bawić się | lalki (인형들) | lalkami | Dziewczynki bawią się lalkami. 소녀들은 인형을 가지고 놀고 있습니다. |
| martwić się | chore dzieci (아픈 아이들) | chorymi dziećmi | Martwię się chorymi dziećmi. 나는 아픈 아이들을 걱정합니다. |
| cieszyć się | nowe prezenty (새로운 선물들) | nowymi prezentami | On cieszy się nowymi prezentami. 그는 새로운 선물들을 받고 기뻐합니다. |
| opiekować się | chore córki (아픈 딸들) | chorymi córkami | Ona opiekuje się chorymi córkami. 그녀는 아픈 딸들을 돌보고 있습니다. |

> **Tip!**
> • 폴란드어에서는 다른 격으로 활용을 할 경우, 주격이 아닌 소유격 변화형에 따라 변형이 됩니다.

| samochód (주격) | | samochódem (X) |
|---|---|---|
| samochód (주격) | samochodu (소유격) | samochodem (○) (기구격) |

## 2. interesować się (~에 관심이 있다)

Interesować się는 "~에 관심이 있다"라는 의미로 자칫 다른 격을 취하는 동사로 생각하기 쉽지만, interesować się 자체 동사가 뒤에는 기구격을 취하는 동사를 쓰라는 규칙을 만들어 반드시 기구격을 취해야 합니다.

interesować się + (기구격 형용사) + 기구격 명사

| 단수/복수 | 주격 | interesować się (~에 관심이 있다) | + | 구분 | 형용사 | 명사 |
|---|---|---|---|---|---|---|
| 1인칭 단수 | ja | interesuję się | | 단수 | | |
| 1인칭 복수 | my | interesujemy się | | 남성 | -im, -ym | -em |
| 2인칭 단수 | ty | interesujesz się | | 중성 | -im, -ym | -em |
| 2인칭 복수 | wy | interesujecie się | | 여성 | -ą | -ą |
| 3인칭 단수 | on/ono/ona | interesuje się | | 복수 | | |
| 3인칭 복수 | oni/one | interesują się | | 남성, 중성, 여성 | -ymi, -imi | -ami |

### 예시
**1인칭 단수, 1인칭 복수**

| interesować się + 기구격 (형용사) + 기구격 명사 | | | |
|---|---|---|---|
| 단수/복수 | 주격 | 기구격 | 완벽한 문장 |
| interesować się 1인칭 단수 interesuję się | fotografia (사진) | fotografią | Interesuję się fotografią. 나는 사진에 관심이 있습니다. |
| | polska literatura (폴란드 문학) | polską literaturą | Interesuję się polską literaturą. 나는 폴란드 문학에 관심이 있습니다. |
| interesować się 1인칭 복수 interesujemy się | koreański film (한국 영화) | koreańskim filmem | Interesujemy się koreańskim filmem. 우리는 한국 영화에 관심이 있습니다. |
| | sport (스포츠) | sportem | Interesujemy się sportem. 우리는 스포츠에 관심이 있습니다. |

## 2인칭 단수, 2인칭 복수

| interesować się + 기구격 (형용사) + 기구격 명사 | | | |
|---|---|---|---|
| 단수/복수 | 주격 | 기구격 | 완벽한 문장 |
| interesować się<br>2인칭 단수<br>interesujesz się | polityka<br>(정치) | polityką | Interesujesz się polityką?<br>너는 정치에 관심이 있어? |
| | taniec<br>(춤) | tańcem | Interesujesz się tańcem?<br>너는 춤에 관심이 있어? |
| interesować się<br>2인칭 복수<br>interesujecie się | moda<br>(패션) | modą | Interesujecie się modą?<br>너희들은 패션에 관심이 있어? |
| | gra w tenisa<br>(테니스 치는 것) | grą w tenisa | Interesujecie się grą w tenisa?<br>너희들은 테니스 치는 것에 관심 있어? |

## 3인칭 단수, 3인칭 복수

| interesować się + 기구격 (형용사) + 기구격 명사 | | | |
|---|---|---|---|
| 단수/복수 | 주격 | 기구격 | 완벽한 문장 |
| interesować się<br>3인칭 단수<br>interesuje się | nauka<br>języków obcych<br>(외국어 공부) | nauką<br>języków obcych | On interesuje się nauką języków obcych.<br>그는 외국어를 공부하는 것에 관심이 있습니다. |
| | podróże<br>(여행) | podróżami | Ona interesuje się podróżami.<br>그녀는 여행에 관심이 있습니다. |
| interesować się<br>3인칭 복수<br>interesują się | pływanie<br>(수영) | pływaniem | Oni interesują się pływaniem.<br>그들은 수영에 관심이 있습니다. |
| | psychologia<br>(심리학) | psychologią | One interesują się psychologią.<br>그녀들은 심리학에 관심이 있습니다. |

# 연|습|문|제

**1** 다음 보기와 같이 제시된 동사를 이용하여 문장을 만들어 보세요.

> | 보기 | Moja matka _____ sztuką. (interesować się)
>
> ▶ <u>Moja matka interesuje się sztuką.</u> 나의 어머니는 미술에 관심이 있습니다.

(1) Oni _____ ładną pogodą. (cieszyć się)

▶ _____ 그들은 날씨가 좋아서 기쁩니다.

(2) Ja często _____ autobusem. (jeździć)

▶ _____ 나는 자주 버스를 타고 갑니다.

(3) Dziadek _____ małym dzieckiem. (opiekować się)

▶ _____ 할아버지는 작은 아이를 돌보고 있습니다.

(4) Wy _____ koreańską muzyką? (interesować się)

▶ _____ 너희들은 한국 음악에 관심 있니?


**2** 다음 문장을 읽고 문법적인 오류 한 곳을 찾아 고쳐 보세요.

> | 보기 | Student martwię się trudnym testem.
>
> ▶ <u>Student martwi się trudnym testem.</u> 대학생은 어려운 시험에 대해 걱정하고 있습니다.

(1) Marta chce zostać dobrą lekarzem.

▶ _____ 마르타(Marta)는 좋은 의사가 되고 싶습니다.

(2) Mój mąż codziennie jeżdżę samochodem.

▶ _____ 나의 남편은 매일 자동차를 타고 갑니다.

(3) To jest mój syn, on interesuje się piłka nożna.

▶ _____ 이 사람은 나의 아들인데, 그는 축구에 관심이 있습니다.

(4) Dzisiaj moja żona opiekuje się dziecko.

▶ _____ 오늘 나의 아내는 아이를 돌보고 있습니다.

**3** 다음 그림을 보고 보기와 같이 'zostać<sup>(~가 되다)</sup>' 문법을 사용하여 꿈을 설명해 보세요.

| 보기 |

Tomasz

Tomasz chce zostać kierowcą autobusu.
토마스는 버스 운전기사가 되고 싶습니다.

Magda

(1) _____

마그다(Magda)는 가수가 되고 싶습니다.

Ewa

(2) _____

에바(Ewa)는 선생님이 되고 싶습니다.

Jan

(3) _____

얀(Jan)은 경찰관이 되고 싶습니다.

**4** 다음을 듣고 빈칸에 들어갈 내용을 채워 보세요.  🔘 MP3 **25**

(1) Gosia, interesujesz się _____ ?

 ► Nie, ja interesuję się _____ .

(2) Mój syn często _____ piłką.

 ► A moje córki zazwyczaj _____ lalkami.

(3) Agata chce zostać _____ .

 ► Grzegorz chce zostać _____ .

(4) Moja matka ma samochód, dlatego rzadko _____ taksówką.

 ► Ja nie lubię jeździć _____, ale często jeżdżę _____ .

[ **면접, 직장** rozmowa kwalifikacyjna, praca ]

| | | | |
|---|---|---|---|
| zatrudnienie | 고용 | aplikacja | 지원서 |
| doświadczenie | 경험 | CV | 이력서 |
| umiejętność | 실력 | wynagrodzenie/pensja | 월급 |
| kwalifikacje | 자격 | mocne strony / słabe strony | 장점 / 단점 |
| list motywacyjny | 자기소개서 | kandydat | 지원자 |
| godziny pracy | 근무시간 | korporacja | 기업 |
| atmosfera pracy | 직장 분위기 | podróż służbowa | 출장 |
| staż | 인턴십 | praca dorywcza | 아르바이트 |
| awans | 진급 | nagroda | 보상 |
| premia | 보너스 | odprawa | 퇴직금 |
| szkolenie | 직무교육 | nadgodziny | 초과근무 |
| klient | 고객 | partner | 파트너 |

**Tip!**

• 폴란드에서는 연봉 대신에 월급 단위로 이야기합니다.

표현 **회사 업무** obowiązki w firmie

| 어울리는 동사 | 단어 | 한국어 |
|---|---|---|
| pisać(쓰다) / przygotować(준비하다) / drukować(프린트하다) kopiować(복사하다) / skanować(스캔하다) / niszczyć(파기하다) tłumaczyć(번역하다) / podpisać(서명하다) | raport | 보고서 |
| | umowa | 계약서 |
| | oficjalne pismo | 공문 |
| prowadzić(진행하다) / odwołać(취소하다) / przełożyć(일정을 연기하다) | negocjacje | 협상 |
| | spotkanie | 회의 |
| składać(제출하다) | podanie | 신청서 |
| wysłać(보내다) / odebrać(수령하다) | e-mail | 이메일 |
| | list | 편지 |
| zrobić(하다) | przesyłka | 소포, 우편물 |
| sprawdzić(확인하다) | przelew | 송금, 입금 |

## ≪폴란드 유네스코 등재지 13곳≫

### 1. 아우슈비츠 비르케나우 (Auschwitz-Birkenau)

위치: 크라쿠프 근처
등재 연도: 1979
특징: 독일 나치 강제 수용소 및 집단 학살 수용소 (1940~1945)
주변 관광지: 소금광산 비엘리치카

### 2. 무자코프스키 공원 (Park Mużakowski)

위치: 폴란드와 독일 국경, 니사 강 주변
등재 연도: 2004
특징: 유토피아적인 조경 설계, 새로운 조경 디자인 설계법을 유럽과 미국의
조경 건축 발전에 영향을 줌
주변 관광지: 도자기 전시회

### 3. 크라쿠프 역사 지구 (Stare Miasto w Krakowie)

위치: 크라쿠프
등재 연도: 1978
특징: 영화 쉰들러 리스트의 배경이 된 곳
주변 관광지: 바벨성, 야기엘론스키 대학교, 카지미에시 지구, 바벨 대성당

### 4. 바르샤바 역사 지구 (Stare Miasto w Warszawie)

위치: 바르샤바
등재 연도: 1980
특징: 2차 세계 대전과 바르샤바 봉기 시 85% 파괴되었던 도시를 국민의 힘으로
재건하는데 성공함
주변 관광지: 구시가지 광장, 인어공주 상, 바르샤바 대학교, 쇼팽 생가 외

### 5. 소폴란드 지역의 목조 교회 (Drewniane kościoły)

위치: Małopolska(마워폴스카) 지역에 있는 마을들
등재 연도: 2003
특징: 중세시대의 전통양식으로 설계된 다른 교회와는 달리 통나무 가로 쌓기 기술로 지어짐.
높은 사회적 지위로 상징됨, 석조 건축물에 대한 대안으로 목조로 건축된 교회

# 13

# Z kim chcesz iść do kina?

누구와 함께 극장에 가고 싶니?

마렉을 기다리고 있는 미나는 우연히 길에서 토마스를 만납니다. 토마스와 오랜만에 안부 인사를 묻고 사소한 대화를 나눕니다. 미나는 오늘 마렉과 함께 갈 극장의 위치를 토마스에게 이야기해주고, 토마스는 자신이 좋아하는 음식점을 소개해줍니다.

# 회화

 MP3 **26**

| | |
|---|---|
| Mina | Cześć Tomasz, jak się masz? |
| Tomasz | Mina, miło Cię widzieć. U mnie wszystko w porządku. Co tutaj robisz? |
| Mina | Czekam na Marka. |
| Tomasz | Gdzie chcecie razem iść? |
| Mina | Idę razem z Markiem do kina na polski film. |
| Tomasz | Lubisz oglądać polskie filmy? Często chodzisz do kina? |
| Mina | Tak, wolę chodzić do kina niż oglądać filmy sama w domu. A ty, Tomasz, lubisz chodzić do kina? |
| Tomasz | Nie, ja wolę gotować albo chodzić do restauracji z przyjaciółmi. |
| Mina | Gdzie jest twoja ulubiona restauracja? |
| Tomasz | Moja ulubiona restauracja nazywa się "Polskie Smaki". Ona jest przed centrum handlowym, między apteką a bankiem. A ty, Mina, do którego kina idziesz? |
| Mina | Ja po raz pierwszy idę do kina w Polsce. Kino nazywa się "Multikino". |
| Tomasz | O, ja znam to kino. Ono jest za twoją szkołą. A właśnie, jak idzie nauka języka polskiego? |
| Mina | Język polski jest trudny, ale interesujący. |

## 해석

| | |
|---|---|
| 미나 | 안녕 토마스, 잘 지내? |
| 토마스 | 미나, 만나서 반가워. 나는 잘 지내고 있어. 여기서 뭐해? |
| 미나 | 마렉을 기다리는 중이야. |
| 토마스 | 너희들은 함께 어디 가? |
| 미나 | 마렉과 함께 폴란드 영화를 보러 극장에 가. |
| 토마스 | 폴란드 영화 보는 걸 좋아해? 극장에 자주 가는 편이야? |
| 미나 | 응, 혼자 집에서 영화 보는 것보다 극장에 가는 걸 더 좋아해. 토마스 너는? 극장 가는 걸 좋아하니? |
| 토마스 | 아니, 나는 요리를 하거나 친구들과 함께 음식점 가는 것을 더 좋아해. |
| 미나 | 네가 좋아하는 식당은 어디에 있어? |
| 토마스 | 내가 좋아하는 식당 이름은 "폴스키에 스마키"야. 식당은 백화점 앞, 약국과 은행 사이에 있어. 미나 너는? 어느 극장에 다니니? |
| 미나 | 폴란드에서는 처음으로 극장에 가는 거야. 극장 이름은 "물티키노"야. |
| 토마스 | 아, 그 극장 나도 알아. 너의 학교 뒤에 있어. 아 맞다. 폴란드 공부는 잘 진행되고 있어? |
| 미나 | 폴란드어는 어렵기는 한데, 재미있어. |

## Tip!

- Iść 동사를 3인칭 단수인 "idzie"로 표현하면 여러 가지 의미를 내포합니다. "진행하다, 상영하다, 되어가다"등으로 다양하게 활용할 수 있습니다.

## ☆ 새단어 słówka

- **chodzić** 가다(자주) · **woleć A niż B** B보다 A를 선호하다 · **sama** 혼자서(여자) *sam 혼자서(남자)
- **po raz pierwszy** 처음으로 · **nazywa się** ~로 불리다 · **między A a B** A와 B 사이에 · **przed** 앞에 · **za** 뒤에
- **właśnie** 맞다 · **jak idzie ~?** 어떻게 진행되고 있니? · **nauka** 학문, 공부

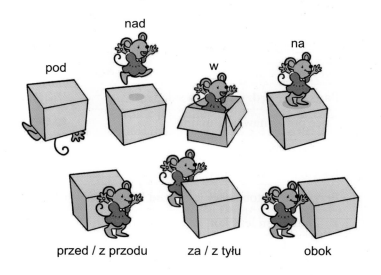

nad
pod
w
na
przed / z przodu        za / z tyłu        obok

**단 어  위치** miejsce

| 폴란드어 | 의미 | 예시 |
|---|---|---|
| w | ~에 / ~안에 | w szufladzie 서랍 안에<br>w szafie 옷장 안에 |
| przed / z przodu | 앞에 / 앞쪽에 | przed łóżkiem 침대 앞에 |
| za / z tyłu | 뒤에 / 뒤쪽에 | za łóżkiem 침대 뒤에 |
| obok | 옆에 | obok biurka 책상 옆에 |
| na | ~에 / ~바로 위에 | na biurku 책상 위에 |
| nad | 위에 | nad biurkiem 책상 저 위에 |
| między | 사이에 | między łóżkiem a szafą 침대와 옷장 사이에 |
| pod | 아래에 | pod łóżkiem 침대 아래에 |
| w środku | 안에 | w środku domu 집 안에 |
| na zewnątrz | 밖에 | na zewnątrz domu 집 밖에 |
| blisko | 가까이 | blisko od szkoły 학교에서 가까이 |
| daleko | 멀리 | daleko od domu 집에서 멀리 |

**표 현  취향에 대해 묻고 답하기**

| 질문 | 대답 |
|---|---|
| Z kim chcesz iść do ~? 누구와 함께 ~에 가고 싶니? | Chcę iść do ~ z ~. (나는) ~와 함께 ~에 가고 싶어. |
| Wolisz A czy B? A 아니면 B를 선호하니? | Wolę A niż B ~. (나는) B보다는 A를 더 좋아해. |

## 1. 기구격 활용

### (1) 기구격을 취하는 전치사, 인칭대명사

| 기구격 전치사 | 전치사 예문 | |
|---|---|---|
| między (사이에) | Bank jest między apteką a sklepem. | 은행은 약국과 가게 사이에 있습니다. |
| z (와 함께) | Chcę porozmawiać z mamą. | 나는 엄마와 이야기를 나누고 싶습니다. |
| za (뒤에) | Stoję za tobą. | 나는 너의 뒤에 서 있습니다. |
| poza (밖에) | Jestem poza domem. | 나는 집 밖입니다. |
| przed (앞에) | Przystanek autobusowy jest przed kawiarnią. | 버스 정류장은 커피숍 앞에 있습니다. |
| pod (아래에) | Pod biurkiem leży kot. | 책상 아래에는 고양이가 누워있습니다. |
| nad (위에) | Nad biurkiem wisi plakat. | 책상 위에는 포스터가 걸려 있습니다. |

### (2) 인칭대명사의 기구격

기구격의 인칭 대명사의 활용

#### ① 위의 전치사와 함께 쓸 때

위의 기구격 전치사 뒤에 인칭대명사를 쓰고자 할 경우, 아래의 인칭대명사와 함께 쓸 수 있습니다. 예를 들어 "너와 함께 이야기하고 싶어"라고 말할 경우, "Chcę rozmawiać z tobą"으로 표현이 가능합니다. "~와 함께"에 해당하는 "z"라는 기구격 전치사에 아래의 기구격 인칭대명사를 함께 넣어주면 됩니다.

| 주격 | 기구격 전치사 | 기구격 | 기구격 전치사 | 기구격 | 주격 |
|---|---|---|---|---|---|
| ja | ze + | mną | za +<br>~ 뒤에 | nami | my |
| ty | z +<br>~와 함께 | tobą | | wami | wy |
| on/ono | | nim | | nimi | oni/one |
| ona | | nią | | | |

> **Tip!**
> • "~와 함께"라는 의미의 z는 1인칭일 때에만 ze mną으로 변화합니다.

### (3) 기구격을 만나면 변하는 kto, co

| 주격 | 목적격 | 소유격 | 기구격 | 예시 |
|---|---|---|---|---|
| 누가<br>kto | kogo | kogo | kim | Kim pan jest?<br>당신은 누구입니까? |
| 무엇<br>co | co | czego | czym | Czym on się interesuje?<br>그는 무엇에 관심이 있습니까? |

## 2. 장소격이란?

장소를 표현할 때, 장소격으로 격변화를 합니다. 다른 격과는 달리 격을 지배하는 동사가 존재하는 것은 아니고 장소를 나타내는 전치사에 따라 장소격으로 변화합니다. "~에"에 해당하는 대표적인 장소격 전치사는 w, na가 있습니다. 일반적으로 w를 쓰는 경우가 대부분이며, na는 예외로 취급을 하여 암기하는 것이 중요합니다.

### 🌟 규칙!

경음 → 연음화된 후에 장소격 어미를 넣습니다. 기본 경음이 장소격에서는 연음화가 이루어지기 때문에 경음과 짝을 이루는 연음을 잘 익혀두어야 합니다.

〈자음변화표〉

| 경음 | p | b | f | w | t | d | s | z | k | g | ch | m | n | r | ł |
|------|---|---|---|---|---|---|---|---|---|---|-----|---|---|---|---|
| ⬇ 연음 | pi | bi | fi | wi | ć ci | dź dzi | ś si | ź zi | ki | gi | chi ś si | mi | ń ni | | li |
| 기능적 연음 | | | | | c cz | dz dż | sz | ż | c cz | ż dż | sz | | | rz | l |

〈장소격 어미 변화형〉

| | 장소격 단수 | | 장소격 복수 | |
|---|---|---|---|---|
| | 형용사 | 명사 | 형용사 | 명사 |
| 남성, 중성 | -im, -ym | -e (경음일 경우)<br>경음 ➡ 연음화 + e<br>k, g, ch, 연음, 기능적 연음 ➡ u | -ich/-ych | -ach |
| 여성 | -ej | -e (경음일 경우)<br>경음 ➡ 연음화 + e<br>-i : 연음, 기능적 연음 l, j<br>-y : 기능적 연음 | | |

### (1) 장소격을 취하는 전치사와 배우는 장소격 어미 활용 연습

| 장소격 전치사 | 성 | 변화 전 | 어미 변형 규칙 경음 → 연음화 | 대표 어미 | 변화 후 |
|---|---|---|---|---|---|
| na (~에) | 중성 | lotnisko 공항 | k,g,ch ➡ u | u | na lotnisku |
| | 중성 | pierwsze piętro 1층 | r ➡ rz | e | na pierwszym piętrze |
| | 중성 | spotkanie 모임 | 연음 | u | na spotkaniu |
| | 여성 | kolacja 저녁 | j | i | na kolacji |
| | 남성 | parter 0층 | r ➡ rz | e | na parterze |

169

| | 남성 | sklep 가게 | p ⇒ pi | e | w sklepie |
|---|---|---|---|---|---|
| **w**<br>(~에) | 여성 | szkoła 학교 | ł ⇒ l | e | w szkole |
| | 남성 | park 공원 | k, g, ch ⇒ u | u | w parku |
| | 남성 | samochód 자동차 | ó ⇒ o, d ⇒ dzi | e | w samochodzie |
| | 중성 | miejsce 장소 | 기능적 연음 | u | w miejscu |
| | 여성 | winda 엘리베이터 | d ⇒ dzi | e | w windzie |
| | 여성 | kawiarnia 커피숍 | 연음 | i (생략) | w kawiarni |
| | 남성 | dom 집 | u (예외) | u | w domu |
| **o**<br>(~에 대해) | 여성 | pogoda 날씨 | d ⇒ dzi | e | o pogodzie |
| | 여성 | mama 엄마 | m ⇒ mi | e | o mamie |
| | 남성 | lekarz 의사(남) | 기능적 연음 | u | o lekarzu |
| | 남성 | ojciec 아버지 | ie ⇒ Ø, 기능적 연음 | u | o ojcu |
| | 중성 | dziecko 아이 | k, g, ch | u | o dziecku |
| **o + 시간** | 여성 | czwarta 네시 | ej (형용사 변화) | ej | o czwartej |
| | 여성 | piąta 다섯시 | ej (형용사 변화) | ej | o piątej |
| **po**<br>(~후에) | 남성 | obiad 점심 | d ⇒ dzi | e | po obiedzie |
| | 여성 | kolacja 저녁 | j | i | po kolacji |
| | 여성 | impreza 파티 | z ⇒ zi | e | po imprezie |
| | 중성 | śniadanie 아침 | 연음 | u | po śniadaniu |
| **przy**<br>(~옆에) | 남성 | komputer 컴퓨터 | r ⇒ rz | e | przy komputerze |
| | 여성 | plaża 해변 | 기능적 연음 | y | przy plaży |
| | 중성 | biurko 책상 | k, g, ch | u | przy biurku |

## (2) grać na pianinie : 피아노를 연주합니다

여기에서는 grać라는 동사에 따라 장소격이 된 것이 아니라 "na"라는 전치사로 인하여 pianino → pianinie로 변형이 이루어진 것으로 볼 수 있습니다. 장소격은 장소 전치사에 따라 격변화가 이루어진다! 반드시 숙지하세요. grać + na + 장소격(악기), grać + w + 목적격(스포츠)로 구분하여야 합니다. 즉, grać에 연주는 na + 장소격, grać에 스포츠는 w + 목적격입니다. (4과 참고)

| grać + na + 장소격 (~를 연주하다) | | |
|---|---|---|
| **grać na** | **장소격 (원형)** | **완벽한 문장** |
| gram na | pianinie (pianino)<br>(피아노) | Gram na pianinie w domu.<br>나는 집에서 피아노를 연주합니다. |
| grasz na | gitarze (gitara)<br>(기타) | Często grasz na gitarze?<br>너는 기타를 자주 치니? |
| gra na | komputerze (komputer)<br>(컴퓨터) | On wieczorem gra na komputerze.<br>그는 저녁에 컴퓨터를 합니다. |

| gramy na | skrzypcach (skrzypce)<br>(바이올린 (복수)) | W szkole gramy na skrzypcach.<br>학교에서 우리는 바이올린을 연주합니다. |
|---|---|---|
| gracie na | flecie (flet)<br>(플루트) | Gracie czasami na flecie?<br>너희들은 가끔 플루트를 연주하니? |
| grają na | perkusji (perkusja)<br>(드럼) | Oni grają razem na perkusji.<br>그들은 함께 드럼을 연주합니다. |

### (3) 인칭대명사 장소격

위의 장소격 전치사 뒤에 인칭대명사를 쓰고자 할 경우, 아래의 인칭대명사와 함께 쓸 수 있습니다. 예를 들어 "나는 어머니에 대하여 이야기하고 싶어"라고 말할 경우, "Chcę rozmawiać o matce"로 표현이 가능합니다. "~에 대하여"에 해당하는 "o"라는 장소격 전치사에 아래의 장소격 인칭대명사를 함께 넣어주면 됩니다.

| 주격 | 장소격 전치사 | 장소격 | 장소격 전치사 | 장소격 | 주격 |
|---|---|---|---|---|---|
| ja | | mnie | | nas | my |
| ty | o<br>(~에 대해) | tobie | o<br>(~에 대해) | was | wy |
| on/ono | | nim | | nich | oni/one |
| ona | | niej | | | |

### (4) 장소격을 만나면 변하는 kto, co

| 주격 | 목적격 | 소유격 | 기구격 | 장소격 | 예시 |
|---|---|---|---|---|---|
| 누가<br>kto | kogo | kogo | kim | kim | O kim myślisz?<br>너는 누구에 대해 생각하니? |
| 무엇<br>co | co | czego | czym | czym | O czym myślisz?<br>너는 무엇에 대해 생각하니? |

## 3. woleć A czy B (A 또는 B를 선호하다), woleć A niż B (B보다 A를 선호하다)

〈선호하는 것을 물어볼 때〉

Woleć 동사에서 A와 B사이에 czy를 넣어주면 "어떤 것을 더 선호하는지"를 물어보는 유형이 됩니다. 동사 뒤에는 일반적으로 동사원형을 넣으면 동작의 의미를 강조할 수 있습니다. 또한, woleć 동사에서 A와 B사이에 niż를 넣어 주면 "B보다 A를 선호하는 것"을 이야기할 수 있으며, woleć 동사 뒤에는 동사원형을 씁니다.

Co wolisz? Wolisz uczyć się czy pracować?  어떤 것을 선호하니? 공부하는 것 아니면 일하는 것?

Wolę gotować niż sprzątać dom.  나는 집안 청소하는 것보다 요리하는 것을 더 좋아합니다.

# 연 | 습 | 문 | 제

**1** 다음 그림을 보고 보기와 같이 그림을 묘사해 보세요.

---

| 보기 |

**Pies jest na łóżku.**
개는 침대 위에 있습니다.

---

(1) _____

고양이는 침대 아래에 있습니다.

(2) _____

개는 옷장 앞에 있습니다.

(3) _____

의자 뒤에 가방이 있습니다.

**2** 문장을 읽고, 괄호 안의 알맞은 장소격 어미를 선택하세요.

---

| 보기 |  **Spotykamy się o czwartej ( na / w ) kawiarni.**
4시에 커피숍에서 만납니다.

---

(1) **Dzisiaj jemy obiad ( w / na ) lotnisku.**

우리는 오늘 공항에서 점심을 먹습니다.

(2) **Uczę się języka angielskiego ( na / w ) szkole.**

나는 학교에서 영어를 공부합니다.

(3) **Spotkanie jest ( w / na ) pierwszym piętrze.**

회의는 1층에 있습니다.

(4) **W niedzielę często robimy piknik ( w / na ) parku.**

일요일에 자주 공원에서 소풍을 합니다.

다음 보기와 같이 제시된 단어를 이용하여 질문에 답해 보세요.

| 보기 |   Z kim bawi się twoje dziecko? (koleżanka)  너의 아이는 누구와 함께 놀아?

▶ <u>Moje dziecko bawi się z koleżanką.</u>  나의 아이는 (여자인) 친구와 함께 놀아.

(1) Z kim ona idzie do parku? (dzieci)  그녀는 누구와 함께 공원에 가니?

▶ _____  그녀는 아이들과 함께 공원에 가.

(2) Z kim jesz śniadanie? (mąż)  아침에 누구와 함께 아침 식사를 하니?

▶ _____  나는 남편과 함께 아침 식사를 해.

(3) Kim zajmujesz się po pracy? (wnuk)  회사 일 끝나고 누구를 돌보니?

▶ _____  나는 회사 일 끝나고 손자를 돌봐.

(4) Czym bawią się dzieci w parku? (piłka)  아이들은 공원에서 무엇을 가지고 놀아?

▶ _____  아이들은 공원에서 공을 가지고 놀아.

---

**4** 다음을 듣고 빈칸에 들어갈 내용을 채워 보세요.  MP3 27

(1) Z kim idziesz do teatru w niedzielę?

▶ Idę do teatru _____.

(2) _____ piętrze w centrum handlowym jest fryzjer?

▶ Fryzjer jest _____.

(3) Gdzie jest twój pies?

▶ Mój pies jest _____.

A twój kot?

▶ Mój kot jest _____.

(4) Na jakim instrumencie grasz _____?

▶ W szkole gram _____.

[ 책상 위에 있는 사무 용품 przedmioty biurowe ]

| | | | |
|---|---|---|---|
| zeszyt | 공책 | nożyczki | 가위 |
| lampka | 스탠드 | kalkulator | 계산기 |
| ołówek | 연필 | klej | 풀 |
| długopis | 볼펜 | laptop | 노트북 |
| gumka | 지우개 | drukarka | 프린터 |
| linijka | 자 | koperta | 봉투 |
| korektor | 수정액 | wizytówka | 명함 |

표현 단어와 관련된 동사 표현

| 폴란드어 | 한국어 | 예문 |
|---|---|---|
| ciąć | 자르다 | ciąć papier 종이를 자르다 |
| niszczyć | 파기하다 | niszczyć dokumenty 문서를 파기하다 |
| wyrzucać | 버리다 | wyrzucać śmieci 쓰레기를 버리다 |
| drukować | 프린트하다 | drukować dokument 문서를 프린트하다 |
| skanować | 스캔하다 | skanować zdjęcie 사진을 스캔하다 |
| porządkować | 정리하다 | porządkować biurko 책상을 정리하다 |
| włączyć / wyłączyć | 켜다 / 끄다 | włączyć/wyłączyć komputer 컴퓨터를 켜다/끄다 |

# 문화로 배우는 **폴란드어**

**폴란드
유네스코 II**

≪폴란드 유네스코 등재지 13곳≫

### 6. 비엘리치카 소금광산
(Królewskie Kopalnie Soli)

위치: 크라쿠프 근처
등재 연도: 1978
특징: 소금으로 이루어진 광산을 파내어 2,040여 개의 방을 직접 설계 및 제조함
주변 관광지: 아우슈비츠, 크라쿠프 구시가지

### 7. 토룬 중세 마을 (Średniowieczny zespół miejski Torunia)

위치: 토룬
등재 연도: 1997
특징: 13세기, 독일 기사단이 정착하면서 자리 잡은 중세마을.
　　 중세시대의 건축 양식이 그대로 보존됨
주변 관광지: 코페르니쿠스 생가, 비드고슈츠

### 8. 말보르크 성채의 독일 기사단 성 (Zamek krzyżacki)

위치: 말보르크
등재 연도: 1997
특징: 독일 기사단이 지은 수도원 요새. 중세 성의 훌륭한 건축 양식을 보여줌
주변 관광지: 비드고슈츠, 토룬 리녝, 코페르니쿠스 생가

### 9. 칼바리아 제브지도프스카, 마니에리스모 건축과 공원 단지 및 순례 공원
(Kalwaria Zebrzydowska)

위치: 칼바리아 제브지도프스카
등재 연도: 1999
특징: 종교적인 가치가 높은 곳.
　　 예수 그리스도의 수난과 동정녀 마리아의 삶을 상징하는 예배 장소

### 10. 폴란드와 우크라이나 카르파티아 지역의 목조 체르크바
　(Drewniane cerkwie)

위치: 카르파티아 지역
등재 연도: 2013
특징: 동방정교회와 그리스정교회의 신도들이 통나무 가로 쌓기 공법으로 건축한 교회

# 14

## Będę tęsknić za Polską.

나는 폴란드가 그리울 것입니다.

학습 요점

- 회화
- 어휘: 단어) 전공, 학교    표현) 학교에 대해 묻고 답하기
- 문법: 1. 완료형 *vs* 불완료형 동사의 이해 2. być 미래형 (~할 것이다) 3. podpisać (~에 서명을 하다)
      4. spotkać się *vs* spotykać się (~를 만나다) 5. powiedzieć (말하다) 미래 완료형
- 추가어휘: 단어) 공항    표현) 보험
- 문화: 한국과 폴란드의 관계

폴란드에서 회사에 다니며, 어학 학원을 다니는 미나는 학원에서 수업을 듣고 있습니다. 미나는 주어진 과제에 맞춰 발표 준비를 하고 선생님 앞에서 미나의 내년 계획에 대해 발표합니다.

# 회화

MP3 28

| | |
|---|---|
| Nauczycielka | Mina, proszę otworzyć książkę na stronie 15. Proszę przeczytać dialog i rozwiązać zadanie. |
| Mina | Przepraszam, ja nie rozumiem. Proszę powtórzyć. |
| Nauczycielka | Proszę przeczytać rozmowę i odpowiedzieć na pytania. Możesz najpierw zrobić notatki i później proszę zrobić prezentację na temat "Mój plan na przyszły rok". |
| (발표 준비) | |
| Mina | To jest mój ostatni miesiąc w Polsce. Ponieważ od sierpnia będę pracować w Korei, muszę tam wrócić. Spotkam się z rodzicami, powiem im dużo o Polsce i dam im prezenty z Polski. Będę też często jeść smaczne koreańskie jedzenie. Ale szczerze mówiąc, nie chcę wracać do domu. Dobrze czuję się w Polsce i chcę nadal uczyć się języka polskiego. Jednak potrzebuję pieniędzy, dlatego muszę wracać do Korei, żeby pracować. Ta praca jest dla mnie ważna. W przyszłości będę mieć szansę awansować. Ponadto zarobię dużo pieniędzy, żeby kupić mieszkanie. Będę tęsknić za Polską. Ale na pewno kiedyś tutaj wrócę. |
| Nauczycielka | Przykro mi, że musisz wracać do Korei. Jesteś zdolną i miłą studentką. Życzę powodzenia i mam nadzieję, że jeszcze spotkamy się. |
| Mina | Dziękuję za wszystko. Napiszę do pani e-mail z Korei. |

### 해석

선생님　미나, 15페이지 펴주세요. 대화문을 읽고 문제를 풀어보세요.
미나　죄송합니다. 이해가 안 됩니다. 다시 한 번 반복해주세요.
선생님　회화 부분을 읽고 질문에 답해주세요. 먼저 메모를 한 후에 "내년 나의 계획"에 대하여 발표해주세요.
(발표준비)
미나　이번 달이 폴란에서 있는 마지막 달입니다. 8월부터 한국에서 일해야 해서 한국에 돌아가야 합니다. 가족들과 만나면 폴란드에 대한 많은 이야기를 해줄 것이며, 폴란드에서 구입한 선물을 나눠줄 것입니다. 맛있는 한국 음식을 많이 먹을 것입니다. 그런데 솔직히 말하면, 집으로 돌아가기 싫습니다. 폴란드에서의 삶

이 만족스럽고 폴란드어를 계속해서 공부하고 싶습니다. 그러나 돈이 필요하기 때문에 한국에 돌아가 일을 해야 합니다. 이 일은 저에게 있어서 중요합니다. 미래에는 승진의 기회도 가질 수 있습니다. 그리고 집을 사기 위해 돈을 많이 벌 것입니다. 분명히 폴란드가 그리울 것입니다. 언젠가는 폴란드에 다시 올 것입니다.
선생님　한국에 돌아가야 한다니 아쉽네요. 미나는 똑똑하고 친절한 학생입니다. 하는 일 모두 잘되길 바라며, 또다시 만나길 바라요.
미나　그동안 감사했습니다. 한국에 가면 선생님께 이메일 쓸게요.

### ☆ 새단어 słówka

- **otworzyć na stronie** ~ 페이지를 펴다 · **przeczytać** 읽다 · **dialog** 대화문 · **rozwiązać** (문제를) 풀다
- **odpowiedzieć** 대답하다 · **na pytania** 질문에 · **powtórzyć** 반복하다 · **robić notatki** 메모하다
- **robić prezentację** 발표하다 · **na przyszły rok** 내년에 · **ostatni miesiąc** 마지막 월 · **wrócić** 돌아가다
- **ponieważ** 왜냐하면 · **szczerze mówiąc** 솔직히 말하면 · **jednak** 그러나 · **ważna** 중요한 · **przyszłość** 미래
- **szansa** 기회 · **awansować** 승진하다 · **na pewno** 분명히 · **kiedyś** 언젠가 · **mieszkanie** 아파트
- **tęsknić za** 그리워하다 · **przykro mi** 안타깝다 · **życzyć** 기원하다 · **powodzenie** 바람 · **mieć nadzieję** 바람이 있다

## 단 어

**1. 전공** kierunki studiów

| | | | |
|---|---|---|---|
| filologia polska | 국문학 | administracja | 경영학 |
| ekonomia | 경제학 | filozofia | 철학 |
| prawo | 법학 | historia | 역사학 |
| stosunki międzynarodowe | 국제관계학 | politologia | 정치학 |
| socjologia | 사회학 | informatyka | 컴퓨터공학 |
| medycyna | 의학 | dziennikarstwo | 언론정보학 |

**2. 학교** szkoła

| | | | |
|---|---|---|---|
| przedszkole | 유치원 | szkoła podstawowa | 초등학교 |
| gimnazjum | 중학교 | liceum | 고등학교 |
| uniwersytet | 대학교 | studia magisterskie | 석사 과정 |
| studia licencjackie | 학사 과정 | rok szkolny | 학년 |
| sesja egzaminacyjna | 시험 기간 | matura | 수능 |
| kierunek studiów | 전공 | przedmiot | 과목 |
| szkoła publiczna | 공립학교 | szkoła prywatna | 사립학교 |

## 표 현 학교에 대해 묻고 답하기

| 질문 | 대답 |
|---|---|
| Na jakiej uczelni studiujesz?<br>어느 대학교에서 공부하고 있어? | Studiuję na Uniwersytecie Warszawskim.<br>나는 바르샤바 대학교에서 공부하고 있어. |
| Co studiujesz?<br>전공은 뭐야? | Studiuję politologię.<br>나는 정치학을 전공하고 있어. |
| Do jakiej szkoły chodzisz?<br>어느 학교에 다녀? | Chodzę do liceum nr 11.<br>나는 11번 고등학교에 다니고 있어. |
| Jaki jest twój ulubiony przedmiot?<br>좋아하는 과목이 뭐야? | Lubię matematykę.<br>나는 수학을 좋아해. |

## 1. 완료형 vs 불완료형 동사의 이해

불완료형 동사는 과거시제와 미래시제에 상관이 없이 동작이 끝나지 않고 반복되는 것을 의미하며, 완료형 동사는 과거시제와 미래시제에 상관이 없이 단발성으로 완료가 된 것을 의미합니다. 일반적으로 13과까지 배웠던 동사형태는 불완료형이 대부분이었습니다. 완료형 동사는 이번 과에 배울 동사로 동사 앞에 접두사를 넣어 완료형으로 만들어 줄 수 있습니다.

폴란드어로 미래형으로 만들 경우 : ① być 미래형 + (불완료형) 동사원형 = 반복적으로 쓰는 미래형
② 완료형 동사의 현재형 = (단발성) 미래로 표현이 가능합니다.

### (1) 불완료형 동사란?

> być 미래형 + (불완료형) 동사원형 = 반복적으로 쓰는 미래형

과거·현재·미래 시제에서 어떠한 행위가 계속적, 습관적, 반복적으로 행해질 때 사용합니다. 하지만 행위가 반복적이지 않고 일회성인 경우가 있습니다. 이때에 완료형 동사를 사용하면서 미래를 나타낼 수 있습니다.

### (2) 완료형 동사란?

> 완료형 동사의 현재형 = (단발성) 미래를 나타냄

과거에 이미 일어나서 행위가 끝났거나, 미래에 한 번 일어나 끝나게 될 동작을 나타낼 때, 이를 "완료형동사"라고 합니다. 따라서, 완료형 동사를 현재로 쓰게 되면 미래에 한 번 일어난다는 의미가 됩니다.

## 2. być 미래형 (~할 것이다)

| być (~이다) | 주격 단수 | 동사 변형 | 주격 복수 | 동사 변형 |
|---|---|---|---|---|
| 1인칭 | ja | będę | my | będziemy |
| 2인칭 | ty | będziesz | wy | będziecie |
| 3인칭 | on/ono/ona | będzie | oni/one | będą |

### (1) 미래형 동사를 만드는 방법 1

> być 미래형 + (불완료형) 동사원형

미래를 이야기할 경우에는 두 가지의 방법으로 미래를 표현할 수 있습니다. 첫 번째는 być 미래형 동사에 그동안 학습하였던 동사원형을 넣는 방법입니다. 이때, 동사원형은 그동안 배운 불완료형 동사만 넣을 수 있습니다. 불완료 동사는 과거·현재·미래 시제에서 어떠한 행위가 계속적, 습관적, 반복적으로 행해질 때 사용합니다.

| być 미래형 + (불완료형) 동사원형 | | |
|---|---|---|
| być 미래동사 | 동사원형 | 완벽한 문장 |
| będę | kończyć<br>(끝내다) | Będę kończyć raport miesięczny.<br>나는 월간 리포트를 끝낼 것이다. |
| będziesz | jechać<br>(타고 가다) | Będziesz codziennie jechać do pracy samochodem?<br>너는 회사에 매일 자동차를 타고 갈 것이니? |
| będzie | uczyć się<br>(공부하다) | Będzie cały czas uczyć się języka angielskiego.<br>(그/그녀는) 종일 영어를 공부할 것이다. |
| będziemy | gotować<br>(요리하다) | Będziemy czasami gotować koreańskie jedzenie.<br>우리는 가끔 한국 음식을 요리할 것이다. |
| będziecie | czytać<br>(읽다) | Będziecie dzisiaj czytać gazetę?<br>너희들은 오늘 신문을 읽을 것이니? |
| będą | tańczyć<br>(춤추다) | Będą długo tańczyć na imprezie.<br>(그들/그녀들은) 파티에서 오랫동안 춤을 출 것이다. |
| 불완료동사와 함께 쓰면 너무 잘 어울리는 부사 | | |
| cały czas (종일), często (자주), ciągle (계속해서), zawsze (항상),<br>nieraz (여러 번), długo (오랫동안), zwykle (보통), czasami (가끔) | | |

## 3. podpisać (~에 서명을 하다)

Pisać 동사 기억나시죠? "쓰다"라는 동사로 일반적으로 뒤에 목적격을 취하는 동사입니다.
Podpisać는 pod + pisać로 이루어진 동사로, 폴란드는 이처럼 접두사 + 불완료형 동사 = 완료형 동사(미래)를 만드는 규칙이 있습니다.

| pod + pisać<br>= podpisać | 주격 단수 | 동사 변형 | 주격 복수 | 동사 변형 |
|---|---|---|---|---|
| 1인칭 | ja | podpiszę | my | podpiszemy |
| 2인칭 | ty | podpiszesz | wy | podpiszecie |
| 3인칭 | on/ono/ona | podpisze | oni/one | podpiszą |

### (1) 미래형 동사를 만드는 방법 2

> 접두사 + 불완료형 동사 = 완료형 동사

미래를 이야기하는 두 번째는 미래에 한 번 일어나 끝나게 될 동작을 나타낼 때, 완료형 동사를 사용합니다. 따라서, 완료형 동사를 현재형으로 쓰게 되면 미래에 한 번 일어난다는 의미가 됩니다. 접두사의 규칙은 정확한 것이 없으며, 다음의 동사를 기반으로 암기가 필요합니다.

| 접두사 + 불완료형 동사 = 완료형 동사(미래) | | | |
|---|---|---|---|
| 접두사 | 불완료형 | 완료형 | 완벽한 문장 |
| z-<br>s- | robić<br>(하다) | zrobić | Za chwilę zrobię zadanie domowe.<br>나는 잠시 후에 숙제를 할 것이다. |
| | jeść<br>(먹다) | zjeść | Za chwilę zjem śniadanie.<br>나는 잠시 후에 아침을 먹을 것이다. |
| | kończyć<br>(끝내다) | skończyć | Skończę zaraz moją pracę.<br>나는 곧 나의 일을 끝낼 것이다. |
| po | szukać<br>(찾다) | poszukać | Poszukam nowej pracy.<br>나는 새로운 직업을 찾을 것이다. |
| | jechać<br>(타고 가다) | pojechać | Nagle pojadę do Krakowa.<br>나는 갑작스럽게 크라쿠프에 갈 것이다. |
| | prosić<br>(~ 해 주세요) | poprosić | Poproszę rachunek.<br>영수증 좀 주세요. |
| na | pisać<br>(쓰다) | napisać | Napiszę umowę.<br>나는 계약서를 작성할 것이다. |
| | uczyć się<br>(공부하다) | nauczyć się | Nauczę się języka polskiego.<br>나는 폴란드어를 공부할 것이다. |
| u | gotować<br>(요리하다) | ugotować | Ugotuję koreańską potrawę dla ciebie.<br>나는 너를 위해 한국 음식을 요리할 것이다. |
| prze | czytać<br>(읽다) | przeczytać | Przeczytam zaraz całą książkę.<br>나는 곧 책 한 권을 모두 읽을 것이다. |
| 완료동사와 함께 쓰면 너무 잘 어울리는 부사 | | | |
| nagle (갑자기), zaraz (곧), za chwilę (잠시 후에), natychmiast (즉시) | | | |

## 4. spotkać się *vs* spotykać się (~를 만나다)

Spotkać się는 일회성으로 한 번 만난 것이며, 중간에 y가 삽입된 spotykać się는 불완료 동사로 반복적이고 습관적일 때 쓰는 표현입니다. 비슷하게 보여도 의미상의 차이는 존재한다는 점! 꼭 기억해 두세요!

| spotkać się<br>(완료동사) | 주격 단수 | 동사 변형 | 주격 복수 | 동사 변형 |
|---|---|---|---|---|
| 1인칭 | ja | spotkam się | my | spotkamy się |
| 2인칭 | ty | spotkasz się | wy | spotkacie się |
| 3인칭 | on/ono/ona | spotka się | oni/one | spotkają się |

| spotykać się<br>(불완료 동사) | 주격 단수 | 동사 변형 | 주격 복수 | 동사 변형 |
|---|---|---|---|---|
| 1인칭 | ja | spotykam się | my | spotykamy się |
| 2인칭 | ty | spotykasz się | wy | spotykacie się |
| 3인칭 | on/ono/ona | spotyka się | oni/one | spotykają się |

> **Tip!**
> • spotkać + 목적격은 "우연히 ~를 만나다"라는 의미가 됩니다. 반면 spotkać się은 약속을 정해 계획적으로 만남을 의미합니다. 이 둘은 구분해야 함으로 반드시 익혀두세요.

## 5. powiedzieć (말하다) 미래 완료형

| powiedzieć<br>(말하다) | 주격 단수 | 동사 변형 | 주격 복수 | 동사 변형 |
|---|---|---|---|---|
| 1인칭 | ja | powiem | my | powiemy |
| 2인칭 | ty | powiesz | wy | powiecie |
| 3인칭 | on/ono/ona | powie | oni/one | powiedzą |

Powiem gdzie jest bank. 은행이 어디에 있는지 이야기해 줄게요.

Powiesz co czytasz? 네가 무엇을 읽고 있는지 이야기해 줄래?

### (1) 꼭 알아야 하는 형태가 변하는 불규칙 완료형 동사

| 불완료형 | 완료형 (미래) | 완벽한 문장 |
|---|---|---|
| wracać (돌아가다) | wrócić (돌아 갈 것이다) | Zaraz wrócę do domu. 나는 곧 집으로 돌아갈 것이다. |
| kupować (사다) | kupić (살 것이다) | Kupię nowy telefon. 나는 새로운 전화기를 살 것이다. |
| dawać (주다) | dać (줄 것이다) | Dam ci interesującą książkę. 나는 너에게 재미있는 책을 줄 것이다. |
| zarabiać (벌다) | zarobić (벌 것이다) | Zarobię dużo pieniędzy. 나는 돈을 많이 벌 것이다. |
| iść (가다) | pójść (갈 것이다) | Pójdę do kuchni po kawę. 나는 커피를 가지러 부엌에 갈 것이다. |
| mówić (말하다) | powiedzieć (말할 것이다) | Powiedzą gdzie mieszkają.<br>(그들/그녀들은) 어디에 살고 있는지 말할 것이다. |
| widzieć (보다) | zobaczyć (볼 것이다) | Zobaczę czy mam bilet. 나는 표가 있는지 살펴 볼 것이다. |

**1** 다음 보기와 같이 제시된 단어를 이용하여 질문에 답해 보세요.

> | 보기 |  Co będziesz dzisiaj robić? (słuchać nowej płyty) 오늘 무엇을 할 거야?
>
> ▶ Dzisiaj będę słuchać nowej płyty. 오늘 새로운 CD를 들을 거야.

(1) Co rodzice będą jeść na kolację? (bigos) 부모님은 저녁 식사 때 무엇을 먹을 거야?

▶ _____ 부모님은 저녁 식사로 비고스를 먹을 거야.

(2) Co będziesz kończyć w pracy? (raport tygodniowy) 회사에서 무엇을 끝낼 거야?

▶ _____ 회사에서 주간보고서를 끝낼 거야.

(3) Co będzie studiować wasza córka? (politologia) 너희들의 딸은 무엇을 공부할 거야?

▶ _____ 우리의 딸은 정치학을 공부할 거야.

(4) Czego będziesz słuchać dziś w nocy? (muzyka klasyczna) 오늘 밤에 무엇을 들을 거야?

▶ _____ 오늘 밤에 클래식 음악을 들을 거야.

**2** 아래의 수첩에 자신의 계획을 메모해 보세요.

| | | |
|---|---|---|
| Poniedziałek | (1) | (수영장에 갈 거야.) |
| Wtorek | (2) | (고객과 계약서에 서명할 거야.) |
| Środa | Będę oglądać telewizję. | (TV를 볼 거야.) |
| Czwartek | (3) | (맛있는 수프를 요리할 거야.) |
| Piątek | Będę uczyć się języka polskiego. | (폴란드어를 공부할 거야.) |
| Sobota | (4) | (아름다운 도시를 구경할 거야.) |
| Niedziela | (5) | (흥미로운 만화책을 읽을 거야.) |

**3** 다음 그림을 보고 보기와 같이 질문에 답해 보세요.

| 보기 |

Czego będziesz się uczyć dziś wieczorem? 저녁에 너는 무엇을 공부할 거야?

▶ Dziś wieczorem będę uczyć się języka polskiego.

저녁에 나는 폴란드어를 공부할 거야.

(1) Co mama będzie gotować w sobotę? 엄마는 토요일에 무엇을 요리할 거야?

▶ _____

엄마는 토요일에 수프를 요리할 거야.

(2) Jaką książkę przeczytasz na wakacjach? 방학 때 어떤 책을 읽을 거야?

▶ _____

방학 때 한국 소설을 읽을 거야.

(3) Gdzie będziesz jechać w przyszłym tygodniu? 다음주에 너는 어디 갈 거야?

▶ _____

다음 주에 나는 크라쿠프에 갈 거야.

**4** 다음을 듣고 빈칸에 들어갈 내용을 채워 보세요.　　　🔘 MP3 29

(1) Co będziesz robić dzisiaj wieczorem?

▶ Dzisiaj wieczorem _____ z koleżanką i razem

_____ do kina.

(2) Jutro _____ umowę na komputerze.

▶ Dobrze. A kiedy _____ na e-mail klienta?

(3) Co zwykle _____ dziewczynie na urodziny?

▶ Zwykle _____ jej kwiaty, ale w tym roku

_____ jej drogą torebkę.

(4) _____ egzamin za tydzień?

▶ Nie, egzamin jest jutro. Za tydzień _____.

[ 공항 lotnisko ]

| | | | |
|---|---|---|---|
| bilet lotniczy | 항공권 | karta pokładowa | 탑승권 |
| odprawa | 체크인 | terminal | 공항 터미널 |
| bramka | 탑승구 | deklaracja celna | 세관 신고 |
| przylot | 도착 | odlot | 출발 |
| lot | 비행 | przesiadka | 환승 |
| klasa ekonomiczna | 이코노미 클래스 | klasa biznesowa | 비즈니스 클래스 |
| paszport | 여권 | wiza | 비자 |
| strefa czasowa | 시간대 | kontrola bezpieczeństwa | 보안 검사 |
| bagaż rejestrowany | 수화물 | bagaż podręczny | 휴대화물 |

표 현 **보험** ubezpieczenie

| | | | |
|---|---|---|---|
| ubezpieczenie | 보험 | ubezpieczenie podróżne | 여행 보험 |
| ubezpieczenie od wypadków | 상해 보험 | ubezpieczenie zdrowotne | 건강 보험 |
| ubezpieczenie na życie | 생명 보험 | ubezpieczenie społeczne | 사회 보험 |

| 표현 | 해석 |
|---|---|
| Ile kosztuje ubezpieczenie domu? | 화재 보험이 얼마입니까? |
| Chcę ubezpieczyć samochód. | 자동차보험에 가입하고 싶습니다. |
| Płacić składkę na ubezpieczenie co miesiąc. | 매월 보험료를 지불하다. |
| Czy jest pan ubezpieczony? | 당신은 보험이 있습니까? |

폴란드
한국 기업

## ≪한국과 폴란드의 첫 만남, 폴란드에 진출한 한국 기업≫

한국에서 비행시간만 약 10시간이 걸리는 멀고도 먼 나라인 폴란드와의 인연은 어디에서부터 시작되었을까요?
현재, 130여 개의 한국 기업들이 폴란드시장에 대거 진출하면서 폴란드와의 교역 형태는 어떻게 변화하고 있을까요?
이번 문화로 배우는 폴란드에서는 한국과 폴란드의 관계에 대해 살짝 들여다보려 합니다.


폴란드와의 첫 만남은 1885년 새에 대한 연구를 한 얀 칼리노프스키라는 생물학자였습니다. 그는 한반도에 있는 17종류의 새를 처음으로 발견하고 한국에 대한 인상을 기록하여 고국인 폴란드에 편지를 보냈다고 전해집니다. 그 후에는 여행자 바츠와프 시에로세프스키가 1905년에 발행된,『한국, 국동의 열쇠』라는 문헌을 통해 한국의 지리·역사·경제 등을 소개하였습니다.

바츠와프 시에로세프스키 :

**"오, 한국이여, 조용한 아침의 나라여! 너의 운명은 얼마 전 나의 조국 폴란드의 운명과 비슷하구나!"**

(*이민희『파란 폴란드 뽈스까』, 서울: 소명 2006, p. 57)


그는 고국으로 돌아가서 진행한 인터뷰에서 식민시절에 겪은 한국인의 아픔과 서러움을 공감하기도 하였습니다.
한편, 최초로 폴란드를 방문한 한국인은 러시아 니콜라이 2세 황제 대관식에 참석하기 위해 1896년 폴란드 땅을 거쳐 갔던 사절단이었습니다. 당시 폴란드는 러시아·오스트리아·독일에 의해 3국으로 분할이 되어 지도상에 나라가 없었던 시절이었습니다. 통역관으로 다녀왔던 김득련 통역관은 러시아 영토가 된 폴란드의 암울한 시대상을 공감하며 한탄하였습니다. 1905년에 한일협상조약이 체결되며, 한국 사람들은 폴란드와 관련된 기사를 경계와 교훈으로 삼기 위해 폴란드 당시의 현황과 역사를 묘사하는 기사를 신문에서 자주 언급하곤 했습니다.


그리고 제2차 세계대전, 바르샤바 봉기, 공산주의 시절을 모두 감내한 암울한 역사를 보낸 폴란드는 20세기에 들어, 다른 나라와의 교역을 활발하게 시작합니다. 폴란드와 한국, 양자 간의 교역도 예외가 아니었습니다. 유럽의 통로라 불릴 만큼 우세한 지리적 요건을 지닌 폴란드는, 한국과 1989년 11월 1일 처음으로 공식적인 수교 협정을 맺습니다. 1994년에는 레흐 바웬사 전 대통령이 내한하기도 하였습니다. 2004년에 故 노무현 전 대통령의 폴란드 방문, 2008년에는 故 레흐 카친스키 대통령이 방한하기도 하였습니다.

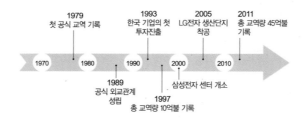

2009년 7월에는 수교 20주년을 기념하여 이명박 전 대통령이 폴란드에 방문하여 폴란드와 한국의 교역에 독려하기도 하였습니다. 폴란드는 유럽 전 지역으로 교류할 수 있는 지리적 요충지이자 풍부한 노동자원, 저렴한 노동비와 부동산의 이유로 폴란드 내 외국 자본의 비율이 높습니다. 일찍이 대부분의 한국 회사들도 폴란드에 법인을 세우고 판매활동을 활발히 하고 있습니다. 특히, 폴란드 브로츠와프에는 LG거리가 있을 만큼 입지가 큰 한국 대기업도 안정적으로 자리 잡고 있습니다. 그뿐만 아니라, LG, 삼성, SK등 한국을 대표하는 대기업들 및 중소기업들이 한국을 대표하여 폴란드에서 생산·판매를 활발히 진행하고 있습니다.

# 15

# Pozdrawiam z Korei.

한국에서 안부 인사를 전합니다.

학 습 요 점

- 회화
- 어휘: 편지, 이메일 쓰기
- 문법: 1. 과거 동사 변화형  2. 여격이란?  3. podać + ∼에게(여격) + ∼를(목적격) : ∼에게 ∼를 주다
  4. 인칭대명사 여격(∼에게)에 해당되는 인칭 대명사
- 추가어휘: 과거 시간
- 문화: 폴란드 역사

갑작스러운 회사 계획 변동으로 인하여, 작별인사를 하지 못하고 떠난 미나는 마렉에게 이메일을 씁니다. 연락이 안 되는 미나를 걱정하고 있던 마렉은 미나의 이메일을 받고 기뻐합니다. 마렉은 미나에게 답장을 쓰고, 7월에 한국으로 출장을 가게 되는 사실을 이야기합니다.

| **Nadawca**: Kim Mina (minakimm@naver.com) |
| --- |
| **Adresat**: Marek Kowalski (marek.kowalski88@gmail.com) |
| **Temat**: Pozdrawiam z Korei. |

Drogi Marek,

Przede wszystkim bardzo przepraszam za brak kontaktu. Nie mogłam się z Tobą pożegnać, ponieważ musiałam nagle wracać do Korei z powodu pracy. Firma zmieniła plan i dostałam wiadomość, że muszę zacząć pracę już w czerwcu.

Cieszę się, że mogłam Cię poznać w Polsce. Zawsze byłeś dla mnie miły i często mi pomagałeś. Dziękuję za wszystko.

Praca idzie mi dobrze. Czasami nudzi mi się w biurze, ale atmosfera jest dobra i wesoło mi tutaj pracować.

Czy wszystko u Ciebie w porządku? Mam nadzieję, że jeszcze spotkamy się. Ja chcę wrócić do Polski, ale może Ty też kiedyś odwiedzisz mnie w Korei? Serdecznie zapraszam.

Czekam na twoją odpowiedź.

Pozdrawiam,
Mina

| **Nadawca:** Marek Kowalski (marek.kowalski88@gmail.com) |
| --- |
| **Adresat:** Kim Mina (minakimm@naver.com) |
| **Temat:** RE: Pozdrawiam z Korei. |

Cześć Mina,

Dziękuję za wiadomość. Bardzo martwiłem się, bo nie mogłem się z Tobą skontaktować. Dzwoniłem do twojej pracy i twój szef powiedział, że już wróciłaś do Korei. Byłem smutny, bo wyjechałaś bez pożegnania. Ale rozumiem, że nie miałaś innego wyjścia i brakowało Ci czasu na spotkanie ze mną.

Mam dla Ciebie niespodziankę. Miałem inne plany, ale z powodu pracy muszę jechać na dwa tygodnie do Korei. Zarezerwowałem już bilet lotniczy i jeżeli masz czas w lipcu, możemy spotkać się. Później podam ci adres mojego hotelu.

Mam nadzieję, że u Ciebie wszystko w porządku. Życzę Ci powodzenia w pracy i oczekuję naszego spotkania w Seulu.

Trzymaj się,
Marek

| |
|---|
| **발신**: Kim Mina (minakimm@naver.com) |
| **수신**: Marek Kowalski (marek.kowalski88@gmail.com) |
| **제목**: 한국에서 안부인사를 전합니다. |
| 친애하는 마렉에게,<br>우선, 그 동안 연락을 못해서 미안하다는 말을 전하고 싶어. 회사일 때문에 갑자기 한국에 돌아가야 해서 너와 작별인사를 하지 못했어.<br>회사에서 계획을 변경해서 나는 6월부터 일을 시작해야 한다는 통보를 받았어.<br>폴란드에서 너를 알게 되어 너무 기뻤어. 너는 항상 친절했고 나에게 많은 도움을 주었어. 모든 것에 감사해. 일은 아주 잘 진행되고 있어. 회사에서 가끔 사무실에서 지루할 때도 있지만, 회사 분위기도 좋고 일하는 것도 즐거워.<br>너는 별일 없니? 우리가 또 만날 수 있으면 좋겠어. 나는 폴란드로 다시 돌아가고 싶어, 하지만 네가 언젠가는 나를 보러 한국으로 올 수도 있겠지? 진심으로 환영해.<br>너의 답장 기다릴게.<br><br>안부를 전하며,<br>미나 |

| |
|---|
| **발신**: Marek Kowalski (marek.kowalski88@gmail.com) |
| **수신**: Kim Mina (minakimm@naver.com) |
| **제목**: RE: 한국에서 안부 인사를 보냅니다. |
| 안녕 미나,<br>이메일 고마워. 너와 연락이 안 돼서 매우 걱정했어. 너의 회사에 전화를 해봤더니, 너의 상사가 한국으로 이미 돌아갔다고 말했어. 안부 인사도 없이 떠나서 너무 슬펐어. 그런데 너에게 다른 방법이 없었다는 생각이 들었고 나와 만날 시간이 부족했을 거란 생각이 들어서 충분히 이해가 돼.<br>미나 네가 깜짝 놀랄 소식이 있어. 원래는 다른 계획이 있었는데, 일 때문에 나도 2주간 한국에 가게 되었어. 비행기 표도 이미 예약했고, 네가 7월에 시간이 된다면, 우리가 그때 만날 수 있을 것 같아. 다음에 내가 지내게 될 호텔 주소를 알려줄게.<br>네가 잘 지내고 있었으면 좋겠어. 회사에서도 승승장구하고 서울에서 우리가 만날 날을 기대해볼게.<br><br>잘 지내,<br>마렉 |

## ☆ 새단어 słówka

[Mina]
· **nadawca** 발신 · **adresat** 수신 · **pozdrawiam** 안부를 전하다 · **przed wszystkim** 우선, 무엇보다도 · **kontakt** 연락
· **pożegnać się** 작별 인사하다 · **pomagać** 도움을 주다 · **nudzi mi się** (내가)지루함을 느끼다 · **atmosfera** 분위기
· **nagle** 갑자기 · **z powodu** ~의 이유로 · **poznać się** 알게 되다 · **odpowiedź** 답변 · **serdecznie** 진심으로

[Marek]
· **wiadomość** 소식, 이메일 · **skontaktować się** 연락하다 · **szef** 상사 · **wyjechać** 떠나다
· **nie ma innego wyjścia** 다른 방법이 없다 · **niespodzianka** 놀랄 일 · **bilet lotniczy** 비행기표
· **oczekiwać** 고대하다, 기대하다

## 어휘

### 1. 편지, 이메일 쓰기 pisanie listu, e-maila

• 시작할 때

| 구분 | | 폴란드어 표현 | 예문 |
|---|---|---|---|
| 공식적인 상황 | 여자에게 쓸 때 | Szanowna Pani<br>(존경하는 ~씨께) | Szanowna Pani Prezes,<br>존경하는 대표님께. |
| | 남자에게 쓸 때 | Szanowny Panie<br>(존경하는 ~씨께) | Szanowny Panie Dyrektorze,<br>존경하는 부장님께.<br>Szanowny Panie Marku,<br>존경하는 마렉씨께. |
| 여러 사람에게 공식적으로<br>이메일을 보낼 때 | | Szanowni Państwo<br>(존경하는 ~씨께) | Szanowni Państwo z firmy ○○,<br>○○회사의 ~님께. |
| 친구에게 쓸 때 | | Cześć (안녕)<br>(남자에게) Drogi<br>(여자에게) Droga<br>(~에게) | Cześć Aniu, 안녕 아니아.<br>Drogi Marku, 친애하는 마렉에게.<br>Droga Moniko, 친애하는 모니카에게. |

> **Tip!**
> • 일반적인 인사말(Dzień dobry) 대신에 Szanowny Panie/Szanowna Pani도 인사말의 의미를 포함하고 있으므로 단독으로 쓰는 것이 자연스럽습니다. 일반적으로 pan, pani를 쓸 경우에는 소문자로 표기하는 것이 원칙이나, 공문 및 편지를 보낼 경우 Pan, Pani로 대문자 표기를 합니다. 폴란드에는 사람의 이름을 부르거나, 편지 등의 서신을 작성할 때, 사람의 이름을 그대로 쓰는 대신, 호격으로 격변화를 하여 이름을 바꾸는 특징이 있습니다. 예를 들어, Marek의 경우, 이름을 부르거나 혹은 편지 등을 작성할 때 Marek 대신 Marku로 호격으로 격변화를 하는 특징이 있습니다.

• 끝낼 때

| 구분 | 폴란드어 표현 | 예문 |
|---|---|---|
| 공식적인 상황 | Z poważaniem, Z wyrazami szacunku, (~ 올림)<br>Pozdrawiam, (안부를 전하며) | Z poważaniem,<br>Minsu Lee 이민수 올림 |
| 친구에게 쓸 때 | Trzymaj się, Na razie, (잘 지내요)<br>Do zobaczenia, (또 봐) | Trzymaj się,<br>Jan 잘지내길. 얀 보냄 |

> **Tip!**
> • 자주 연락하는 사람에게 이메일을 쓰고, 마무리를 할 때 pozdrawiam 인사를 쓰지만 처음으로 쓰는 이메일의 경우, 공식적인 표현인 Z poważaniem를 사용하는 게 일반적입니다.

• 자주 사용하는 표현

| 폴란드어 | 한국어 | 예문 |
|---|---|---|
| W odpowiedzi na~ | ~에 답하여 | W odpowiedzi na Pana e-mail ~.<br>당신의 이메일에 답하여~. |

| | | |
|---|---|---|
| W nawiązaniu do ~. | ~에 관하여 | W nawiązaniu do pani pytania ~.<br>당신의 질문에 관하여~. |
| Piszę w sprawie ~. | ~에 관하여<br>연락 드립니다 | Piszę w sprawie spotkania.<br>미팅에 관하여 연락 드립니다. |
| Uprzejmie proszę o ~. | ~하는 것을<br>정중히 부탁드립니다 | Uprzejmie proszę o wysłanie faktury.<br>인보이스 송부 부탁드립니다. |
| Z góry dziękuję za pomoc. | 도움 주셔 감사드립니다 | Sam nie mogę tego zrobić.<br>Z góry dziękuję za twoją pomoc.<br>단독으로 진행할 수 없습니다. 도움 주셔 감사합니다. |
| W załączniku przesyłam ~. | ~을/를 첨부해서<br>보내드립니다 | W załączniku przesyłam raport<br>tygodniowy.<br>주간 리포트를 첨부해서 보내드립니다. |

---

| | |
|---|---|
| **Odbiorca:** 김희영 (kimheeyeong1@naver.com) | |
| **Nadawca:** Marek Wisławski (wislawski80@gmail.com) | |
| **Temat:** Spotkanie 05.07.2016 | |

Szanowny Panie Marku,
W nawiązaniu do wczorajszego spotkania,
podoba mi się Pana propozycja. Chcę współpracować z Pana Firmą.
Mam nadzieję, że dzięki Pana Firmie szybko skończymy nasz projekt.
Dzisiaj brakuje mi czasu. Jutro wyślę Panu propozycję umowy.
Proszę przeczytać umowę i odpowiedzieć mi.
Z góry dziękuję za pomoc.

Z poważaniem,
Heayeong Kim

존경하는 마렉 씨에게,
어제 미팅에 관하여,
나는 당신의 제안이 마음에 듭니다. 당신의 회사와 함께 일을 하고 싶습니다.
당신 회사의 도움으로, 저희 프로젝트를 빠른 시일 내에 마무리할 수 있길 기대합니다.
오늘은 시간이 없습니다. 내일 계약서 제안서를 보내드리겠습니다.
계약서 읽어보시고 저에게 답장 주시길 바랍니다.
도움 주셔 감사드립니다.

김혜영 올림

## 1. 과거 동사 변화형

아래에 나오는 동사를 제외한 대부분의 동사는 완료형동사나 불완료 동사와 관계없이 다음과 같이 기본 형태로 규칙적으로 변합니다. 따라서 być 동사 형태의 과거 변화형을 숙지하는 것이 중요합니다!

### (1) 기본 형태 być

| 과거 형 대표 어미 | | być | 단수 | | | 복수 | |
|---|---|---|---|---|---|---|---|
| 단수 | 복수 | | 남성 | 여성 | 중성 | 남성 사람 | 이외의 성 |
| -łem<br>-łam | -liśmy<br>-łyśmy | 1인칭 | byłem | byłam | | byliśmy | byłyśmy |
| -łeś<br>-łaś | -liście<br>-łyście | 2인칭 | byłeś | byłaś | | byliście | byłyście |
| -ł<br>-ła<br>-ło | -li<br>-ły | 3인칭 | był | była | było | byli | były |

Wczoraj wieczorem byłem na randce z piękną dziewczyną.

어제 저녁 나는 예쁜 여자친구와 데이트를 하였다.

Moja mama była bardzo zajęta i nie miała czasu, żeby gotować obiad.

나의 엄마는 너무 바빠서 점심을 요리할 시간이 없었다.

### (2) mieć: ~를 가지다

| mieć<br>(~를 가지다) | 단수 | | | 복수 | |
|---|---|---|---|---|---|
| | 남성 | 여성 | 중성 | 남성 사람 | 그 외의 성 |
| 1인칭 | miałem / miałam | | | mieliśmy | miałyśmy |
| 2인칭 | miałeś / miałaś | | | mieliście | miałyście |
| 3인칭 | miał / miała / miało | | | mieli | miały |

> **Tip!**
> • 동사 변형 연습 단어
>
> chcieć (원하다), musieć (해야 한다), słyszeć (들리다), zapomnieć (잊다), rozumieć (이해하다), widzieć (보다), powiedzieć (말하다), siedzieć (앉다)

Czy rano miałeś dużo pracy w biurze? 아침 시간에 사무실에 일이 많이 있었니?

Miałam zły humor, ponieważ mój mąż pojechał sam na wycieczkę.

남편이 혼자 여행을 떠나서 나는 기분이 좋지 않았다.

(3) musieć: ~해야만 한다

| musieć<br>(~해야 한다) | 단수 | | | 복수 | |
|---|---|---|---|---|---|
| | 남성 | 여성 | 중성 | 남성 사람 | 그 외의 성 |
| 1인칭 | musiałem / musiałam | | | musieliśmy | musiałyśmy |
| 2인칭 | musiałeś / musiałaś | | | musieliście | musiałyście |
| 3인칭 | musiał / musiała / musiało | | | musieli | musiały |

W weekend musieliśmy posprzątać dom i ogród.
주말에 우리는 집과 정원을 청소해야만 했다.

Musieliśmy nagle wyjechać i zapomnieliśmy przygotować jedzenie dla kota.
우리는 갑자기 떠나야만 해서 고양이를 위한 음식을 준비하는 것을 잊어버렸다.

(4) móc: ~할 수 있다

| móc<br>(~할 수 있다) | 단수 | | | 복수 | |
|---|---|---|---|---|---|
| | 남성 | 여성 | 중성 | 남성 사람 | 그 외의 성 |
| 1인칭 | mogłem / mogłam | | | mogliśmy | mogłyśmy |
| 2인칭 | mogłeś / mogłaś | | | mogliście | mogłyście |
| 3인칭 | mógł / mogła / mogło | | | mogli | mogły |

Dlaczego nie mogłeś odebrać telefonu? 너는 왜 전화를 받을 수 없었니?

Dziecko nie mogło zrobić trudnego zadania domowego. 아이는 어려운 숙제를 할 수 없었다.

(5) jeść: (불규칙) ~를 먹다

| jeść<br>(~를 먹다) | 단수 | | | 복수 | |
|---|---|---|---|---|---|
| | 남성 | 여성 | 중성 | 남성 사람 | 그 외의 성 |
| 1인칭 | jadłem / jadłam | | | jedliśmy | jadłyśmy |
| 2인칭 | jadłeś / jadłaś | | | jedliście | jadłyście |
| 3인칭 | jadł / jadła / jadło | | | jedli | jadły |

W sobotę jedliście kolację w domu czy w restauracji?
너희들은 토요일에 집에서 저녁을 먹었니 아니면 음식점에서 저녁을 먹었니?

Rano nie jadłem śniadania i jestem bardzo głodny.
아침에 식사를 하지 못해서 나는 매우 배가 고프다.

(6) iść **(불규칙)** (걸어서) 가다

| iść<br>(~에 가다) | 단수 | | | 복수 | |
|---|---|---|---|---|---|
| | 남성 | 여성 | 중성 | 남성 사람 | 그 외의 성 |
| 1인칭 | szedłem / szłam | | | szliśmy | szłyśmy |
| 2인칭 | szedłeś / szłaś | | | szliście | szłyście |
| 3인칭 | szedł / szła / szło | | | szli | szły |

Przedwczoraj szliśmy do kina i spotkaliśmy tam naszego nauczyciela.

그제 우리는 극장에 갔었는데 그곳에서 우리 선생님을 우연히 만났었다.

Rano widziałem mamę przed centrum handlowym, czy ona szła robić zakupy?

나는 아침에 백화점 앞에서 엄마를 보았는데, 엄마는 장 보러 갔었니?


## 2. 여격이란?

### (1) 여격의 의미

"~에게" 간접목적어에 해당하는 것을 여격이라고 합니다. "~에게"의 의미로 쓰일 때는 여격을 활용하고, "~를"에 해당할 때에는 목적격으로 쓸 수 있습니다.


## 3. podać + ~에게 (여격) + ~를 (목적격) : ~에게 ~를 주다

podać라는 동사는 폴란드어로 "주다"라는 수여 동사입니다. 즉, "~에게 ~를 주다"라고 표현할 수 있습니다. 이때 주의해야 할 점은 "~에게"에 해당되는 명사는 반드시 여격 어미로 변화해야 하며, "~를"에 해당되는 명사는 목적격 으로 써야 한다는 점입니다. 여격의 여성명사 변화형은 장소격 여성명사와 동일하게 변화를 합니다.

| 단수/복수 | 주격 | podać (주다) | | 구분 | 형용사 | 명사 |
|---|---|---|---|---|---|---|
| 1인칭 단수 | ja | podam | **+** | 여격 단수 | | |
| 1인칭 복수 | my | podamy | | 남성 | -emu | -owi<br>-u (단음절) |
| 2인칭 단수 | ty | podasz | | 중성 | -emu | -u |
| 2인칭 복수 | wy | podacie | | 여성 | -ej | -e (경음일경우)<br>경음 → 연음화 +e<br>-i (연음, 기능적 연음1)<br>-y (기능적연음) |
| 3인칭 단수 | on/ono/ona | poda | | 여격 복수 | | |
| 3인칭 복수 | oni/one | podadzą | | 남성,<br>중성. 여성 | - ym/-im | -om |


### ☆ 규칙!

"경음 → 연음화"된 후에 여격 어미를 넣습니다. 기본 경음이 여격에서는 연음화가 이루어지기 때문에 경음과 짝을 이루는 연음을 잘 익혀두어야 합니다.

## podać 여격 활용

| | podać + ~에게 (여격) + ~를 (목적격) : ~에게 ~를 주다 | | |
|---|---|---|---|
| **podać**<br>(주다) | **~에게 (여격)** | **~를 (목적격)** | **완벽한 문장** |
| podam | kolega → kole**dze**<br>(친구에게) | gra komputerowa<br>→ grę komputerową<br>(컴퓨터 게임) | Podam kole**dze** grę komputerową.<br>나는 친구에게 컴퓨터 게임을 줄 것이다. |
| podasz | nauczyciel<br>→ nauczyciel**owi**<br>(선생님에게) | piękny kwiat<br>→ piękny kwiat<br>(예쁜 꽃) | Podasz nauczyciel**owi** piękny kwiat?<br>너는 선생님에게 예쁜 꽃을 줄 것이니? |
| poda | babcia → babc**i**<br>(할머니께) | prezent<br>(선물) | Poda babc**i** prezent.<br>(그/그녀는) 할머니께 선물을 줄 것이다. |
| podamy | koleżanka → koleżan**ce**<br>(친구에게) | smaczna przekąska<br>→ smaczną przekąskę<br>(맛있는 간식) | Podamy koleżan**ce** smaczną przekąskę.<br>우리는 친구에게 맛있는 간식을 줄 것이다. |
| podacie | dziecko → dziec**ku**<br>(아이에게) | nowa piłka<br>→ nową piłkę<br>(새로운 공) | Podacie dziec**ku** nową piłkę?<br>너희들은 아이에게 새로운 공을 줄 것이니? |
| podadzą | kierowca → kierow**cy**<br>(운전기사에게) | adres domowy<br>(집주소) | Oni podadzą kierow**cy** adres domowy.<br>그들은 운전기사에게 집 주소를 줄 것이다. |

## 4. 인칭대명사 여격(~에게)에 해당되는 인칭 대명사

| 주격 | 여격 | 주격 | 여격 |
|---|---|---|---|
| ja | mnie/mi<br>(나에게) | my | nam<br>(우리에게) |
| ty | tobie/ci<br>(너에게) | wy | wam<br>(너희들에게) |
| on, ono | jemu/niemu/mu<br>(그에게/그것에게) | oni/one | im/nim<br>(그들에게/그녀들에게) |
| ona | jej/niej<br>(그녀에게) | | |

# 연 | 습 | 문 | 제

**①** 다음 보기와 같이 주어진 단어를 재배열하여 올바른 문장을 만들어 보세요.

> | 보기 |   wczoraj / śnić się / ci / piękna wyspa / ?
>
> ▶ <u>Wczoraj śniła ci się piękna wyspa?</u> 어제 아름다운 섬에 대한 꿈을 꾸었니?

(1) brakować / mi / czas / na / sprzątanie

▶ _____  나는 청소할 시간이 부족합니다.

(2) wycieczka / dobrze / mi / zrobić

▶ _____  여행은 나를 기분 좋게 만들어줍니다.

(3) ja / być / bardzo / zmęczony / i / chce się / mi / spać

▶ _____  나는 너무 피곤해서 잠을 자고 싶습니다.

(4) wczoraj / musieć / pisać / nowa umowa

▶ _____  어제 나는 새로운 계약서를 써야 했습니다.

**②** 다음 보기와 같이 제시된 단어를 이용하여 질문에 답해 보세요.

> | 보기 |   Co matka podała dziecku? (piłka) 어머니는 아이에게 무엇을 주었습니까?
>
> ▶ <u>Matka podała dziecku piłkę.</u> 어머니는 아이에게 공을 주었습니다.

(1) Co dzieci podały babci? (ciepły obiad)  아이들은 할머니에게 무엇을 주었습니까?

▶ _____  아이들은 할머니에게 따뜻한 점심 식사를 주었습니다.

(2) Co uczeń podał nauczycielowi? (książka)  학생은 선생님에게 무엇을 주었습니까?

▶ _____  학생은 선생님에게 책을 주었습니다.

(3) Co Janek poda tacie? (elegancki krawat)  야넥은 아빠에게 무엇을 줄 것입니까?

▶ _____  야넥은 아빠에게 우아한 넥타이를 줄 것입니다.

(4) Co matka podała córce? (parasol)  어머니는 딸에게 무엇을 주었습니까?

▶ _____  어머니는 딸에게 우산을 주었습니다.

**3** 다음 보기와 같이 제시된 단어를 이용하여 문장을 만들어 보세요.

> | 보기 |  Dzisiaj mam czas i mogę gotować polskie jedzenie.
> 나는 오늘 시간이 있고 폴란드 음식을 요리할 수 있습니다.
>
> (wczoraj) ▶ Wczoraj miałem czas i mogłem gotować polskie jedzenie.
> 나는 어제 시간이 있었고 폴란드 음식을 요리할 수 있었습니다.

(1) Moje koleżanki najpierw rezerwują bilet lotniczy, a później jadą na wakacje.
나의 여자 친구들은 먼저 비행기표를 예매하고, 그 후에 휴가를 갑니다.

(rok temu) ▶ _____

나의 여자 친구들은 1년 전에 먼저 비행기 표를 예매했고, 그 후에 휴가를 갔습니다.

(2) Mój tata idzie z mamą do kina, żeby obejrzeć nowy film.
나의 아빠는 엄마와 함께 새로운 영화를 보러 극장에 갑니다.

(niedawno) ▶ _____

최근에 나의 아빠는 엄마와 함께 새로운 영화를 보러 극장에 갔습니다.

(3) Mam trochę pieniędzy, ale nie wiem jaki prezent kupić dla mamy.
나는 돈이 조금 있는데, 엄마를 위해 어떤 선물을 사줘야 할지 모르겠습니다.

(dwa miesiące temu) ▶ _____

나는 2개월 전에 돈이 조금 있었는데, 엄마를 위해 어떤 선물을 사야 할지 몰랐습니다.

(4) Siedzę przed telewizorem i oglądam interesujący serial.
나는 TV 앞에 앉아 있고 흥미로운 드라마를 보고 있습니다.

(przedwczoraj) ▶ _____

나는 그저께 TV 앞에 앉아 있었고 흥미로운 드라마를 보고 있었습니다.

**4** 다음을 듣고 빈칸에 들어갈 내용을 채워 보세요.　　　🎧 MP3 **31**

(1) Nudzi _____ w pracy.

　▶ Naprawdę? Nie podoba _____ w nowej pracy?

(2) Przedwczoraj egzamin z języka polskiego źle _____ .

　▶ Może pomogę _____ się uczyć?

(3) _____ wczoraj czas, prawda? Jadłyście kolację w restauracji?

　▶ Nie, wczoraj _____ robić zakupy, dlatego poszłyśmy do centrum handlowego.

(4) Czy twoja córka _____ tydzień temu w szkole?

　▶ Nie, moja córka _____ wtedy chora. Miała gorączkę i bolało ją gardło.

**[ 과거 시간 przeszłość ]**

| | | | |
|---|---|---|---|
| wczoraj | 어제 | przedwczoraj | 그저께 |
| tydzień temu | 일주일 전에 | miesiąc temu | 한달 전에 |
| dwa miesiące temu / trzy miesiące temu | 두 달 전에 / 세 달 전에 | rok temu | 일년 전에 |
| przed chwilą | 방금 | niedawno | 조금 전에 |
| dawno temu | 오래 전에 | kilka dni temu | 며칠 전에 |

관용어구는 주어를 쓰지 않고 여격 인칭대명사를 이용하여 사용합니다. 대부분 기분이나 감정 및 상태를 나타내는 단어들은 자신을 주어로 내세우지 않고, 여격을 사용함으로써 의미를 완화시키는 경향이 있습니다.

| 여격을 사용하는 관용어구 | 예시 |
|---|---|
| chce się (~가 원하다) | Chce mi się spać. 나는 졸리다. |
| śni się (~ 꿈꾸다) | Śniło ci się dziecko? 너는 아이 꿈을 꾸었니? |
| brakuje (~가 부족하다) | Brakuje mi czasu. (brakować + 여격 + 소유격) 나는 시간이 부족해. |
| nudzi się (~지루하다) | Nudzi nam się w szkole. 우리에게 학교는 지루하다. |
| idzie (~되어가다) | Praca idzie dobrze. 일은 잘 진행되고 있다. |
| wolno (~허락하다) | Wolno nam wychodzić. 우리는 나가도 된다. |
| smutno (~슬프다) | Dlaczego ci smutno? 너는 왜 슬프니? |
| miło (~ 반갑다) | Miło mi cię poznać. 너를 알게 되어 기쁘다. |
| dobrze (~좋다) | Spacer dobrze mi zrobił. 산책은 나를 기분 좋게 만들었다. |
| źle (~ 나쁘다) | Egzamin źle mi poszedł. 나는 시험을 잘 보지 못하였다. |
| słabo (~약하다) | Słabo ci? 너는 힘이 없니? |
| gorąco (~덥다) | Gorąco mi. 나는 덥다. |
| wesoło (~기쁘다) | Wesoło nam. 우리는 기쁘다. |
| wygodnie (편안하다) | Wygodnie mi tutaj zostać. 나는 여기에 있는 것이 편하다. |
| podoba się (마음에 들다) | Podobają wam się te kwiaty? (복수 → ją) 너희들은 이 꽃이 맘에 드니? |

**Tip!**

· podobać się은 kosztować와 마찬가지로 뒤에 나오는 명사가 단수이면 3인칭 단수형태인 podoba się,
  복수 명사이면 3인칭 복수 형태인 podobają się을 씁니다.

  podoba się + 여격 인칭 + 단수 명사

  podobają się + 여격 인칭 + 복수 명사

## ≪한국과 폴란드, 다른 나라지만 같은 아픔을 느끼다.≫

### 1. 왕조시대

966년 피아스트왕조의 미에슈코 1세가 그리스도교를 받아드리며 폴란드를 건국하였습니다. 독수리가 둥지를 틀었다고 해서 그니에즈노에 수도를 두고, 독수리를 폴란드의 문장으로 채택하였습니다. 1039년, 카지미에슈 1세는 수도를 그니에즈노에서 크라쿠프로 천도하였고, 1370년에 피아스트왕조가 계승상의 부재 이유로 사라지게 되었습니다. 1385년 야드비가 여왕이 리투아니아 야기에오와 정략결혼을 하면서 폴란드-리투아니아 연합 왕국이 시작되었고, 16세기 말에는 유럽의 곡창지로 불리며 최대의 전성기를 맞이하였습니다.

### 2. 분할 시대

1572년, 왕위 계승 부재의 문제로 야기에오 왕조가 막을 내리고, 귀족 공화정이 시작됩니다. 당연히 왕권은 약화, 귀족 세력은 강화되었습니다. 1596년 지그문트 3세가 크라쿠프 수도를 바르샤바로 천도하면서 폴란드 국가는 외세의 침략적 거점지가 됩니다. 러시아 모스크바와 잦은 충돌이 있었으며, 1655년에는 스웨덴과 러시아의 침공을 받으며 국력이 약화되기 시작되었습니다. 특히 주변국이었던 러시아, 오스트리아, 지금의 독일인 프로이센의 침공을 끊임없이 받으며 1772년 폴란드 국가의 4분의 1을 분할 지배, 1793년에는 2차 분할, 1795년에는 3차 분할로 결국, 폴란드는 지도상에 나라가 사라지게 됩니다. 실제로 1918년까지 폴란드는 러시아-프로이센-오스트리아 삼국에 의해 영토가 분할되고 삼국의 통치와 압정을 받았습니다.

### 3. 제1, 2차 세계대전

러시아, 오스트리아, 독일로 삼국 분할이 된 폴란드는 지도상에 나라가 없는 민족이었습니다. 폴란드인은 자신의 나라를 되찾기 위해 많은 노력을 거듭하였지만 결국 바르샤바 공국시대도 막을 내리고, 혁명정부 및 독립 전쟁에도 실패를 겪으면서 어려운 위기를 겪게 됩니다. 그러던 차, 우드로 윌슨의 "민족자결주의 원칙"에 힘입어, 1918년 11월 11일 독립국으로 인정받으며, 독일, 오스트리아, 러시아에게 영토를 반환받습니다. 1918년부터 1939년까지 독립을 유지하였습니다. 폴란드 정부는 1932년 소련, 1934년 독일로부터 불가침 조약을 체결하기는 하지만 1939년~1945년까지 나치의 침공을 받으며 독일과 소련의 점령하에 놓이게 됩니다. 당시 폴란드 문화를 말살하고 유대인을 대량으로 학살하는 등 갖은 고통과 억압을 받게 됩니다. 세계대전이 막을 내리고, 폴란드는 자체적으로 망명정부를 수립하고 게릴라 대전을 벌이는 등, 민족 항쟁을 벌였습니다. 폴란드 지역에서 독일을 퇴치하고 소련을 적국으로 두는 등의 노력을 해왔지만, 망명정부를 무시하고 1945년 6월 공산주의를 기반으로 임시정부를 수립하게 됩니다.

### 4. 공산주의 시대

1945년 6월 공산주의의 임시정부를 수립하게 됩니다. 1947년 1월 총선에서는 공산당과 사회당 등 인민 전선이 압승을 거두게 됩니다. 공산주의 시절을 보내게 된 폴란드인들은 경제적인 어려움이 극대화되고 공산당 정권의 경제 정책이 실패하게 됩니다. 1980년 7월, 자유노조 지지자들은 그단스크 조선소를 기점으로 레흐바웬사를 자유 노조의 장으로 세우고 대대적인 파업에 들어갑니다. 경제 상황이 더욱 악화되자 그단스크 뿐만 아니라 전국적으로 노동자 파업은 극대화가 됩니다. 이러한 상황에서도 파업 및 항쟁은 계속 되자, 1988년 8월 슈체친, 그단스크 조선소의 자유노조를 인정하고 임금 인상 및 경제 개혁을 실시합니다. 실제로 이 시점에서 공산당 정권의 경제 정책이 실패했음을 인정하고 공산당의 세력이 주춤해지기 시작합니다.

### 5. 민주정부

계속적인 총파업으로 1989년 2월, 폴란드 정부는 자유노조를 합법화하고 레흐 바웬사를 중심으로 원탁회의를 주최, 자유노조가 압승을 거두게 됩니다. 결국 1990년 1월 폴란드 공산당은 자진 해산하게 됩니다. 1990년 12월 노동자출신으로는 최초로 레흐 바웬사가 대통령으로 당선이 되고 5년 직선제 대통령이 됩니다. 2004년 5월 1일에는 유럽연합에 가입을 하면서 도약적인 경제발전을 거듭하고 있습니다.


폴란드는 이처럼 한국의 역사와 많이 닮았습니다. 오랫동안 외세의 침입에 시달리며 일제 치하의 식민지 시절을 보내온 한국과, 삼국이 분열되어 나라 없는 민족으로 나치 치하에 억압받아 온 폴란드의 역사는 유사하다고 볼 수 있습니다. 또한, 폴란드 공산주의 시대는 한국의 군사정치 시절과 비슷합니다. 이러한 역사적 유사성으로 폴란드의 역사를 알면 알수록 더 가깝게 느껴집니다. 두 나라 간의 거리는 멀지만, 한국과 폴란드의 관계는 앞으로 더욱 긴밀해질 것이라 기대해봅니다.

## 1과

### 1

(1) Mam na imię Minsu. Jestem Koreańczykiem.
(2) Mam na imię Akane. Jestem Japonką.
(3) Mam na imię Sven. Jestem Niemcem.
(4) Mam na imię Nadia. Jestem Rosjanką.

### 2

(1) Nie, to nie jest koń. To jest pies.
(2) Tak, to jest zupa.
(3) Nie, to nie jest ołówek. To jest żarówka.
(4) Tak, to jest parasol.

### 3

(1) To jest jabłko.
(2) To jest córka.
(3) To jest sypialnia.
(4) To jest samochód.

### 4

(1) Jest pan Koreańczykiem?
당신은 한국 사람입니까?
▶ Tak, jestem Koreańczykiem.
네, 저는 한국 사람입니다.
▶ Bardzo mi miło pana poznać.
만나서 매우 반갑습니다.
(2) Kto to jest?
이 사람은 누구입니까?
▶ To jest Logan. On jest Niemcem.
이 사람은 로간입니다. 그는 독일 남자입니다.

## 2과

### 1

(1) drogi hotel
(2) gruba kobieta
(3) smaczny obiad
(4) zły pies

### 2

(1) To dziecko jest smutne.
(2) Ten rower jest drogi.
(3) Ta dziewczyna jest niska.
(4) Ten nauczyciel jest przystojny.

### 3

(1) To jest mój pokój.
(2) To jest jej gitara.
(3) To jest nasz sklep.
(4) To jest ich dziecko.

### 4

(1) Kto to jest? 이분은 누구야?
▶ To jest mój chłopak.
나의 남자친구야.
(2) Jaki jest twój chłopak? 너의 남자친구는 어때?
▶ Mój chłopak jest wysoki i przystojny.
나의 남자친구는 키가 크고 잘생겼어.
(3) Jakie jest twoje dziecko? 너의 아이는 어때?
▶ Moje dziecko jest szczęśliwe.
나의 아이는 행복해.
(4) Ta książka jest ciekawa. 이 책은 흥미로워.
▶ A ten film jest nudny.
이 영화는 지루해.
(5) Mój pies jest mały. Jaki jest twój pies?
나의 강아지는 작아. 너의 강아지는 어때?
▶ Mój pies jest duży. 나의 강아지는 커.

## 3과

### 1

(1) Ty masz wygodne krzesło.
(2) My mamy dużą szafę.
(3) Oni mają drogi ekspres do kawy.
(4) Ona ma piękną torbę.

### 2

(1) Ona ma duży parasol.
(2) Ono/Dziecko ma ciepłą czapkę.
(3) On ma interesujący album.

## 3

(1) Mój fotel jest wygodny.
(2) Moja lampka jest mała.
(3) Moje radio jest stare.
(4) Moje ciasto jest smaczne.

## 4

(1) Mina, masz ulubiony film?
미나, 좋아하는 영화가 있니?
- ▶ Nie, ja nie mam ulubionego filmu.
아니, 나는 좋아하는 영화가 없어.
(2) Jaki jest twój pokój? 너의 방은 어때?
- ▶ Mój pokój jest mały, ale wygodny.
나의 방은 작지만 편안해.
(3) Masz nowy i dobry telefon?
새롭고 좋은 핸드폰이 있니?
- ▶ Nie, ja mam stary telefon.
아니, 나는 오래된 핸드폰이 있어.
(4) Czy w twoim pokoju jest dywan?
너의 방에 카펫이 있니?
- ▶ Tak, w moim pokoju jest duży dywan.
응, 나의 방에 큰 카펫이 있어.

### ▪ 4과

## 1

(1) Ty kochasz mnie?
(2) On kocha ciebie.
(3) Ja kocham moje dziecko.
(4) Mój ojciec kocha moją matkę.

## 2

(1) Matka ma na imię Magda. Ona ma czterdzieści osiem lat.
(2) Córka ma na imię Ola. Ona ma siedemnaście lat.
(3) Syn ma na imię Michał. On ma czternaście lat.

## 3

(1) Oni zwiedzają piękne miasto.

(2) Babcia ogląda interesujący album.
(3) Nauczycielka czeka na koleżankę.
(4) Mój syn zaczyna zadanie domowe.

## 4

(1) Na kogo czekasz? 누구를 기다리고 있니?
- ▶ Czekam na moją siostrę. 나의 누나를 기다리고 있어.
(2) Kochasz twoją rodzinę? 너의 가족을 사랑하니?
- ▶ Tak, kocham moją matkę i mojego ojca.
응, 나의 어머니와 아버지를 사랑해.
(3) W poniedziałek grasz w piłkę nożną?
월요일에 축구를 해?
- ▶ Nie, gram w piłkę nożną w piątek.
아니, 금요일에 축구를 해.
(4) Ile lat mają twój wujek i twoja ciocia?
너의 삼촌과 이모는 나이가 어떻게 되니?
- ▶ Mój wujek ma pięćdziesiąt dwa (52) lata, a moja ciocia ma czterdzieści pięć (45) lat.
나의 삼촌은 52살이고 나의 이모는 45살이야.
- ▶ Masz brata? 남동생이 있니?
- ▶ Tak, mój brat ma trzynaście lat.
응, 나의 남동생은 13살이야.

### ▪ 5과

## 1

(1) Po południu my lubimy grać w golfa.
(2) Rano ja lubię robić zakupy.
(3) Wieczorem ona lubi tańczyć.
(4) W nocy wy lubicie spacerować?

## 2

(1) W weekend zobaczę nową wystawę.
(2) Jej syn kupi tanią koszulkę.
(3) Moja matka kończy pracę.

## 3

(1) Mój tata bardzo lubi grać w piłkę nożną.
(2) On martwi się o jego żonę.
(3) Wieczorem moje dziecko lubi słuchać muzyki.
(4) Córka czeka na matkę.

## 4

(1) Tomasz, lubisz <u>słuchać muzyki</u> wieczorem?

토마스, 저녁에 음악 듣는 것을 좋아하니?

▸ Nie, wieczorem lubię <u>pływać</u>.

아니, 저녁에 수영하는 것을 좋아해.

(2) Mój brat w sobotę <u>po południu</u> lubi tańczyć. A co lubi robić twoja siostra?

나의 남동생은 토요일 오후에 춤 추는 것을 좋아해. 너의 여동생은 뭐하는 것을 좋아하니?

▸ Moja siostra w niedzielę <u>rano</u> lubi spacerować i robić zdjęcia.

나의 여동생은 일요일 아침에 산책하고 사진 찍는 것을 좋아해.

(3) Co <u>kończy</u> robić twój syn?

너의 아들은 무엇을 끝내니?

▸ Mój syn <u>kończy</u> trudne zadanie domowe.

나의 아들은 어려운 숙제를 끝내.

(4) O kogo się <u>martwisz</u>?

너는 누구를 걱정하니?

▸ Martwię się o <u>babcię</u>.

나는 할머니를 걱정해.

## 4

(1) Ile kosztują <u>mleko</u> i <u>herbata</u>?

우유와 차는 얼마예요?

▸ Razem to jest <u>dziewięć złotych dwadzieścia groszy (9,20 zł)</u>.

총 9,20즈워티입니다.

(2) Poproszę <u>ciasto</u>. Chcę płacić kartą.

케이크을 주세요. 카드로 결제를 하고 싶은데요.

▸ Dobrze, ciasto kosztuje <u>siedemnaście złotych (17 zł)</u>.

네, 케이크는 17즈워티입니다.

(3) <u>Chcesz malować obraz</u> dzisiaj rano?

오늘 아침에 그림을 그리고 싶니?

▸ Nie, dzisiaj rano <u>chcę obciąć włosy</u>.

아니, 오늘 아침에 머리를 자르고 싶어.

(4) Ja dzisiaj po południu <u>gotuję</u> bigos.

나는 오늘 오후에 비고스를 요리해.

▸ Czy <u>potrzebujesz</u> cebuli, żeby gotować bigos?

비고스를 요리하기 위해 양파가 필요하니?

### ▪ 6과

## 1

(1) Wino kosztuje dwadzieścia cztery złote pięćdziesiąt groszy.

(2) Chleb kosztuje dwa złote czterdzieści groszy.

(3) Woda mineralna kosztuje jeden złoty osiemdziesiąt groszy.

(4) Arbuz kosztuje siedem złotych dziewięćdziesiąt groszy.

## 2

(1) Magda chce kupić jeansy.

(2) Tomasz chce kupić koszulę.

(3) Marek i Gosia chcą kupić pierścionek.

## 3

(1) Ja dziękuję za zaproszenie.

(2) Ja potrzebuję dużą reklamówkę.

(3) Czy wujek i ciocia pracują w sobotę?

(4) My chcemy kupić kapustę.

### ▪ 7과

## 1

(1) Czy wy znacie wygodny hotel?

(2) Czy oni znają mojego męża?

(3) Czy ty znasz duży parking?

(4) Czy ona zna dobrą księgarnię?

## 2

(1) Proszę iść w lewo.

(2) Proszę iść prosto.

(3) Przepraszam, nie wiem.

## 3

(1) Jest piętnasta trzydzieści.

(2) Chcę zrobić rezerwację na siedemnastą.

(3) Mecz zaczyna się o dwudziestej pierwszej.

(4) Chcę spotkać się o dziewiętnastej trzydzieści.

## 4

(1) Przepraszam, gdzie jest kino?
실례지만, 극장은 어디입니까?

▶ Proszę iść w prawo.
오른쪽으로 가세요.

(2) Znasz dobrą restaurację?
좋은 식당을 아니?

▶ Niestety nie, ale znam dobry supermarket.
안타깝게도 모르지만, 좋은 슈퍼마켓은 알아.

(3) O której godzinie zaczyna się film?
영화는 몇 시에 시작하니?

▶ Film zaczyna się o dwudziestej.
영화는 20시에 시작해.

(4) Na kogo oni czekają?
그들은 누구를 기다리니?

▶ Oni czekają na nauczyciela.
그들은 선생님을 기다려.

## ▪ 8과

## 1

(1) Muszę sprzątać kuchnię.
(2) Córka musi gotować kolację.
(3) Oni mogą grać w koszykówkę.
(4) Moja koleżanka musi kupić chleb i cukier.

## 2

(1) Czy ty musisz robić pranie?
(2) On może dzisiaj grać w piłkę nożną.
(3) Tutaj trzeba płacić gotówką.
(4) On prosi o dostawę.

## 3

(1) Mogę odwiedzać babcię.
(2) Muszę zmywać naczynia.
Mogę oglądać wystawę.
(3) Mogę piec ciasto.

## 4

(1) Dzień dobry. Czy mogę przyjąć zamówienie?
안녕하세요. 주문 도와드릴까요?

▶ Tak, poproszę rosół i kotlet schabowy z ziemniakami.
네, 로소우하고 감자 곁들인 돈가스 주세요.

(2) Chcę zamówić pizzę margarita. Ile muszę czekać?
피자 마가리타를 주문하고 싶은데요. 얼마나 기다려야 하나요?

▶ Proszę czekać 20 minut.
20분 기다려 주세요.

(3) Poproszę bigos.
비고스 주세요.

▶ Dobrze. A co chce pan pić?
네, 음료는 무엇으로 해드릴까요?

▶ Poproszę piwo tyskie. Dziękuję.
맥주 티스키에 주세요. 감사합니다.

(4) Poproszę kurczaka w sosie śmietanowym na wynos. Ile kosztuje?
크림소스 닭고기 포장해 주세요. 얼마입니까?

▶ Kurczak w sosie śmietanowym kosztuje dziewiętnaście (19) zł.
크림소스 닭고기는 19즈워티입니다.

## ▪ 9과

## 1

(1) Ona myje zęby.
(2) Oni śpią.
(3) Oni jedzą śniadanie.

## 2

(1) Najpierw piję kawę, potem/później robię zakupy.
(2) Najpierw biegam, potem/później myję się.
(3) Najpierw jem śniadanie, potem/później piorę koszulę.
(4) Najpierw ubieram się, potem/później myję zęby.

## 3

(1) Ty masz gorączkę?
(2) Boli mnie głowa i muszę brać tabletkę.
(3) Często bolą go plecy.
(4) Ja boję się, bo dzisiaj mam operację.

## 4

(1) Codziennie rano <u>golisz się</u>?
매일 아침에 면도하니?
  ▶ Nie, ja <u>golę się</u> co drugi dzień.
아니, 나는 이틀마다 면도해.

(2) Jak często twoja mama <u>pierze</u> ubrania?
너의 엄마는 얼마나 자주 빨래를 하니?
  ▶ Moja mama <u>pierze</u> ubrania raz na tydzień.
나의 엄마는 일주일에 한번 빨래를 해.

(3) Martwię się, bo moją mamę często <u>boli brzuch</u>.
우리 엄마는 자주 배가 아프기 때문에 걱정돼.
  ▶ Czy ona <u>lubi</u> niezdrowe jedzenie?
그녀는 건강하지 않은 음식을 좋아하니?

(4) Mój brat <u>boi się</u> złych psów.
나의 남동생은 사나운 개를 무서워해.
  ▶ Naprawdę? Moje siostry też <u>boją się</u> psów.
정말? 나의 여동생들도 개를 무서워해.

### ▪ 10과

## 1

(1) Nie, nie mam ciekawej książki.
(2) Nie, ona nie ma małego psa.
(3) Nie, oni nie mają wygodnego biurka.
(4) Nie, nie mamy miłego nauczyciela.

## 2

(1) Ona szuka dużego basenu.
(2) Oni szukają wysokiej góry.
(3) On szuka ładnej pocztówki.

## 3

(1) ⓑ     (2) ⓓ     (3) ⓔ     (4) ⓐ     (5) ⓒ

## 4

(1) Co robisz? 뭐 하니?
  ▶ Nie mam gotówki, dlatego szukam <u>karty</u>.
현금이 없어서 카드를 찾고 있어.

(2) Dzień dobry, poproszę bilet <u>normalny</u>.
안녕하세요. 일반 표 주세요.
  ▶ Ten bilet kosztuje <u>dziewiętnaście (19)</u> złotych.
이 표는 19즈워티입니다.

(3) 'Hotel Plaza', słucham?
여보세요? 플라자호텔입니다.
  ▶ Chcę rezerwować pokój <u>dwuosobowy</u> na <u>17 lipca</u>.
7월 17일에 2인실을 예약하고 싶은데요.

(4) <u>Jeżeli</u> masz czas wieczorem, możemy razem grać w piłkę nożną.
만일 저녁에 시간이 있으면 같이 축구 할 수 있어.
  ▶ Niestety muszę uczyć się, <u>żeby</u> dobrze pisać test.
불행하게도 시험을 잘 보기 위해서 공부해야 해.

### ▪ 11과

## 1

(1) Proszę iść prosto i na skrzyżowaniu skręcić w lewo.
(2) Proszę jechać autobusem numer 17.
(3) Proszę iść prosto przez 5 minut.

## 2

(1) Mój plecak jest obok łóżka.
(2) Magda dostała pożyczkę od babci.
(3) U wujka w garażu jest samochód.
(4) Oni śpiewają piosenkę dla córki.

## 3

(1) Oni po pracy jeżdżą na zakupy.
(2) Minsu chodzi z dziewczyną (na randki) na wystawę.
(3) Wieczorem lubię chodzić do biblioteki.
(4) Idę na spacer do parku.

## 4

(1) Przepraszam, gdzie jest kościół?
실례지만, 성당은 어디입니까?

▶ Proszę iść prosto i na skrzyżowaniu skręcić w lewo.
직진 하신 후, 사거리에서 왼쪽으로 가 주세요.

(2) Gosia, jakiej muzyki często słuchasz?
고시아, 어떤 음악을 자주 듣니?

▶ Często słucham koreańskiej muzyki.
나는 자주 한국 음악을 들어.

(3) Gdzie zwykle chodzisz w sobotę?
보통 토요일에 어디에 가니?

▶ W sobotę zwykle chodzę do kina, żeby oglądać film.
토요일에 보통 영화를 보러 극장에 가.

(4) Musisz dzisiaj jechać do pracy?
오늘 직장에 (타고) 가야 해?

▶ Nie, dzisiaj mam czas i mogę iść na pocztę.
아니, 오늘 시간이 있고 우체국에 갈 수 있어.

■ 12과

## 1

(1) Oni cieszą się ładną pogodą.
(2) Ja często jeżdżę autobusem.
(3) Dziadek opiekuje się małym dzieckiem.
(4) Wy interesujecie się koreańską muzyką?

## 2

(1) Marta chce zostać dobrą lekarką.
(2) Mój mąż codziennie jeździ samochodem.
(3) To jest mój syn, on interesuje się piłką nożną.
(4) Dzisiaj moja żona opiekuje się dzieckiem.

## 3

(1) Magda chce zostać piosenkarką.
(2) Ewa chce zostać nauczycielką.
(3) Jan chce zostać policjantem.

## 4

(1) Gosia, interesujesz się sportem?
고시아, 스포츠에 관심이 있니?

▶ Nie, ja interesuje się malowaniem.
아니, 나는 그림 그리는 것에 관심이 있어.

(2) Mój syn często bawi się piłką.
나의 아들은 자주 공을 가지고 놀고 있어.

▶ A moje córki zazwyczaj bawią się lalkami.
나의 딸들은 보통 인형을 가지고 놀고 있어.

(3) Agata chce zostać architektem.
아가타는 건축가가 되고 싶습니다.

▶ Grzegorz chce zostać fotografem.
그제고지는 사진사가 되고 싶습니다.

(4) Moja matka ma samochód, dlatego rzadko jeździ taksówką.
나의 어머니는 자동차가 있어서 택시 타는 일은 드물어.

▶ Ja nie lubię jeździć samochodem, ale często jeżdżę metrem.
나는 자동차를 타는 것을 좋아하지 않아서 자주 지하철을 타곤 해.

■ 13과

## 1

(1) Kot jest pod łóżkiem.
(2) Pies jest przed szafą.
(3) Plecak jest za krzesłem.

## 2

(1) Dzisiaj jemy obiad na lotnisku.
(2) Uczę się języka angielskiego w szkole.
(3) Spotkanie jest na pierwszym piętrze.
(4) W niedzielę często robimy piknik w parku.

## 3

(1) Ona idzie do parku z dziećmi.
(2) Jem śniadanie z mężem.
(3) Po pracy zajmuję się wnukiem.
(4) Dzieci bawią się (w parku) piłką.

## 4

(1) Z kim idziesz do teatru w niedzielę?
누구와 함께 일요일에 공연장에 가니?

▸ Idę do teatru z bratem.
남동생과 함께 공연장에 가.

(2) Na którym piętrze w centrum handlowym jest fryzjer?
백화점 몇 층에 미용실이 있니?

▸ Fryzjer jest na drugim piętrze.
미용실은 2층에 있어.

(3) Gdzie jest twój pies?
너의 개는 어디 있어?

▸ Mój pies jest pod łóżkiem.
나의 개는 침대 아래에 있어.

A twój kot?
그리고 너의 고양이는?

▸ Mój kot jest obok fotela.
나의 고양이는 안락의자 옆에 있어.

(4) Na jakim instrumencie grasz w szkole?
학교에서 어떤 악기를 연주해?

▸ W szkole gram na skrzypcach.
학교에서 바이올린을 연주해.

## ▪ 14과

## 1

(1) Rodzice będą jeść na kolację bigos.
(2) W pracy będę kończyć raport tygodniowy.
(3) Nasza córka będzie studiować politologię.
(4) W nocy będę słuchać muzyki klasycznej.

## 2

(1) Pojadę na basen.
(2) Podpiszę umowę z klientem
(3) Ugotuję smaczną zupę. / Będę gotować smaczną zupę.
(4) Będę zwiedzać piękne miasto.
(5) Będę czytać ciekawy komiks.

## 3

(1) Mama w sobotę będzie gotować zupę.

(2) Na wakacjach przeczytam koreańską powieść.
(3) W przyszłym tygodniu będę jechać do Krakowa.

## 4

(1) Co będziesz robić dzisiaj wieczorem?
오늘 저녁에 무엇을 할 거야?

▸ Dzisiaj wieczorem spotkam się z koleżanką i razem pójdziemy do kina.
오늘 저녁에 나의 친구와 만나고 함께 극장에 갈 거야.

(2) Jutro przepiszę umowę na komputerze.
내일 컴퓨터에서 계약서를 다시 쓸 거야.

▸ Dobrze. A kiedy odpowiesz na e-mail klienta?
좋아. 언제 고객님의 이메일에 답변할 거야?

(3) Co zwykle kupujesz dziewczynie na urodziny?
너는 여자 친구에게 보통 어떤 생일 선물을 사주니?

▸ Zwykle kupuję jej kwiaty, ale w tym roku kupię jej drogą torebkę.
보통은 그녀에게 꽃을 사주는데, 올해에는 비싼 가방을 사주려고 해.

(4) Będziesz pisać egzamin za tydzień?
일주일 후에 시험을 볼 거야?

▸ Nie, egzamin jest jutro. Za tydzień pojadę na wycieczkę.
아니, 시험은 내일 있어. 일주일 후에 여행을 갈 거야.

## ▪ 15과

## 1

(1) Brakuje mi czasu na sprzątanie.
(2) Wycieczka dobrze mi zrobi.
(3) Ja jestem bardzo zmęczony i chcę mi się spać.
(4) Wczoraj musiałem pisać nową umowę.

## 2

(1) Dzieci podały babci ciepły obiad.
(2) Uczeń podał nauczycielowi książkę.
(3) Janek poda tacie elegancki krawat.
(4) Matka podała córce parasol.

3

(1) Rok temu moje koleżanki najpierw
rezerwowały bilet lotniczy, a później jechały na
wakacje.
(2) Niedawno mój tata szedł z mamą do kina, żeby
obejrzeć nowy film.
(3) Dwa miesiące temu miałem trochę pieniędzy,
ale nie wiedziałem, jaki prezent kupić dla
mamy.
(4) Przedwczoraj siedziałem przed telewizorem i
oglądałem interesujący serial.

4

(1) Nudzi mi się w pracy.
직장에서 지루함을 느껴.

  ▸ Naprawdę? Nie podoba ci się w nowej pracy?
  진짜? 새로운 일이 마음에 들지 않아?
(2) Przedwczoraj egzamin z języka polskiego źle
mi poszedł.
그저께 폴란드어 시험을 잘 못 봤어.

  ▸ Może pomogę ci się uczyć?
  내가 공부하는 걸 도와줄까?
(3) Miałyście wczoraj czas, prawda? Jadłyście
kolację w restauracji?
어제 시간이 있었지? 식당에서 저녁을 먹었니?

  ▸ Nie, wczoraj musiałyśmy robić zakupy,
  dlatego poszłyśmy do centrum handlowego.
  아니, 어제 쇼핑을 해야 해서 백화점에 갔어.
(4) Czy twoja córka uczyła się tydzień temu w
szkole?
너의 딸은 일주일 전에 학교에서 공부했어?

  ▸ Nie, moja córka była wtedy chora. Miała
  gorączkę i bolało ją gardło.
  아니, 나의 딸은 그때 아팠어. 열이 나고 목이 아팠어.

# Słownictwo 어휘

## A

| | |
|---|---|
| administracja | 경영학 |
| adres | 주소 |
| adresat | 수령인/수신 |
| adres domowy | 집주소 |
| akcesoria | 액세서리 |
| aktor | 배우(남) |
| aktorka | 배우(여) |
| album | 앨범 |
| ale | 하지만 |
| Amerykanin | 미국 남자 |
| Amerykanka | 미국 여자 |
| antybiotyk | 항생제 |
| aplikacja | 지원서 |
| apteka | 약국 |
| arbuz | 수박 |
| architekt | 건축가 |
| atmosfera | 분위기 |
| autobus | 버스 |
| automat biletowy | 표 판매기 |
| awans | 승진 |
| awansować | 승진하다 |

## B

| | |
|---|---|
| babcia | 할머니 |
| bać się | 두려워하다 |
| bagaż | 짐 |
| bagaż podręczny | 휴대화물 |
| bagaż rejestrowany | 수화물 |
| bajka | 동화 |
| balkon | 발코니 |
| banan | 바나나 |
| bandaż | 붕대 |
| bank | 은행 |
| bardzo | 매우 |
| basen | 수영장 |
| bateria | 배터리 |
| bawić się | 놀다 |
| bez | ～없이 |

| | |
|---|---|
| bezpłatny | 무료로 |
| bezrobotna | 실업자(여) |
| bezrobotny | 실업자(남) |
| biały | 흰색 |
| biblioteczka | 책장 |
| biblioteka | 도서관 |
| bić | 때리다 |
| bidet | 비데 |
| biegać | 조깅하다 |
| bieganie | 조깅 |
| bielizna | 속옷 |
| bilard | 당구 |
| bilet | 표 |
| bilet dobowy | 종일권(표) |
| bilet lotniczy | 항공권 |
| bilet miesięczny | 월간권(표) |
| bilet normalny | 일반권(표) |
| bilet ulgowy | 학생권(표) |
| biurko | 책상 |
| biuro | 사무실 |
| biustonosz | 브래지어 |
| blisko | 가까이 |
| bluzka | 블라우스 |
| boleć | 아프다 |
| Boże Narodzenie | 크리스마스 |
| brać | 받다/가져오다 |
| brać prysznic | 샤워하다 |
| brakować | 부족하다 |
| bramka | 탑승구 |
| bransoletka | 팔찌 |
| brat | 남동생/형/오빠 |
| brązowy | 갈색 |
| brzoskwinia | 복숭아 |
| brzuch | 배(신체) |
| brzydki | 못생긴 |
| budować | 짓다 |
| budzik | 자명종시계 |
| bufet | 뷔페 |
| buty | 구두 |
| być | 이다 |

## C

| | |
|---|---|
| całować | 키스하다 |
| cały czas | 종일 |
| cebula | 양파 |
| centrum | 시내 |
| centrum handlowe | 백화점 |
| chcieć | 원하다 |
| Chinka | 중국 여자 |
| Chiny | 중국 |
| Chińczyk | 중국 남자 |
| chleb | 빵 |
| chłopak | 소년 / 남자친구 |
| chodnik | 인도 |
| chodzić | 걸어서 가다 |
| choinka | 크리스마스 트리 |
| chorować | 아프다 |
| chudy | 날씬한 |
| chusteczki | 티슈(휴지) |
| ciało | 몸 |
| ciasto | 케이크 |
| ciąć | 자르다 |
| ciągle | 계속해서 |
| ciekawy | 흥미로운 |
| ciepły | 따뜻한 |
| cieszyć się | 기쁘다 |
| ciężki | 무거운 |
| ciotka | 고모/이모 |
| co | 무엇 |
| codziennie | 매일 |
| co drugi dzień | 이틀마다 |
| co miesiąc | 매달 |
| co rok | 매년 |
| co tydzień | 매주 |
| co słychać? | 잘 지내니? |
| córka | 딸 |
| cukier | 설탕 |
| czajnik | 주전자 |
| czapka | 모자 |
| czarna kawa | 블랙커피 |

| | |
|---|---|
| czarny | 검은색 |
| czas | 시간 |
| czasami | 가끔 |
| czekać | 기다리다 |
| czekolada | 초콜릿 |
| czerwiec | 6월 |
| czerwony | 빨간색 |
| cześć | 안녕 |
| często | 자주 |
| czosnek | 마늘 |
| cztery | 4(숫자) |
| czuć | 느끼다 |
| czwartek | 목요일 |
| czyj | 누구의 |
| czytać | 읽다 |
| cyfra | 숫자 |
| cytryna | 레몬 |
| CV | 이력서 |

## Ć

| | |
|---|---|
| ćma | 나방 |
| ćwiczenie | 연습 |

## D

| | |
|---|---|
| dach | 지붕 |
| dać | 주다 |
| daleko | 멀리 |
| deklaracja celna | 세관 신고 |
| deser | 후식 |
| deszcz | 비 |
| dezodorant | 데오드란트(탈취제) |
| dialog | 대화/대화문 |
| dla | ~를 위해 |
| dlaczego | 왜 |
| dlatego | 그래서 |
| dłoń | 손바닥 |
| długi | 긴 |
| długo | 오랫동안 |
| długopis | 볼펜 |

| | | | |
|---|---|---|---|
| do | ~에 | dźwig | 크레인 |
| dobranoc | 안녕히 주무세요 | dżem | 잼 |
| dobrze | 좋게 | dżentelmen | 신사 |
| dobry | 좋은 | dżungla | 정글 |
| dobry wieczór | 안녕하세요 (정중한 표현의 저녁 인사) | | |

**E**

| | | | |
|---|---|---|---|
| dodatkowa opłata | 추가비용 | egzamin | 시험 |
| dojechać | ~로 타고 가다 | ekonomia | 경제학 |
| dojść | ~로 가다 | ekran | 화면 |
| do jutra | 내일 보자 | ekspres do kawy | 커피 머신기 |
| dokument | 문서 | e-mail | 이메일 |
| dom | 집 | emeryt | 정년퇴직자(남) |
| dostawa | 배달 | emerytka | 정년퇴직자(여) |
| doświadczenie | 경험 | encyklopedia | 백과사전 |
| do widzenia | 안녕히 가세요 / 나중에 뵙겠습니다 | | |

**F**

| | | | |
|---|---|---|---|
| do zobaczenia | 또 봐 | fabryka | 공장 |
| droga | 길 | faktura | 인보이스 |
| drogi | 가격이 비싼 | film | 영화 |
| drukować | 프린트하다 | filologia polska | 국문학 |
| drzwi | 문 | filozofia | 철학 |
| dużo | 많이 | fioletowy | 보라색 |
| duży | 큰 | flaga | 국기 |
| dwa | 2(숫자) | flet | 플루트 |
| dyskutować | 토론하다 | fontanna | 분수 |
| dywan | 카펫 | fotel | 안락의자 |
| dziadek | 할아버지 | fotograf | 사진사 |
| dziecko | 아이 | fotografia | 사진 |
| dzięki | 고마워 | Francja | 프랑스 |
| dziękować | 감사하다 | Francuz | 프랑스 남자 |
| dziennikarka | 기자(여) | Francuzka | 프랑스 여자 |
| dziennikarstwo | 언론정보학 | | |
| dziennikarz | 기자(남) | | |
| dzień | 하루 | | |

**G**

| | | | |
|---|---|---|---|
| dzień dobry | 안녕하세요 | garaż | 차고 |
| dziesięć | 10(숫자) | gardło | 목구멍 |
| dziewczyna | 소녀 / 여자친구 | garnek | 냄비 |
| dziewięć | 9(숫자) | gazeta | 신문 |
| dzwonić | 전화하다 | gąbka | 샤워 타올 |
| dźwięk | 소리 | gdzie | 어디서 |

| | |
|---|---|
| gimnazjum | 중학교 |
| gitara | 기타 |
| głos | 소리 |
| głowa | 머리 |
| godzina | 시(시간) |
| godziny pracy | 근무시간 |
| golf | 골프 |
| golić się | 면도하다 |
| gorączka | 열(아플 때) |
| gorący | 더운 |
| gość | 손님 |
| gotować | 요리하다 |
| gotowanie | 요리 |
| gotówka | 현금 |
| góra | 산 |
| gra | 게임 |
| grać w ~ | 게임/스포츠를 하다 |
| grad | 우박 |
| gra komputerowa | 컴퓨터 게임 |
| gramatyka | 문법 |
| grill | 석쇠 |
| gruby | 뚱뚱한 |
| grudzień | 12월 |
| gruszka | 배(과일) |
| grzeczny | 예의 바른 |
| gumka | 지우개 |

 **H**

| | |
|---|---|
| halo | 여보세요? |
| hamak | 해먹(그물침대) |
| herbata | 마시는 차 |
| historia | 역사 / 역사학 |
| Hiszpan | 스페인 남자 |
| Hiszpania | 스페인 |
| Hiszpanka | 스페인 여자 |
| hobby | 취미 |
| hostel | 호스텔 |
| hotel | 호텔 |

 **I**

| | |
|---|---|
| ich | 그들의 |
| igła | 바늘 |
| imię | 이름 |
| impreza | 파티 |
| informatyka | 컴퓨터공학 |
| interesować się | ~에 관심이 있다 |
| internet | 인터넷 |
| inżynier | 기술자 |
| iść | 가다 |

 **J**

| | |
|---|---|
| ja | 나 |
| jabłko | 사과 |
| jagoda | 블루베리 |
| jajko | 계란 |
| jak | 어떻게 |
| jaki | 어떤(성격) |
| Jak się masz? | 기분이 어때? |
| Japonka | 일본 여자 |
| Japończyk | 일본 남자 |
| jeansy | 청바지 |
| jechać | 타고가다 |
| jeden | 1(숫자) |
| jednak | 그러나 |
| jedzenie | 음식 |
| jego | 그의 |
| jej | 그녀의 |
| jesień | 가을 |
| jeść | 먹다 |
| jeśli | 만일 |
| jezioro | 호수 |
| jeździć | 타고 가다 |
| jeżeli | 만일 |
| język | 언어 / 혀 |
| język koreański | 한국어 |
| język obcy | 외국어 |
| język polski | 폴란드어 |
| już | 이미/벌써 |

# K

|  |  |
|---|---|
| kalendarz | 달력 |
| kalkulator | 계산기 |
| kamień | 벽돌 |
| Kanada | 캐나다 |
| Kanadyjczyk | 캐나다 남자 |
| Kanadyjka | 캐나다 여자 |
| kapusta | 양배추 |
| karta | 카드 |
| karta pokładowa | 탑승권 |
| kasjer | 점원(남) |
| kasjerka | 점원(여) |
| kaszel | 기침 |
| kaszleć | 기침하다 |
| katar | 콧물 |
| kawa | 커피 |
| kelner | 점원(웨이터(남)) |
| kelnerka | 점원(웨이트리스(여)) |
| kiedy | 언제 |
| kiedyś | 언젠가 |
| kiepsko | 좋지 않아 |
| kierowca | 기사(운전사) |
| kierunek | 방향 |
| kierunek studiów | 전공 |
| kino | 극장 |
| klasa biznesowa | 비즈니스 클래스 |
| klasa ekonomiczna | 이코노미 클래스 |
| klawiatura | 키보드 |
| klej | 풀(접착제) |
| klient | 고객 |
| kobieta | 여자 |
| koc | 담요 |
| kochać | 사랑하다 |
| kolacja | 저녁식사 |
| kolano | 무릎 |
| kolczyk | 귀걸이 |
| kolega | 친구(남) |
| kolekcjonować | 수집하다 |
| koleżanka | 친구(여) |
| komiks | 만화책 |
| komputer | 컴퓨터 |
| koncert | 콘서트/공연 |
| konduktor | 검표원 |
| kontakt | 연락 |
| kontaktować się | 연락하다 |
| kontrola bezpieczeństwa | 보완 검사 |
| koń | 말(동물) |
| kończyć | 끝내다 |
| kopalnia soli | 소금 광산 |
| koperta | 봉투 |
| kopiować | 복사하다 |
| Korea | 한국 |
| Koreanka | 한국 여자 |
| Koreańczyk | 한국 남자 |
| korektor | 수정액 |
| korporacja | 기업 |
| kostka | 발목 |
| kosz na śmieci | 쓰레기통 |
| kosztować | ~(얼마) 입니다 |
| koszula | 셔츠 |
| koszulka | 티셔츠 |
| koszyk | 바구니 |
| koszykówka | 농구 |
| kościół | 성당 |
| kot | 고양이 |
| kran | 수도 꼭지 |
| krawat | 넥타이 |
| krem do rąk | 핸드크림 |
| kroić | 썰다 |
| krople do oczu | 안약 |
| krótki | 짧은 |
| krzesło | 의자 |
| książka | 책 |
| księgarnia | 서점 |
| księgowa | 회계사(여) |
| księgowy | 회계사(남) |
| księżyc | 달(지구의 위성) |
| kto | 누구 |
| który | 어떤(선택) |
| kucharka | 요리사(여) |

| | |
|---|---|
| kucharz | 요리사(남) |
| kuchenka | 가스레인지 |
| kuchenka mikrofalowa | 전자레인지 |
| kuchnia | 부엌 |
| kupować | 사다 |
| kurtka | 점퍼 |
| kuzyn | 사촌(남) |
| kuzynka | 사촌(여) |
| kwalifikacje | 자격 |
| kwiat | 꽃 |
| kwiecień | 4월 |

**L**

| | |
|---|---|
| lalka | 인형 |
| lampa | 전등 |
| lampka | 스탠드 |
| laptop | 노트북 |
| las | 숲 |
| latać | 날다 |
| latarnia | 가로등 |
| lato | 여름 |
| lek/lekarstwo | 약 |
| lekarka | 의사(여) |
| lekarz | 의사(남) |
| lekcja | 수업 |
| liceum | 고등학교 |
| linijka | 자(길이를 재는 도구) |
| lipiec | 7월 |
| lis | 여우 |
| list | 편지 |
| list motywacyjny | 자기소개서 |
| listopad | 11월 |
| liść | 잎 |
| literatura | 문학 |
| lodówka | 냉장고 |
| lot | 비행 |
| lotnisko | 공항 |
| lubić | 좋아하다 |
| lusterko | 작은 거울 |
| lustro | 거울 |

| | |
|---|---|
| luty | 2월 |

**Ł**

| | |
|---|---|
| ładny | 예쁜 |
| ładować | 충전하다 |
| łatwy | 쉬운 |
| ławka | 벤치 |
| łazienka | 욕실 |
| łokieć | 팔꿈치 |
| łopata | 삽 |
| łódka | 보트 |
| łóżko | 침대 |
| łydka | 종아리 |
| łyżka | 숟가락 |

**M**

| | |
|---|---|
| maj | 5월 |
| makijaż | 화장 |
| malować | 그리다 |
| mały | 작은 |
| mama | 엄마 |
| mapa | 지도 |
| marchewka | 당근 |
| martwić się | 걱정하다 |
| marzec | 3월 |
| marynarka | 자켓 |
| maszynka do golenia | 면도기 |
| maść | 연고 |
| matematyka | 수학 |
| matka | 어머니 |
| matura | 수능 |
| mąka | 밀가루 |
| mąż | 남편 |
| mebel | 가구 |
| medycyna | 의학 |
| metro | 지하철 |
| mężczyzna | 남자 |
| miasto | 도시 |
| mieć | ～를 가지다 |

| | | | |
|---|---|---|---|
| miejsce | 장소 | następnie | 그 다음에 |
| miesiąc | 월 | nasz | 우리의 |
| mieszkać | 살다 | natychmiast | 즉시 |
| mieszkanie | 아파트 | nauczyciel | 선생님(남) |
| między | 사이에 | nauczycielka | 선생님(여) |
| mięso | 고기 | nauka | 공부/학문 |
| mikser | 믹서기 | na wynos | 포장 |
| miło mi | 반가워 | nazywać się | ~로 불리다 |
| miły | 친절한 | nazwisko | 성(姓) |
| mleko | 우유 | na zewnątrz | 밖에 |
| młody | 젊은 | negocjacje | 협상 |
| mocna strona | 장점 | nie | 아니요 |
| moda | 패션 | niebieski | 하늘색 |
| moneta | 동전 | niebo | 하늘 |
| morze | 바다 | niedawno | 조금 전에 |
| móc | ~할 수 있다 | niedziela | 일요일 |
| mój | 나의 | nieduży | 크지 않은 |
| mówić | 말하다 | niedźwiedź | 곰 |
| musieć | ~해야만 한다 | nieładny | 예쁘지 않은 |
| muzeum | 박물관 | Niemcy | 독일 |
| muzyk | 음악가 | Niemiec | 독일 남자 |
| muzyka | 음악 | niemiły | 불친절한 |
| my | 우리 | Niemka | 독일 여자 |
| myć się | 씻다 | niepopularny | 인기 없는 |
| mydło | 비누 | nieraz | 여러 번 |
| mysz | 쥐 | niesmaczny | 맛없는 |
| | | niespodzianka | 놀랄 일 |
| | | nieszczęśliwy | 불행한 |
| **N** | | niewygodny | 편안하지 않은 |
| | | niezdrowy | 건강하지 않은 |
| na | 위에 | nigdy | 전혀 |
| naczynie | 접시 | niski | 키가 작은 |
| nad | 바로 위에 | niszczyć | 파기하다 |
| nadawca | 발신 | noc | 밤 |
| nadgodziny | 초과근무 | noga | 다리(신체) |
| nagle | 갑자기 | nos | 코 |
| nagroda | 보상 | notatka | 메모 |
| najpierw | 먼저 | notes | 노트(수첩) |
| napiwek | 팁 | nowy | 새로운 |
| naprawdę | 정말 | Nowy Rok | 새해 |
| na razie | 다음에 또 봐 | | |
| narodowość | 국적 | | |

| | | | |
|---|---|---|---|
| nożyczki | 가위 | opiekować się | 돌보다 |
| nóż | 칼 | opinia | 의견 |
| nudny | 지루한 | o północy | 자정에 |
| numer telefonu | 전화번호 | osiem | 8(숫자) |
| | | ostatni | 마지막 |
| | | owoc | 과일 |

**O**

| | | | |
|---|---|---|---|
| obciąć | 자르다 | | |
| obiad | 점심식사 | **P** | |
| objawy | 증상 | pacjent | 환자 |
| obok | 옆에 | paczka | 소포 |
| obowiązek | 업무 | padać | 오다 / 내리다(눈, 비, 등) |
| obraz | 그림 | palec | 손가락 |
| obrus | 식탁보 | palić | 피우다 |
| oczekiwać | 고대하다/기대하다 | pałeczki | 젓가락 |
| od | ~로 부터 | pamiątka | 기념품 |
| odebrać | 수령하다 | pamiętać | 기억하다 |
| odjeżdżać | 출발하다 | pamiętnik | 읽기 |
| odlot | 출발(비행기) | państwo | 국가 |
| odmawiać | 거절하다 | papier | 종이 |
| odpoczywać | 쉬다 | papieros | 담배 |
| odpowiedź | 답변 | papier toaletowy | 화장지 |
| odprawa | 퇴직금 / 체크인 | papryka | 피망 |
| odwiedzać | 방문하다 | paragon | 영수증 |
| odwołać | 취소하다 | parasol | 우산 |
| oficjalne pismo | 공문 | park | 공원 |
| oglądać | 보다 | parking | 주차장 |
| ogórek | 오이 | parter | 0층 |
| ogrodzenie | 펜스 | partner | 파트너 |
| ogród | 정원 | pasek | 벨트 |
| ojciec | 아버지 | pasta do zębów | 치약 |
| okno | 창문 | paszport | 여권 |
| oko | 눈(신체) | patelnia | 프라이팬 |
| około | 대략 | patrzeć | 쳐다보다 |
| okulary | 안경 | paznokieć | 손톱 |
| ołówek | 연필 | październik | 10월 |
| on | 그 | pensja | 월급 |
| ona | 그녀 | pensjonat | 게스트 하우스 |
| oni | 그들 | perfumy | 향수 |
| ono | 그것 | perkusja | 드럼 |
| operacja | 수술 | peron | 플랫폼(승강장) |

| | | | |
|---|---|---|---|
| pętla | 밧줄 | pociąg | 기차 |
| piątek | 금요일 | poczta | 우체국 |
| pić | 마시다 | pocztówka | 엽서 |
| piekarnik | 오븐 | pod | 아래에 |
| pielęgniarka | 간호사(여) | podać | 주다 |
| pielęgniarz | 간호사(남) | podanie | 신청서 |
| pieniądze | 돈 | poddasze | 다락 |
| pieprz | 후추 | podłoga | 바닥 |
| pierś | 가슴 | podpisać | 서명하다 |
| pierścionek | 반지 | podróż | 여행 |
| pierwsze piętro | 1층 | podróżować | 여행하다 |
| pies | 개 | podróż służbowa | 출장 |
| pięć | 5(숫자) | podziękować | 보답하다 |
| piękny | 예쁜 | poeta | 시인 |
| piknik | 소풍 | pogoda | 날씨 |
| pilnować | 주시하다 | pokazywać | 보여 주다 |
| pilot | 조종사 | pokój | 방 |
| piłka | 공 | pokój dwuosobowy | 2인실 |
| piłka nożna | 축구 | pokój jednoosobowy | 1인실 |
| piosenka | 노래 | Polak | 폴란드 남자 |
| piosenkarka | 가수(여) | pole | 팥 |
| piosenkarz | 가수(남) | polecenie | 지시 |
| pisać | 쓰다 | policjant | 경찰(남) |
| pisarka | 작가(여) | policjantka | 경찰(여) |
| pisarz | 작가(남) | politologia | 정치학 |
| piwnica | 지하실 | polityka | 정치 |
| piwo | 맥주 | Polka | 폴란드 여자 |
| pizza | 피자 | Polska | 폴란드 |
| plac | 광장 | południe | 정오 |
| plac zabaw | 놀이터 | pomagać | 도움을 주다 |
| plakat | 포스터 | pomarańcza | 오렌지 |
| plan | 계획 | pomarańczowy | 주황색 |
| planować | 계획하다 | pomidor | 토마토 |
| plaża | 해변 | pomoc | 도움 |
| plecy | 등(신체) | pomysł | 생각/아이디어 |
| płacić | 계산하다 | ponadto | 또한/게다가 |
| płaszcz | 코트 | poniedziałek | 월요일 |
| pływać | 수영하다 | ponieważ | 왜냐하면 |
| pływanie | 수영 | po polsku | 폴란드어로 |
| pochmurny | 안개 끼다 | popołudnie | 오후 |

| | | | |
|---|---|---|---|
| po południu | 오후에 | przedszkole | 유치원 |
| popularny | 인기 있는 | przejść na drugą stronę | 건너편으로 가다 |
| por | 파 | przelew | 송금/입금 |
| po raz pierwszy | 처음으로 | przekąska | 간식 |
| porządkować | 정리하다 | przełożyć | 일정을 변경하다 |
| potem | 나중에 | przepraszam | 죄송합니다/실례합니다 |
| potrzebować | 필요하다 | przesiadać się | 환승하다 |
| powodzenie | 바람 | przesiadka | 환승 |
| powoli | 천천히 | przesyłka | 소포/우편물 |
| powtórzyć | 반복하다 | przewodnik | 가이드 |
| pozdrawiać | 안부를 전하다 | przychodnia | 보건소 |
| pożegnać się | 작별 인사하다 | przygotować | 준비하다 |
| pożyczka | 대출/빌린 돈 | przyjaciel | 친구(남) |
| północ | 자정 | przyjaciółka | 친구(여) |
| później | 나중에 | przyjąć | 받다 |
| praca | 일/직장 | przyjeżdżać | 도착하다 |
| praca dorywcza | 아르바이트 | przylot | 도착(비행기) |
| pracować | 일하다 | przymiotnik | 형용사 |
| pracownik | 직원 | przyprawa | 양념 |
| prać | 세탁하다 | przystanek autobusowy | 버스 정류장 |
| pralka | 세탁기 | przystojny | 잘생긴 |
| pranie | 빨래 | przyszłość | 미래 |
| prasować | 다림질하다 | przyszły rok | 내년 |
| prawnik | 변호사 | prysznic | 샤워기 |
| prawo | 법/법학 | psychologia | 심리학 |
| premia | 보너스 | pustynia | 사막 |
| prezent | 선물 | pytać | 묻다 |
| prezentacja | 발표 | pytanie | 질문 |
| profesor | 교수 | | |
| projektować | 프로젝트를 구성하다 | Ⓡ | |
| promocja | 프로모션 | | |
| proponować | 추천하다 | rachunek | 계산서 |
| prosić | 부탁하다 | radio | 라디오 |
| prosto | 직진 | rajstopy | 스타킹 |
| prowadzić | 운전하다 /(협상, 회의를) 진행하다 | ramię | 어깨 |
| | | ranek | 아침 |
| przed | 앞에 | randka | 데이트 |
| przedwczoraj | 그저께 | rano | 아침에 |
| przede wszystkim | 무엇보다도 | raport | 보고서 |
| przedmiot | 과목 | ratusz | 시청 |
| | | razem | 같이 |

| | | | |
|---|---|---|---|
| raz na miesiąc | 한달에 한번 | samolot | 비행기 |
| raz na rok | 일년에 한번 | schody | 계단 |
| raz na tydzień | 일주일에 한번 | ser | 치즈 |
| recepcja | 접수처 | serdecznie | 진심으로 |
| recepta | 처방전 | serial | 드라마 |
| regał na książki | 책장 | serwetka | 냅킨 |
| reklamówka | 봉투 | sesja egzaminacyjna | 시험 기간 |
| restauracja | 식당 | siadać | 앉다 |
| reszta | 거스름돈 | siatkówka | 농구 |
| rezerwacja | 예약 | siedem | 7 (숫자) |
| rezerwować | 예약하다 | sierpień | 8월 |
| ręcznik | 수건 | siostra | 여동생/누나/언니 |
| ręka | 손 | skanować | 스캔하다 |
| rękawiczka | 장갑 | skarpetki | 양말 |
| robić | 하다 | skąd | 어디에서 |
| rodzeństwo | 형제/자매 | sklep | 가게 |
| rodzice | 부모님 | składać | 제출하다 |
| rodzina | 가족 | składka na ubezpieczenie | 보험료 |
| rok | 년 (해) | skręcić | 돌다 |
| rok szkolny | 학년 | skrzynka na listy | 우편함 |
| Rosja | 러시아 | skrzypce | 바이올린 |
| Rosjanin | 러시아 남자 | skrzyżowanie | 사거리 |
| Rosjanka | 러시아 여자 | słaba strona | 단점 |
| rower | 자전거 | sławny | 유명한 |
| rozmawiać | 이야기하다 | słoneczny | 맑다 |
| rozmowa kwalifikacyjna | 면접 | słońce | 해 (태양) |
| rozumieć | 이해하다 | słownik | 사전 |
| rozwiązać | (문제를) 풀다 | słuchać | 듣다 |
| różowy | 장미색 | słucham | 여보세요? |
| ryba | 생선 | smacznego | 맛있게 드세요 |
| rynek | 리넥 (폴란드 시내, 광장) | smaczny | 맛있는 |
| ryż | 쌀 | smutny | 슬픈 |
| rzadko | 드물게 | sobota | 토요일 |
| rzeka | 강 | socjologia | 사회학 |
| | | sok | 주스 |
| Ⓢ | | sok pomarańczowy | 오렌지 주스 |
| | | sól | 소금 |
| salon | 거실 | spacer | 산책 |
| sałata | 상추 | spacerować | 산책하다 |
| sam | 혼자서 | spać | 자다 |
| samochód | 자동차 | | |

| | | | |
|---|---|---|---|
| spodnie | 바지 | szanować | 존경하다 |
| sport | 스포츠 | szansa | 기회 |
| spotkać | 만나다 | szary | 회색 |
| spotkanie | 회의 | szczegółowy | 자세한 |
| sprawdzić | 확인하다 | szczerze mówiąc | 솔직히 말하면 |
| sprzątać | 청소하다 | szczęśliwy | 행복한 |
| sprzedawać | 팔다 | szef | 상사 |
| stacja benzynowa | 주유소 | sześć | 6(숫자) |
| stać | 서있다 | szczoteczka do zębów | 칫솔 |
| stadion | 경기장 | szczotka do włosów | 머리 빗 |
| Stany Zjednoczone | 미국 | szklanka | 유리컵 |
| stary | 늙은 | szkła kontaktowe | 콘택트렌즈 |
| statek | 배(탈것) | szkolenie | 직무교육 |
| staw | 연못 | szkoła | 학교 |
| staż | 인턴십 | szkoła podstawowa | 초등학교 |
| stolik | 식탁 | szkoła prywatna | 사립학교 |
| stopa | 발바닥 | szkoła publiczna | 공립학교 |
| stosunki międzynarodowe | 국제관계학 | szpilki | 하이힐 |
| stół | 탁자 | szpinak | 시금치 |
| strefa czasowa | 시간대 | szpital | 병원 |
| strona | 페이지 | sztuka | 미술 |
| strona internetowa | 웹사이트 | szuflada | 서랍장 |
| student | 대학생(남) | szukać | 찾다 |
| studentka | 대학생(여) | szybki | 빠른 |
| studia licencjackie | 학사 과정 | szyć | 꿰매다 |
| studia magisterskie | 석사 과정 | szyja | 목(신체) |
| studiować | 전공하다 | | |
| styczeń | 1월 | **Ś** | |
| stypendium | 장학금 | | |
| sukienka | 원피스 | ściana | 벽 |
| surowy | 엄격한 | śliwka | 자두 |
| suszarka (do włosów) | 드라이기 | ślub | 결혼 |
| suszyć | 말리다 | śmiech | 웃음소리 |
| sweter | 스웨터 | śmieci | 쓰레기 |
| syn | 아들 | śmieszny | 웃기는 |
| synowa | 며느리, 자부 | śniadanie | 아침식사 |
| sypialnia | 침실 | śnieg | 눈 |
| szafa | 옷장 | śpiewać | 노래하다 |
| szalik | 목도리 | śpiewanie | 노래하는 것 |
| szampon | 샴푸 | śpiwór | 침낭 |
| | | środa | 수요일 |

| | | | |
|---|---|---|---|
| świat | 세계 | trzy | 3(숫자) |
| światło | 전등 | turysta | 관광객 |
| świetnie | 아주 좋아 | tutaj | 여기 |
| świeży | 신선한 | twarz | 얼굴 |
| święto | 명절 | twój | 너의 |
| | | ty | 너 |

**T**

| | | | |
|---|---|---|---|
| ta | 이것(여성) | | |
| tabletka | 알약 | **U** | |
| tak | 네 | u | ~ 집에 |
| taksówka | 택시 | ubierać się | 옷을 입다 |
| tak sobie | 그저 그래 | ubezpieczenie | 보험 |
| talerz | 접시 | ubezpieczenie na życie | 생명 보험 |
| tam | 저기 | ubezpieczenie od wypadków | 상해 보험 |
| tani | 가격이 싼 | ubezpieczenie podróżne | 여행 보험 |
| taniec | 춤 | ubezpieczenie społeczne | 사회 보험 |
| tańczyć | 춤추다 | ubezpieczenie zdrowotne | 건강 보험 |
| tata | 아빠 | ubezpieczyć | 보험에 가입하다 |
| teatr | 공연장 | ubranie | 옷 |
| telefon | 전화기 | uczeń | 학생 |
| telewizor | 텔레비전 | uczelnia | 대학교 |
| ten | 이것(남성) | uczyć się | 공부하다 |
| tenis | 테니스 | udo | 허벅지 |
| teraz | 지금 | ulica | 거리/차도 |
| terminal | 공항 터미널 | ulubiony | 좋아하는 |
| termos | 보온병 | umiejętność | 실력 |
| test | 시험 | umowa | 계약서 |
| tęsknić | 그리워하다 | umywalka | 세면대 |
| tłumaczyć | 번역하다 | unikać | 피하다 |
| to | 이것(중성) | uniwersytet | 대학교 |
| toaleta | 화장실 | uprawiać sport | 스포츠를 하다 |
| torba | 가방 | uprzejmie | 정중히 |
| toster | 토스터기 | urlop | 휴가 |
| tramwaj | 트램(전차) | usta | 입 |
| transport publiczny | 대중교통 | | |
| trawnik | 잔디 | **W** | |
| trochę | 조금 | w | 안에 |
| trudny | 어려운 | waga | 저울 |
| truskawka | 딸기 | wakacje | 방학 |
| trzeba | ~해야 한다 | wanna | 욕조 |

| | | | |
|---|---|---|---|
| warzywo | 야채 | wnuk | 손자 |
| wasz | 너희들의 | woda | 물 |
| ważny | 중요한 | woda mineralna | 물(미네랄 워터) |
| wcześnie | 일찍 | woleć | 선호하다 |
| wczoraj | 어제 | w południe | 정오에 |
| weekend | 주말 | w porządku | 보통 |
| wesoły | 기쁜 | | (기분, 상태에 대해 이야기할 때) |
| wiać | 불다(바람) | | |
| wiadomość | 뉴스, 소식 | w prawo | 오른쪽으로 |
| wiatr | 바람 | wrócić | 돌아가다 |
| widelec | 포크 | wrzesień | 9월 |
| widzieć | 보다 | wstawać | 일어나다 |
| wieczorem | 저녁에 | wszystko | 모든 것 |
| wieczór | 저녁 | w środku | 안에 |
| wiedzieć | 알다 | wtedy | 그때 |
| Wielkanoc | 부활절 | wtorek | 화요일 |
| wieś | 시골 | wujek | 삼촌 |
| Wietnam | 베트남 | wzgórze | 언덕 |
| Wietnamczyk | 베트남 남자 | wy | 너희 |
| Wietnamka | 베트남 여자 | wybierać | 선택하다 |
| wieża | 탑 | wybrzeże | 해안 |
| winda | 엘리베이터 | wydrukować | 프린트하다 |
| wino | 와인 | wygodny | 편안한 |
| winogrono | 포도 | wygrać | 이기다 |
| wiosna | 봄 | wyjechać | 떠나가 |
| wiśnia | 체리 | wyłączyć | 끄다 |
| witać | 환영하다 | wynagrodzenie | 월급 |
| wiza | 비자 | wyrzucać | 버리다 |
| wizytówka | 명함 | wysiąść | 내리다(버스, 등에서) |
| wkrótce | 곧 | wysłać | 보내다 |
| w lewo | 왼쪽으로 | wysoki | 키가 크다 |
| właściwy | 맞는 | wyspa | 섬 |
| właśnie | 맞다 | wystawa | 전시회 |
| włączyć | 켜다 | wysyłka | 배송 |
| Włoch | 이탈리아 남자 | | |
| Włochy | 이탈리아 | | |
| włosy | 머리 | z | ~로 부터 |
| Włoszka | 이탈리아 여자 | za | 뒤에 |
| w nocy | 밤에 | zabawka | 장난감 |
| wnuczka | 손녀 | za chwilę | 잠시 후에 |

**Ⓩ**

227

| | | | |
|---|---|---|---|
| zaczynać | 시작하다 | znaleźć | 찾다 |
| za darmo | 무료로 | zobaczyć | 보다 |
| zadanie domowe | 숙제 | zostać | ~가 되다 |
| zajmować się | 돌보다 | z powodu | ~의 이유로 |
| zakupy | 쇼핑 | z przodu | 앞쪽에 |
| załącznik | 첨부파일 | zrobić | 하다 |
| zamek | 성(城) | z tyłu | 뒤쪽에 |
| zamiatać | 닦다 | zupa | 수프 |
| zamówienie | 주문 | zwiedzać | 구경하다 |
| zamykać | 잠그다 | zwykle | 보통 |
| zapałki | 성냥 | | |
| zapomnieć | 잊다 |  | |
| zaproszenie | 초대 | | |
| zarabiać | 벌다 | źle | 나쁘게 |
| zaraz | 곧 | źródło | 기원 / 샘 |
| zasłona | 커튼 | | |
| zatrudnienie | 고용 |  | |
| zawrócić | 돌아가다 | | |
| zawsze | 항상 | żaba | 개구리 |
| zazwyczaj | 보통 | żarówka | 전구 |
| ząb | 치아 | żeby | ~하기 위해 |
| zdjęcie | 사진 | żona | 아내 |
| zegar | 시계 | żółty | 노란색 |
| zeszyt | 공책 | życzyć | 기원하다 |
| zero | 0(숫자) | | |
| zdolny | 똑똑하다 | | |
| zdrowy | 건강한 | | |
| zielony | 녹색 | | |
| ziemniak | 감자 | | |
| zięć | 사위 | | |
| zima | 겨울 | | |
| zimny | 추운 | | |
| zlew | 싱크대 | | |
| zły | 나쁜 | | |
| zmęczony | 피곤한 | | |
| zmywać | 설거지하다 | | |
| zmywarka | 식기세척기 | | |
| znaczek | 우표 | | |
| znać | 알다 | | |